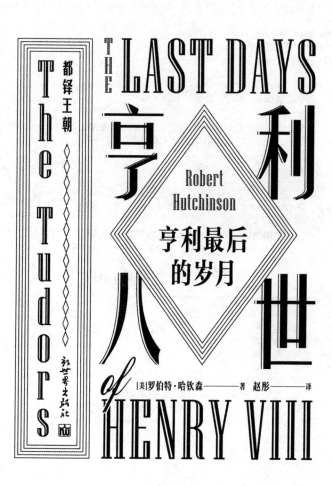

都铎王朝

The Tudors

THE LAST DAYS

Robert Hutchinson

亨利最后的岁月

亨利八世

of HENRY VIII

[美]罗伯特·哈钦森——著 赵彤——译

新世界出版社

著作权合同登记号：京权图字号 01-2020-1412

The Last Days of Henry VIII by Robert Hutchinson

Copyright © 2005 BY Robert Hutchinson

This edition arranged with Weidenfeld & Nicolson, a division of the Orion Publishing Group, London through Big Apple Agency, Inc., Labuan, Malaysia.

First published by Weidenfeld & Nicolson, a division of the Orion Publishing Group, London

Simplified Chinese edition copyright:

2020 New World Press Limited

All rights reserved.

图书在版编目（CIP）数据

亨利八世. 亨利最后的岁月 / (美) 罗伯特·哈钦森著；赵彤译 . -- 北京：新世界出版社，2020.5
（都铎王朝）

ISBN 978-7-5104-6987-9

Ⅰ . ①亨… Ⅱ . ①罗… ②赵… Ⅲ . ①亨利八世 (Henry Ⅷ 1491-1547) —传记 Ⅳ . ① K561.33

中国版本图书馆 CIP 数据核字 (2019) 第 296726 号

亨利八世：亨利最后的岁月

作　　者：[美] 罗伯特·哈钦森

译　　者：赵　彤

策划编辑：熊文霞

责任编辑：熊文霞

责任印制：王宝根

出版发行：新世界出版社

社　　址：北京西城区百万庄大街 24 号(100037)

发 行 部：(010) 6899 5968　(010) 6899 8705 (传真)

总 编 室：(010) 6899 5424　(010) 6832 6679 (传真)

http://www.nwp.cn

http://www.nwp.com.cn

版 权 部：+8610 6899 6306

版权部电子信箱：nwpcd@sina.com

印　　刷：北京亚通印刷有限责任公司

经　　销：新华书店

开　　本：880mm×1230mm　1/32

字　　数：283 千字　印　张：12.625

版　　次：2020 年 5 月第 1 版　2020 年 5 月第 1 次印刷

书　　号：ISBN 978-7-5104-6987-9

定　　价：62.80 元

谨献给我最爱的

妻子萨莉

目录

作者按

　　亨利八世是英格兰历史上最著名的国王，你可能认为这名精神不太稳定的暴君，其故事早已为人熟知。然而，在其长期执政的最后几年里，他那一直不太稳定的健康状况最终彻底垮掉。而无论是他经历的最后一次海外军事冒险，抑或是其宫廷之中所发生的政治与宗教阴谋，都在这一时期达到了白热化。1543年至1547年期间是他执政的决定性时刻，他在这几年里所埋下的祸根让其后世的王位继承者们饱尝恶果。

　　这些激动人心的事件都值得我们去进行创造性的详细探究。本书并非由众多博学的历史名家对亨利这37年执政生涯进行完整记述，并且在书后几页满布优秀评论的出版物。本书旨在对最后这段短暂且混乱时期内所发生的各项事件进行深入调查。我希望通过较为形象生动的方式，确切描述亨利的侍臣与官员们在他生命的最后几年中所经历的那种时刻令人惴惴不安的生活：面对着这位极具攻击性、睚眦必报、狡诈而又时刻遭受病痛折磨的国王，侍臣与官员们只得躲在奢华宫殿的走廊内窃窃私语商议对策。

　　本书还着眼于亨利八世至关重要的健康问题。亨利的医生团队并不知晓——对于所有人来说的最好时期恰恰是——国王可能因疾病困扰而将自己清醒的时段变成偏执的梦魇，他情绪化地将自己与曾经喜好的一切人与事隔绝开，将自己埋入深深的哀思，只有他那忠诚的傻瓜弄臣可以将其从中唤醒。

亨利并非是夸张漫画中的样子，他是位身形魁梧、狡诈、如山一般冷酷无情的男人——他是真正的暴徒，在利用手中生杀大权处置自己的臣民、朋友或是敌人时没有丝毫畏惧。他是真正能令你胆寒之人。他在偏执发作之时极其疯狂，那时的他毋庸置疑是名恶徒，是众人眼中的危险存在。

这是个悲伤却又充满暴力的故事，曾经意气风发的王子如今年事已高，行动受疾病所限，疼痛还在时刻折磨着他，这一切都令他痛苦不堪。16 世纪时政府所采用的宣传手段——例如那愤世嫉俗的宣传方式，以及一大批追名逐利的投机分子妄图将国家首脑同现实生活隔绝开来——看起来与我们如今所使用的方式如出一辙，在许多当代的政治制度中也十分常见。因此在亨利的极权主义国家中自然也是如此。亨利性格中的诸多方面，都与 20 世纪及21 世纪手中掌握绝对权力的统治者们极其类似。当然对于身处 16 世纪中叶的英格兰来讲，这种极端权力对政府造成了冲击。然而，尽管亨利曾犯下了许多错误，他对于我们今天所生活的这个国家仍然有着巨大贡献。

致谢

如果没有众多朋友同事们的帮助与支持，本书是无法顺利完成的，尤其是我亲爱的妻子，她不得不忍受亨利八世几个月之久。

在此特别感谢伦敦古物专家学会的图书馆馆长伯纳德·诺斯（Bernard Nurse）以及馆长助理阿德里安·詹姆斯（Adrian James）；位于伦敦克佑区（Kew）原公共记录办公室（如今的国家档案馆）曾给予我诸多帮助的工作人员；韦尔康医学史研究所图书馆的热情团队；大英图书馆的手稿与珍本书部；索尔兹伯里侯爵哈特菲尔德宫的馆长兼档案管理者罗宾·哈考特·威廉姆斯（Robin Harcourt Williams）；温莎堡圣乔治教堂的助理馆员茉莉亚·哈德森（Julia Hudson）；牛津博德利图书馆的帕特丽夏·罗宾逊（Patricia Robinson）；格洛斯特郡档案局；克劳德·布莱尔（Claude Blair）所提供的亨利甲胄方面的细节以及他关于国王在布伦战役中所穿戴服饰的相关研究；苏纳琪·辛普森（Seonaid Simpson）医生就国王健康状况方面的一些细节提供的热心帮助；尊敬的杰罗姆·伯特伦（Jerome Bertram）神父在拉丁文翻译方面给予我的诸多帮助；戴维·奇普（David Chipp）对原稿的有利

建议；韦登菲尔德和尼科尔森出版公司伊恩·德鲁里（Ian Drury）所提供的所有支持；主编卡洛琳·坎布里奇（Caroline Cambridge）的友好与乐于助人；莉萨·罗杰斯（Lisa Rogers）呕心沥血、认真负责的编辑工作以及出色的编辑技巧；西莉亚·莱韦特（Celia Levett）所做的校对工作；艾莉森·瓦吉特（Alison Waggitt）所制作的索引表；最后还要感谢马塞尔·霍德（Marcel Hoad）在许多方面的宝贵支持。

对于所有这些好心的人们，我在此谨致感激之情。

但是我仍要在此声明，书中所出现的任何错误与疏漏均为我个人的责任。

罗伯特·哈钦森
2005 年，于西苏塞克斯

序言

教皇收到了来自法国的消息

证实了英格兰国王的死讯，

他对此极为重视，并表示

绝不要错过机会

要让英格兰

重回天主教的怀抱。

1547 年 2 月 19 日，驻罗马的西班牙大使胡安·德·维加（Juan De Vega），在给神圣罗马帝国皇帝查理五世（Charles V）的一封秘密信件中写道[1]，亨利八世——"这位君权神授的，英格兰、法国及爱尔兰国王，信仰和英格兰国教的捍卫者……尘世间的最高领袖"[2]——最终于 1547 年 1 月 28 日凌晨 2 点左右摆脱了那长久困扰着他的生活，在寂寞与孤独中永远沉睡了。[3] 他年轻时的机敏、勇敢的金色荣耀早已随着时光的流逝渐渐褪色，1520 年所绘制的画像中那位站在金布背景之前英姿勃发的欧洲王子，早已变成一个臃肿不堪、满腹黑色幽默的肥胖老人，他在生命的最后几个月内鲜少在公众场合露面。在建筑结构错综复杂的威斯敏斯特宫内，这名双手沾满鲜血的暴君此时正了无生趣地躺在他奢华密室中那张精雕细琢的胡桃木大床上。感受到死神正朝他伸出手，他那以往随时爆发的危险情绪以及属于都铎家族的狡猾天性便全部都偃旗息鼓了。

经过了 37 年 9 个月零 5 日的绝对统治，他治下的政府冷酷无情而又贪婪，出于合法理由却又并不公正地处死了 15 万名[4]不幸的人，其中包括他的几位妻子、挚友及远亲，亨利的晚年变得沉默无助，他曾经的残忍好战也最终归于平静。在生命的最后一刻，他那曾牢牢掌握王权的双手紧紧抓住了那位忠诚且惯于讨好的坎特伯雷大主教托马斯·克兰默（Thomas Cranmer），这是他死前能给出的唯一信号，以此来表示他以耶稣基督为怀并"得到恩典"。这只"老狐狸"，正如一位法国大使曾称呼他的那样，终年 55 岁零 7 个月，当时来说也算是高寿了[5]——这完全可以归功于国王众所周知的嗜饮杜松子酒，[6]后来常年久坐不动，以及放纵自己暴饮暴食各种不健康的食物。

当天上午，在这具庞大的、已经开始腐败发臭的尸体渐渐变得冰冷僵硬的时候，亨利那混乱不堪的枢密院的成员在克兰默、狡诈的大法官托马斯·赖奥思利（Thomas Wriothesley）、国王的首席大臣威廉·佩吉特（William Paget）爵士及宫务管家圣约翰勋爵威廉·波利特（William Paulet）等人的指挥下，在经过一番深思熟虑之后，决定到国王那寂静黑暗的卧室去正式确认这位伟大的君主是否确已过世。同时他们要向这位君主表示最后的敬意，他们畏惧他，甚至可能还从心底厌恶他，但是他们也的确亏欠他很多，正是他赐予了他们可观的土地、收入和名誉地位。这些趾高气扬的权贵们都在亨利的宫廷之中过着胆战心惊的日子，整日忍受着亨利那反复无常的坏脾气以及过度膨胀的自我。随时可能会失宠的恐惧就如同看不见的阴霾，一直笼罩在这宏伟的王室宫殿的每一处角落。或许上一刻他们还高高在上享受着国王的尊重，下一刻便被冠以莫须有的叛国罪或是宗教异端而由国王的卫队长带着一队戟兵逮捕入狱。生存或是死亡，贫穷或是富贵，都在国王的一念之间，而国王自己却遭受着病痛的折磨，以及因年纪与各种疾病所导致的行动受限而产生的挫败感，甚至宫廷之中不同政治与宗教派系之间为谋求更高的权力与影响不断地进行的尔虞我诈的阴谋斗争，也让他感到痛苦无奈。正如一向现实的朝臣安东尼·丹尼爵士（Sir Anthony Denny）后来对其好友伊丽莎白公主的家庭教师罗杰·阿斯卡姆（Roger Ascham）所说的：

> 宫廷之中……是最不可靠的，没有人认真负责地办事，那种信守承诺的呆板之人在这里根本不存在；在这里你能收到最多的便是人们的刻薄，你怀着美好的愿望但最后收获的却只会是伤害，而这种伤害往往来自你所认为的最无害之人。[7]

丹尼与威廉·赫伯特爵士（Sir William Herbert）慢慢挪到国王的床边，其他人默默地看着不敢发出一丝声响。这两位大权在握的枢密院首席绅士在亨利生命中的最后几年内，有效地帮助亨利同喧嚣的宫廷及世俗世界隔绝开，使其得以沉浸在自己的世界里，同时还为亨利那时时发出恶臭的病体提供最为私密的服务。

　　无论是在 16 世纪的英格兰还是 500 年之后的今天那些肮脏的独裁主义国家，对于那些早已习惯于享受权力所带来的乐趣及舒适生活的人来说，政权更替的时期无疑是动荡且危险的。亨利留下的这些只追求私利的人组成小政府，为了维持对于权力的控制，他们迅速围拢在亨利的继任者身边。这位继任者便是王后简·西摩（Jane Seymour）所诞下的那位人们期盼已久的合法继承人——早熟且充满智慧的年仅 9 岁的爱德华王子。

　　他的舅舅、野心勃勃且擅长阴谋的赫特福德伯爵爱德华·西摩（Edward Seymour），与国王的御马官安东尼·布朗爵士（Sir Anthony Browne），带领 300 名骑兵飞速赶到爱德华所在的赫特福德堡，随后王子在严密护卫下被转移至米德尔塞克斯郡恩菲尔德（Enfield）他同父异母的姐姐伊丽莎白的住处。他们得知了父亲的死讯，随后在场所有人向新国王爱德华宣誓效忠。[8] 随后于 1 月 29 日凌晨的三四点钟，赫特福德将一把钥匙交给佩吉特，这把钥匙可以打开亨利用来存放遗嘱的小匣子，里面是亨利最近才修改过的最终遗愿及政治遗嘱。在一封附函中，他同意国王的遗嘱：

> 应当在经过进一步协商之后才对外公开，同时要仔细考虑公布的内容。出于种种（原因）考虑，我认为现在（还）无法满足整个世界。

　　赫特福德信件的背后还标注有："为了生活，要尽可能地勤奋。"[9] 作为额外的安全措施，英格兰关闭了所有通往欧洲其他国家的港口，同时政府下令军队封锁了所有通往伦敦的道路。

　　整整三日，亨利的死讯秘而不发——即便是在他宫廷的走廊之中也没有任何消息——因此宫廷之中每日仍维持着正常生活。消息灵通的西班牙驻伦敦大使弗朗西斯·范·德·代尔夫特（Francis van der Delft）在 1 月 31 日给帝国皇帝查理五世的信中写道：

> 　　我收到可靠消息称国王陛下已经离世，愿上帝对他施以恩典。尽管宫廷之中并未流露出丝毫迹象，甚至连在吹响小号之后为国王进呈御膳的惯例仪式都未曾中断。[10]

　　同样在星期一这一天，爱德华在赫特福德的周密保护下乘马南行穿过伦敦城抵达伦敦塔，他在那里正式宣布继承王位，城堞上和停靠在泰晤士河岸的船舶上传来阵阵礼炮轰鸣声，向新国王致敬。那个早上，几名主要阴谋家的首领赖奥思利情绪激动、声音哽咽地向议会宣布了亨利的死讯，他甚至假惺惺地流下了泪水，而议会成员们则感到深切的悲痛。佩吉特宣读了国王遗嘱的主要条款，随即便匆忙解散了议会。

　　在威斯敏斯特宫廷之中的走廊及黑暗角落随处进行着幕后对话，并由此达成了无数权力经济与交易，而高效率的政府机构正在精心地为亨利安排葬礼。1547 年，如同 2002 年为女王的母亲伊丽莎白王太后举行葬礼一般，当权派们知道该如何举行一场隆重的仪式，使其看上去既华丽又壮观。形式及礼仪的每一处细节都被纹章院传令官按照威斯敏斯特宫的宫内制度[11]安排执行，这一切都依照国王那位过世已久的专横跋扈的祖母玛格丽特·博福特

（Margaret Beaufort）在 40 年前制定的规章进行的。

首先要使亨利遗体的状况保持稳定，他双腿的溃疡因出血化脓早已开始腐烂[12]，因此只得通过"泡沫、清洗、除去内脏、烧灼、防腐、布置并填充香料"进行处理。[13] 波利特下令王室药剂师托马斯·奥尔索普（Thomas Alsop）提供膏剂——成分包括丁香、滇荆芥油、短麻屑、没药，以及芬芳的黑种草与麝香——一部分制成粉末分给以外科医生为主的七名医生用于防腐，另一部分则分装在 10 个口袋内放入棺材[14]，这些药品总共花费了国库 26 英镑 12 先令 2 便士——按如今的牌价计算已超过 6600 英镑。奥尔索普同仆从一起协助医生和蜡烛商们做防腐工作。这段经历一定令人很不愉快且疲惫不堪：亨利过世时体重很可能已经超过 28 英石[15]，6 英尺 3 英寸（约 1.9 米）高的肥胖尸体处理起来非常困难。然而，清洗与净化过程顺利完成，国王的内脏被移除，随后经过防腐处理的遗体被蜡质裹尸布层层包裹起来，外层还裹有一层细密的天鹅绒，最后用一根丝绳将裹好的遗体束紧。一块可能是由锡制成的标签被固定在胸口位置上，上面写有"大大小小的字母……其中包括他的名字与称呼，出生及过世日期"。随后，国王的焊接工和木匠被召唤来将遗体封存在人形铅棺之内，棺材的最外层还用坚实的榆木制成了 6 英尺 10 英寸（约 2.1 米）长的巨大的外椁。[16]

国王的内脏被安放在一个铅盒之内，伴随着庄严的弥撒仪式，铅盒被埋葬在威斯敏斯特宫附属教堂的正中，亨利那沉重的棺材也被放置在正厅的搁板桌上，上面覆盖着一块厚厚的金布，金布上绣有一枚大十字架，棺材的周围燃着一圈蜡烛。亨利的 30 名教堂牧师及枢密院绅士将在 5 天内 24 小时轮值看守亨利的遗体。[17]

棺材上方是一幅浓缩了亨利执政时期全部荣耀的巨大的白厅壁画，绘制于 10 年之前，展示了亨利权力巅峰时期的宏伟壮观场面。他骄傲地站在自己的父母——亨利七世（Henry Ⅶ）与约克公主伊丽莎白身前，而他那美丽娴雅的妻子简·西摩——国王法定继承人的生母——则站在国王的右侧。[18] 这幅画像即便在如今看来也是强有力的宣传。许多人在身处这寂静的房间内面对这幅画像时，一定会由此联想到英格兰的未来以及都铎王朝前途未卜的明天。

而那些阴谋家们十分清楚这一点。

第一章

一份危险的荣誉

"国王陛下已于星期四与拉蒂默夫人（Lady Latimer）举行了婚礼，在我看来这位夫人兼具美德与智慧，又很温柔，非常适合国王陛下，我确信没有哪个妻子能比她更深得陛下的心了。我们万能的主将赐予他们长寿以及无尽的欢乐。"

——摘自枢密院大臣托马斯·赖奥思利给萨福克公爵的一封信，写于 1543 年 7 月 16 日 [1]

亨利总是觉得自己的妻子差强人意。在他的一生中，许多位妻子都辜负了他，使他无法完成作为一位国王极其重要的政治使命，即诞下一名健康、合法的男性继承人来延续都铎王朝岌岌可危的血脉。在血雨腥风的那几年里，他的几任妻子都在密谋或在背后耍诡计，其余几位在他看来也都对他不忠或是背叛了他。在16 世纪 30 年代，他完全不顾天主教会的反对，直接宣布与自己的发妻阿拉贡的凯瑟琳（Catherine of Aragon）之间的婚姻无效。他的理由是不确定凯瑟琳与兄长亚瑟（Arthur）是否已经圆房，因此凯瑟琳与亚瑟的婚姻并非无效。亚瑟于 1502 年 4 月 2 日因肺结核而猝死，此时他与凯瑟琳的婚姻存续尚未超过 5 个月。亨利对安妮·博林（Anne Boleyn）不顾一切的迷恋最后也以 1536 年 5 月 19 日安妮在绿塔被残忍斩首而告终，亨利还特意为此从法国圣奥梅尔（St Omer）请来一位有名的刽子手，命其以威武的双手剑砍下安妮的头颅。在经历了 30 年政治上的痛苦烦闷以及与罗马教廷决裂的烦忧后，亨利终于得到了他一直以来梦寐以求的男性合法继承人。1537 年 10 月 12 日凌晨两点，他的第三任妻子，谦逊、迷人而又脆弱的简·西摩为他诞下一名男婴。但简·西摩因为在她新装饰的汉普敦宫卧室辛苦分娩了两天三夜而感染了产褥热，产后仅仅 12 天，她便因产褥热突发引发败血症而在午夜之前过世了。

亨利由衷地对王后逝世感到悲痛不已，但没过多久他的顾问们便开始敦促他考虑第四任妻子人选了。尽管这主要是出于外交方面的考虑，但他们同时也提到最紧要的问题是要有"备选的"男性继承人——一位约克公爵，以防尚在襁褓的爱德华王子也成为当时盛行于伦敦的瘟疫或其他流行病的受害者。11 月 12 日，国王为简王后举办了庄严隆重的葬礼，并将其埋葬在温莎堡圣乔治礼拜堂，墓穴就选在了唱经楼脚下。但在此之前，国王的顾问们可能在尚未获得亨利首肯的情况下便开始着手进行非正式商议，以便选出一些潜在的候选人。[2]

最初看来，同法国联姻在政治上会占有一定优势，因为这很可能阻止法国同西班牙结成联盟，而这种结盟对英格兰来说是具有威胁性的。有份关于法国吉斯（Guise）一位名叫玛丽的女子的报告吸引了亨利的注意，玛丽是位高大丰满的寡妇，而这恰好符合亨利所告诉密友的，他是个"高大的人，因此需要一位高大的妻子来相配"。[3] 但她已经与苏格兰的詹姆士五世（James V）[4] 订婚，亨利直言不讳地告诉驻伦敦法国大使说他"不要苏格兰的残渣"。[5] 随后，其他适婚的法国女子也被推荐给亨利，其中包括玛丽的两位迷人的姐妹，路易丝（Louise）和芮妮（Renée）。除了各方面所表现出来的魅力与诱惑，爱脸红的路易丝众所周知还有着处子之身。法国大使卡斯蒂永阁下路易·德·珀露（Louis de Perreau）露骨地对国王说："就选她吧！她尚是处子，所以方便您按自己的尺寸去塑造那通道。"[6] 放肆的大笑过后，亨利拍了拍这名粗俗不堪的外交官的肩头，随后又一脸虔诚地去听弥撒。来自旺多姆（Vendome）的玛丽也是位合适的人选，但不幸的是她已经宣布立志成为修女。然而，粗鲁的法国统帅却认为"当然要选择英格兰国王，他在自己的王国内就是教皇，而教皇对她当然具有优先选择权"。[7]

亨利总是担心备选对象会丑陋不堪或毫无吸引力，因此，他要求在对王后人选做出最终决定前，先在英法边界上的英属加来（Calais）地区安置一座大型帐篷，他要亲自检查这七八位法国公主。尽管可以由法国王后及法国国王弗朗索瓦一世（Francis I）作为陪护，但这一要求却在法国国内引起公愤。1538 年 8 月，卡斯蒂永奉命将这一情况告知亨利：

> 将王室与贵族少女送去如待售的马一般接受检查并非法国习俗。[8]

更受认可的王室选择方法，如递交有关待选女子适宜性及外貌的外交报告，却被伦敦方面坚决否定了，亨利坚持：

> 上帝啊！我除了自己谁也不相信！这件事关系到要与我朝夕相处的人选。我希望在做出决定前能亲眼看到她们并了解她们。

法国大使大胆狡诈的回复明显使亨利表情尴尬：

> 那么陛下也许是想将她们挨个试过来，最后留下您觉得最容易突破的那个。请问这是贵国的圆桌骑士曾对待女士们的方式吗？ [9]

他看似不经意的玩笑却深深刺中了这位自负君主的痛处，世人皆知亨利对于骑士精神及典雅爱情故事的欣赏与向往，他还喜欢偶尔在关乎道德的问题上假装正经。卡斯蒂永后来在报告中写下：

> 我想这使他感到了羞愧，他脸红地笑了笑，同时承认自己所采取的方式确实是不礼貌的。他揉了揉鼻子说道："是啊，既然我的好兄弟，你们的国王（弗朗索瓦一世）已经同（西班牙）国王如此交好，那我们还如何好好相处呢？我这样要求是因为除非你们的国王陛下相较于西班牙而言更重视我们之间的友谊，否则我就决心不再结婚了。" [10]

　　大使迅速巧妙地回避了这一问题，并得体地回复称应由更具智慧的人来为此作答，因为亨利对伴侣的选择十分明确，不仅仅要基于两性吸引，外交也是至关重要的考虑因素。

　　私底下，一些人可能认为国王寻求新王后这件事正一天天变得越来越不体面——看起来更像是一匹老种马被带去同年轻活跃的小母马交配，而不像是出于宏伟全面的外交策略出发或是为了进一步稳固都铎王朝的英格兰王冠而考虑。但即使有人这样想，也没有人胆敢冒险挑战国王那早已声名远播令人胆寒的暴躁易怒的脾气小声嘀咕抱怨，更不用说是在亨利王宫的走廊里，在那些昂首阔步的朝臣之间粗鲁失礼地私语议论了。

　　但与法国联姻失败一事却未能使国王停下以神秘莫测的过程继续追求爱情的脚步。或许，他那些只会奉承巴结的顾问也曾小心试探哈布斯堡王朝的候选人如何。他们将目光对准了另一位新娘人选——克里斯蒂娜（Christina），她是被迫退位的丹麦国王克里斯蒂安二世（Christian Ⅱ）的女儿，也是西班牙国王查理五世的外甥女，同时还是亨利第一任妻子阿拉贡的凯瑟琳的甥孙女。

　　她身材高挑，据说"言语温柔、面容和顺"[11]，微笑时还会在脸颊上露出小酒窝，"这使她从候选人中脱颖而出"[12]。人们对已逝米兰公爵弗朗切斯科·斯福尔扎（Francesco Sforza）这位年仅 16 岁的遗孀的美貌趋之若鹜，亨利的宫廷画师小汉斯·霍尔拜因（Hans Holbein the Younger）狂热地仅在 3 个小时内就完成了画像，并将其从布鲁塞尔（Brussels）带了回来，亨利见之大喜过望。他沉睡已久的喜悦之情就此被唤醒，他那颗早已变得敏感多疑的苍老心脏仿佛重新注入了浪漫的血液。

然而她对于能与英格兰国王结成美满姻缘这件事却并未抱有同样的热忱，即使亨利派来的两位首席大臣之一托马斯·赖奥思利信誓旦旦地告诉她说他的主人是"世间存活着的最温和的绅士，他的天性纯良和善。我想直至今日都没有人从他的口中听到过任何过激的言辞"。[13]

随后他很可能停顿下来，满怀期待地想看着她对这过分夸张的谣言会做何反应，面对她的沉默，赖奥思利又再度开口补充道：亨利，是"基督教世界中最威武强大的君主之一。如果你见到他，你会（称颂）他的美德、温柔、智慧、阅历、他的美好样貌，以及全部……一位君主应有的天赋和高尚品质"。

对于这些一贯阿谀奉承的朝臣们来说事实真相根本就不值一提，而克里斯蒂娜非常清楚这一点。她认真聆听着他那华而不实的言辞，还咯咯地笑了，赖奥思利随后在报告中提到"她笑得，我想，就好像有人在搔她痒一般"。[14]

公爵夫人的疑虑与日俱增，她的顾问们甚至公开谈论流传甚广的传闻，即这位英格兰国王的几任前妻均未得善终：她的姨祖母是被下毒致死，第二任妻子被处以极刑，而第三任妻子则因产后照顾不周而丧命。[15] 而且在嫁给自己姨祖母的鳏夫这件事上必须要得到教皇的批准才行（实际上得到教皇许可的机会也十分渺茫）。

亨利在海外的名声的确是个问题，然而 1539 年 1 月 2 日，阿吉拉尔侯爵在给法国国王的信中提到英格兰国王时称"他的毫无人道和残暴逐日愈演愈烈"[16]，即便是在视人命如草芥，普遍滥用司法的 16 世纪，这也是一项鲜明有力的指控。在亨利残暴清除他的王室血亲考特尼家族和波尔家族（金雀花王朝残存的最后一丝血脉）的过程中，蒙塔古勋爵亨利·波尔（Henry Pole）在被捕并执行处决的几个月前预言般的告诉自己的仆人："杰罗姆（Jerome），国王从来不会强迫你，但他却会用怒火与利刃毁灭你。"随后这句话便一语成谶，如其他人一般，他以付出生命和自己的土地为代价证实了国王的残暴。最终，克里斯蒂娜以远超出她十几岁年纪的机敏才智做出了回应。据说她对外宣告称如果她有两颗头颅，那么她一定敢嫁给亨利并任由他处置。[17] 她是不会成为亨利的新妻子了。

尽管过去在为婚姻押注和选择情人方面得到了充分练习，亨利仍然很难在新娘选择一事上做出抉择。

在他正疲于苦苦寻找新妻子时，海外突然发生了外交事件。亨利当时正被适婚欧洲公主们的肖像和他那些精力充沛的使节所提供的成堆的说明文件所包围，那些文件无不热情洋溢地赞颂着公主们的美貌与行为举止。1538 年 6 月 18 日，法国同西班牙在恢复友好邦交一事上达成一致，并在尼斯（Nice）签署了一份为期 10 年的休战协定。在教皇保罗三世（Paul Ⅲ）的敦促下，法国同西班牙计划以贸易禁运为开端对宗教异端进行制裁。现在看来，也许正是天主教势力对英格兰的入侵才使其开始为原本不堪一击的南部海岸沿线疯狂建设新的防御工事。无论是作为新娘人选的背景地，或是作为欧洲大陆盟友来缓解亨利被欧洲政策全面隔离的尴尬境地，德意志新教诸侯王室此时看起来都是更具吸引力的选择。

于是国王开始着手安排这场闹剧，如果没有演变成一场灾难，那这将是他的第四次婚姻。

　　他在犹豫不决中选定了克里维斯的安妮（Anne of Cleves），这个 24 岁的姑娘来自下莱茵河回流地区的公爵领地。她有个妹妹也同样待字闺中，她们的弟弟是野心勃勃的威廉公爵，他于 1539 年 2 月承袭了克里维斯公爵这一头衔。然而，那些具有慧眼的人们却能轻易地从中发现此事存在一些问题端倪。安妮不会打猎，不会唱歌或是演奏乐器——这 3 项是亨利年轻时最钟爱的消遣活动——但她却有着技艺高超的缝纫手艺。她纯真、不谙世故，对男人和爱情一窍不通（若非天真无邪怎会如此）。她的英文水平仅限于几个单词，的确，安妮除了会用毫无吸引力的鼻喉音说出自己的家乡方言低地德语之外，不会读写其他任何一门语言。当亨利的使节尼古拉斯·沃顿（Nicholas Wotton）抱怨说无法看清她掩藏在宽大头巾下的脸庞时，安妮的侍臣愤慨地反问道："怎么？你是要看她赤裸着吗？"安妮的正面肖像被带回给亨利，肖像极力呈现了她的外貌特征，她有着神圣庄严、近乎沉静安宁的面容，鹅蛋脸，鼻子似悬胆一般且鼻梁高挑十分显眼，厚厚的眼皮端庄地低垂下来。

　　由于霍尔拜因大师的高超绘画技艺表现，以及使臣不断送回的充满赞美之词的报告打动了亨利，他最终同意了这桩婚事。

　　因此，在 15 名女士及包含 13 名小号手与两名定音鼓手 [18] 在内的 245 位强健随从的陪伴下，克里维斯的安妮从杜塞尔多夫（Düsseldorf）出发并于 1539 年的 12 月 11 日抵达了英属加来地区，即将面对横穿海峡这一危险难测的航行。然而大风及恶劣天气却推迟了新王后前往英格兰的脚步，也延误了她那任性新郎的爱的拥抱。应安妮的要求，南安普敦伯爵与海军大臣则利用等待海面恢复平静的这段时间，教她玩纸牌游戏，毫无疑问，玩纸牌是国王很青睐的一项娱乐活动。南安普敦伯爵还热情洋溢地写信给此时正在威斯敏斯特庆祝圣诞节的亨利，向他介绍安妮的现状，但信中的这些措辞和语句却在随后的日子里令他悔恨不已。他后来沮丧地承认道：

> 第一眼见到她的时候，（他）考虑到当时的情况没有去对她发难，那么多的报告和画像都极力赞美她，（即便是他自己）也曾多次在信中表达爱慕。[19]

但谁又能指责南安普敦伯爵呢？指责他急于取悦他的主人，"英格兰的尼禄"吗？[20]给至高无上的国王传递坏消息的信使通常很难领到报酬，而他也找不到合适的理由去挑战亨利那阴晴不定的脾气。

最终，海上的风势减弱，在一支由50艘英格兰船只组成的英格兰船队的护送下，安妮同她的英格兰护卫队在12月27日的寒冷下午抵达了肯特郡的迪尔（Deal）。欢迎集会沿着多佛（Dover）与坎特伯雷（Canterbury）一路有条不紊地进行着，他们于三天后抵达罗切斯特（Rochester）的主教宫。他们将在那里做短暂停留并计划最终骑马行至格林尼治（Greenwich），亨利将于1540年1月3日在那里以正式欢迎仪式迎接她。

这位任性的国王对即将见到自己的新妻子兴奋得迫不及待，正如他告诉首席大臣兼掌玺大臣托马斯·克伦威尔（Thomas Cromwell）的那样，他决定去拜访安妮，给她一个出人意料的新年礼物以"增进感情"。他心中那柔美的浪漫之花还尚未完全凋零，他将刻板的宫廷礼仪与国家庆典的详尽计划全部抛诸脑后，亨利及其枢密院的五位绅士穿戴着艳丽多彩的披肩和兜帽，匆匆忙忙地骑马出发，并于新年元旦那日下午赶到了罗切斯特。他仿佛重新变回了那个满腔热情的年轻恋人，而非四十多岁韶华已逝，被严重溃烂的双腿折磨得痛苦不堪的君主。

但迎接这场欢乐盛宴的却是令人震惊的失望。

国王的御马官安东尼·布朗爵士礼节性地到安妮位于罗切斯特的房间进行拜访，并提醒她国王的不期而至。当他见到新皇后时，安东尼爵士觉得"此生从未如此沮丧，心内悲伤不已……眼前所见的这位女士并非如报告中的那般美好"。[21] 他已经来不及通知亨利了，因为这位冲动莽撞的新郎及另外两位兴高采烈的随从已经紧随其后而至。当时的气氛一定非常尴尬，国王匆匆闯进房间并迫不及待地拥抱和亲吻他的新娘，安妮和她的德意志侍女脸唰地一下红了起来，安妮紧张地扯了扯嘴角报以微笑。

亨利对他的新王后只是瞥了一眼便感到"大为震惊，并觉得很尴尬"[22]，她就站在宫殿的窗边，害羞地低头看着下面，院子里正喧闹地进行着节日娱乐节目嬉熊游戏。她看起来比实际年龄要大，而且显然并非如报告中所描述的那般貌美，更糟糕的是那张蜡黄的小脸上还有点点痘疤。[23] 安东尼爵士一眼看出了国王所流露出的"不满"，甚至是"对她的容貌感到厌恶"。[24] 从不掩饰或控制自己情绪的亨利，在迫于礼貌生硬地挤出 20 个单词后就马上离开了。他一把抓过自己准备好的礼物递给她——那是一条用来围在脖子上的无袖长胸衣，做工奢华，上面还饰有紫貂皮。随后，国王便在一片朋友及侍臣的屈膝礼下匆匆离开了，只留下对这一切都感到困惑不解的新娘。转天早上，国王在送出一份"冷淡的，可能仅仅作为信物"的礼物之后便怀着不满的情绪仓促离开罗切斯特返回格林尼治。回程路上，亨利生气地问他的好友约翰·罗素爵士（Sir John Russell）：

> 你觉得这个女人怎么样？你认为她好看吗？有他们向我报告的那般貌美吗？我求你告诉我实话。

罗素很可能犹豫了一下，然后告诉亨利说他也不认为安妮漂亮，"确实肤色很深"。国王"痛苦忧虑"地呼喊道：

> 天啊！我还能相信谁？我向你保证我在她身上没看出他们所提到的任何优点，我都替他们感到难堪，他们居然能如此赞美她。我一点儿也不喜欢她。[25]

但在这种有可能会丧失名誉的情况下，亨利已经毫无退路了。为了使这极其重要的外交目标能够达成，亨利只能去勇敢地面对这一切。1540 年 1 月 3 日，亨利按照原定计划在布莱克希思（Blackheath）的射手山（Shooter's Hill）上迎接盛装打扮的安妮，他殷勤地摘下缀有各种珠宝的帽子，"面对着欢腾雀跃的观礼人群——由 5000 名骑手组成的护卫队以及从伦敦城里邀请来的贵族绅士，亨利摆出了最亲切友好的表情以及一位君主的高贵举止来向安妮致敬，欢迎并拥抱她"。但在亨利出席王室典礼及其他隆重庆典仪式时展示的笑脸之下却压着一股愤怒的火焰，以及那早已按捺不住中断婚礼的强烈欲望。

平安回到位于格林尼治宫的枢密院后，他马上向倒霉的首席大臣托马斯·克伦威尔厉声问道："现在还有什么办法可以补救吗？"[26] 随后又道："如果当初我知道是这样，那么她根本就不可能踏入这个王国一步。"克伦威尔只能勉强回答称"我想她的举止还是很高雅的"，而这个答案显然无法让亨利满意。[27]

掌玺大臣绞尽脑汁地快速想出了一个办法，抓住安妮曾在1527年与洛林公爵的儿子弗朗索瓦订婚一事来做文章，当时安妮12岁，弗朗索瓦则年仅10岁。王后的未来尚不明朗，而令人失望的是婚礼被推迟了两天，在这两天内克伦威尔的律师团及国王的枢密院成员疯狂地试图找出任何可能废除这段婚约或使其宣告无效的证据。但一切努力都是徒劳：威廉公爵那沉默寡言的使臣自然是毫无用处，而且"让此事轻描淡写就过去了"。不幸的是，他们承认此次前来并未随行带着当年解除婚约的相关证明文书，但他们安慰式地强调，安妮幼年时订下的婚约根本不是问题，因为那根本从未生效。他们许诺会将相关重要文件送来，尽其所能"排除一切怀疑"。[28]

所以，尽管亨利对此感到无比懊恼，婚礼的一切仍按计划进行。颇具讽刺意味的是，尽管经历了冗长的外交协商细节，这场对抗终于结束了，却恰如亨利的第一段婚姻一般在婚姻的合法性上笼罩了一层阴影。1540年1月6日，大主教托马斯·克兰默于格林尼治的女王密室主持了婚礼，这一天恰好是主显节——往年的这一天，亨利的宫廷里总是充满了欢声笑语，而如今这种巧合只会让亨利的怒火烧得更旺也变得越发绝望。婚礼当日，安妮穿着一件由厚重金线织物制成的荷兰样式的长袍，上面绣着各式花朵并饰有"大颗大颗的来自东方的珍珠"。她将金色的长发"披散下来"，头上戴着一顶"镶嵌着硕大宝石并满满缠着迷迭香枝条"的金王冠。[29]她看起来一定很像一棵圣诞树。她的结婚戒指上刻有"上帝赐我安泰永驻"的铭文。而安妮不知道的是，她的确是迫切地需要神的干预才能保护自己的未来，因为国王已经完全对自己的新娘失去兴趣。亨利迈进教堂的那一刻，她谦恭地行了三次屈膝礼以示敬意。

万分沮丧的国王对此十分愤懑，并"停止一切娱乐活动"。[30]他的朋友及随从在同他交流的时候都要几经斟酌之后才敢开口。婚礼的前一晚，他问克伦威尔："难道真的就无法转圜了？一定要我违背自己的意愿给脖子套上枷锁吗？"[31]就在他步履蹒跚地走向教堂前，他还低声咆哮着说他被自己所信赖的人"如此糟糕地对待"。国王在进入教堂前停下脚步对克伦威尔说："我尊敬的阁下，如果不是为了满足全天下和我的王国，我决不会为了毫无实际意义的事而被逼走到今天这一步。"[32]恐怕再也没有哪个新郎能比亨利感觉更不幸、更不情愿、情绪更糟糕了，而他的话让这位首席大臣如同坠入深渊一般预感不妙。

不可避免地，大婚当晚的身体结合成了一场令人难堪的灾难。次日清晨，低俗的克伦威尔很不明智地去试探国王"您觉得王后如何"，可以想象他当时用肘部轻轻触碰着国王，并伸着粗鄙的双下巴乜斜的笨拙样子。亨利怒视着他，并毫不隐讳地说道："我本来就不喜欢她，现在则更甚。"[33]他还补充道：

> 我触摸了她的腹部和胸口，因此我能判断出她根本不像
> 处子之身那般美好，我触摸着它们感觉备受打击，根本毫无
> 兴趣也没有勇气再去进行下一步了。我离开时她仍如少女一般
> 完好无损。[34]

随后国王生气地迈着重重的脚步离开了。更糟糕的是，国王
尽职尽责地努力了四个晚上想完成丈夫的使命，却仍然未能成功
行房，而现在的他连继续尝试的意愿都消失殆尽了。

他向枢密院的那些绅士们吐露了这些床笫间的私密。侍厕男
仆托马斯·赫尼奇爵士（Sir Thomas Heneage）随后证实：

> 尊敬的陛下在如此频繁地同安妮共枕的情况下，仍存芥
> 蒂并直言因为安妮胸部松弛以及其他一些现象而怀疑她并非
> 处子之身。而且安妮那令国王感到不快的样子也使他没有任何
> 欲望想要去履行作为丈夫的职责。[35]

亨利告诉他在枢密院的心腹安东尼·丹尼"她的身体如此僵
硬……他永远也不可能指望她来配合自己去唤醒那种要在肉体上
更进一步了解她的欲望"。[36]曾对医疗很感兴趣的亨利甚至还耐心
地去请教他的医生——宫廷医生约翰·尚布雷（John Chambre），
他安慰般建议国王不要因为害怕会造成性器官的"衰弱"而"强
迫自己"。[37]毫无疑问，关于国王同王后之间不和谐的这一私密
情况早已在宫廷内流传开来成为笑谈。亨利那强烈而又危险的过
度膨胀的自尊正遭受这些流言蜚语的侵蚀，他告诉另一位医生威

廉·巴茨（William Butts）说他有过"*duas pollutions nocturnas in somno*"（拉丁文，意为两次夜间射精，又称"梦遗"），他认为"他完全有能力发生性关系，只要不是同她在一起"。[38] 正如预期的那样，当巴茨在亨利王宫各处重述这段表达时，那些暗示国王在床笫之间无能为力的粗俗议论得到了有力平息。

可能正如某些人揣测的那样，国王的冲动总是能被女人身体所散发出的气味敏锐地唤醒。王后"那令人不快的样子"却很难鞭策自己的丈夫完成使命，或是使他的身体感觉兴奋而顺利行房。

可怜的克里维斯的安妮——一个真正纯真无邪的外国人，临到仲夏之前，向来直率的简·罗克福德（Jane Rochford）夫人直接对她说："殿下，我想您尚未经人事吧。"王后回复道："我怎么可能还是处子呢……我每晚都和国王睡在一起啊。"不谙世故的安妮还直言不讳地补充道：

> 他来到我的床前，亲吻我，握着我的手说"晚安我的甜心"，清晨也会亲吻我和我说"亲爱的再见"道别。这难道还不够吗？

埃莉诺·拉特兰（Eleanor Rutland）夫人婉转地对王后说：

> 夫人，肯定要不只如此的，不然我们要等待很久才能迎来约克公爵，整个王国都在热切期盼这个小生命的到来。

王后对此仍然感到困惑不解：

不，我对现状很满意，因为我知道的也只有这些了。[39]

　　亨利现在每天计算日子盼望着能够尽快结束这闹剧一般的第四段婚姻。赖奥思利表示"对陛下陷入如此苦恼的境地感到很遗憾"，他劝诫好友克伦威尔尽快想出计策来帮助国王摆脱他所厌恶的妻子，"看在上帝的分上，如果国王继续陷在悲伤与烦恼的情绪当中，那他们早晚会因此而受到国王的惩罚"。克伦威尔只能绝望无助地回答："是啊！可我该怎么做呢？"[40]

　　但留给这位英格兰首席大臣的时间已经不多了。1540 年 6 月 10 日，就在这个星期六的下午，克伦威尔用过午饭后照常出席威斯敏斯特枢密院的日常会议。一踏进枢密院，他就发现其他人早已围桌就座。他正要迈向他的座位时，诺福克公爵厉声说道："克伦威尔，你不能坐在那儿。这里没有叛国者的一席之地！叛国者是不配坐在君子中间的！"大吃一惊的克伦威尔只能结结巴巴地反驳称："我不是叛国者。"在他的身后，卫队长走进了会议室，一把抓住了克伦威尔的胳膊并宣布："我来逮捕你。"克伦威尔问道："因为什么？"卫队长语焉不详地回复他："会有别人来告诉你的。"

　　诺福克公爵随后上前一步说："等一下，卫队长！叛国者是没有资格佩戴嘉德勋章的。"[41]诺福克从克伦威尔的脖子上扯下镶有珠宝的圣乔治勋章，随后南安普敦伯爵也从他的长袍上撕下了代表嘉德勋爵身份的纹章。诺福克再次重申："你是叛国者。你将受到由你自己亲自制定的血腥法律的制裁。"[42]

　　他们就如同鬣狗死死围绕着一息尚存的可怜猎物一般。议员们边用拳头捶打着桌子边高声喊道："叛国者，叛国者，叛国者！"克伦威尔涨红着脸，眼睛愤怒地死死盯着这些人的眼窝，泪流满面，懊恼地将帽子扔到了地板上，随后便挣扎着被卫队长及他的戟兵们拖走乘船前往伦敦塔了。这位国王的第一谋臣，帮助王室获得大笔财政收入的《遣散修道院法令》的缔造者却在拯救自己一事上耽搁了太久。现在他不得不为自己在忠心耿耿地处理国王事务时出现的失误而付出生命的代价。

6月24日，安妮以伦敦城里正闹瘟疫为借口被送到位于萨里（Surrey）的里士满宫，借口称这是出于"为她的健康考虑，那里空气清新令人愉悦"。事实上，亨利有一些琐碎的小问题要解决，而要实现他的目的王后必须离开宫廷。在两位大主教、16位主教以及139位学者的共同努力下，这桩婚姻终于以一个合法的巧妙理由宣告无效了，理由是由于安妮与洛林的弗朗索瓦之间存在无法澄清的婚约，因此亨利从未与其圆房（因为他知道这根本就不合法）。亨利全部的目的和想法就是他从未认可这桩婚事，他在递交给议会的"简明、真实而完美的声明"[43]中写道："我永远无法爱上被逼迎娶的女人，况且即便她未经人事，我也从未与其发生肉体关系而让她有任何损失。"国王喜欢把这类事处理得干净利落，又看上去合乎律法，但其中确实还存在一些亟待解决的细节问题。他那蒙羞的、被抛弃的首席大臣在被行刑之前还可以最后一次向国王尽忠。被关押在伦敦塔里的克伦威尔奉命提供证词来证实亨利的说法，否则他将以叛国罪的恐怖死法受刑，他会被半吊起来活生生的除去内脏，然后砍头。[44]克伦威尔按照要求在事件的完整陈述上签字，并在结尾处写下：

　　我是一名卑贱的囚犯，只要能取悦上帝和陛下，我的灵魂已准备好赴死。然而，脆弱的肉身煽动着我不断向陛下您请求宽恕与垂怜。愿基督保佑您。

　　您罪孽深重且痛苦万分的囚犯，您可怜的的奴仆用沉重的心绪和颤抖的双手，于6月的最后一个星期三书于伦敦塔。[45]

　　随后他被绝望所淹没，又添了一句可能毫无意义的附言："我最仁慈的君主啊，我哀求您的宽恕，宽恕我，宽恕我。"他那可怜悲哀的请求毫无疑问被忽略掉了，尽管大主教克兰默还勇敢地为他向国王求情希望能留下他的性命，克兰默在6月11日写道：

　　我强调了克伦威尔在保护和服务国王方面的勤勉，只要存在阴谋他就能迅速揭发。（克伦威尔）爱国王胜过一切，他总是以极大的忠诚和成功来报效国王。

　　克兰默还补充道，如果首席大臣真的是叛国贼，那么自己很高兴他能被逮捕，但也会诚挚地祈求上帝

　　能给国王再派来一位可靠的，具有克伦威尔那种能力并能像他那般辅佐国王的顾问来取代他的位置。我对此感到惋惜：我的大人，如果您不相信他，那么您今后还能相信谁呢？[46]

但克伦威尔赴死的结局已定，国王现在唯一关心的是：他已经把克伦威尔家那可观的财富牢牢地握在手心里。被捕后仅仅几个小时内，克伦威尔包括权杖、圣餐杯等在内的金器及镀银餐盘以及现金（以 2004 年牌价计算约合 600 万英镑）等大约价值 1.4 万英镑的可移动资产被快速清点，并从克伦威尔靠近伦敦城北墙，位于奥斯丁修道院的家中转移出去。金条和金币则在托马斯·切尼爵士（Sir Thomas Cheyney）的指挥下由 50 名弓箭手护送至亨利位于威斯敏斯特的宝库。[47]

克伦威尔的其他家私也在随后被有条不紊地一步步掠夺干净。[48] 还有他所持有的大量土地产权及其他收入也被扣押，所有这些令人欣喜的意外之财都落入了残暴贪婪的国王的囊中。

6 月 29 日[49]，克伦威尔——"本为这个王国内至微至陋之徒"——依据《褫夺公权法令》未经审判直接被判有罪，宣判他"是最虚伪堕落的叛国者、骗子，在整个当权时期蒙骗陷害王室成员，侮辱了这个王国神圣的王冠"。他被指控为异教徒，四处散布反驳亨利观点的反动书籍，特别是其中一些书籍针对圣餐仪式进行了驳斥，他还允许异教徒传教布道。他违反了国王所公布的声明，以货币、谷物、马匹及其他商品出口许可为条件索取贿赂。他在国王不知情的情况下签署了许多委任状，还在王子降生时就笃定地宣称"他一定会是国王"。[50] 克伦威尔那些轻易就能被揭发的罪行简直不胜枚举。

在心情愉悦地成功转移了首席大臣被扣押的财产之后，亨利在试图废除现有婚姻上仍然面临着两个主要问题。首先是安妮自己对此事的反应——她如果提出反对的证据，很可能会成功驳斥亨利并未成功圆房的说法，并使其无效。其次，出于长远迫切的外交需要考虑，即使在克里维斯公爵的姐姐无法继续任英格兰王后的情况下，亨利也必须同这位十分重要的新教盟友保持良好关系。亨利解决此类问题的惯用方式是通过大量的现金钱财来维持现状。这对于长期承受巨大压力的财政部来说是个可怕的消息，但在国王迫切地要达到某一目的时却根本不会去考虑到这一点。

安妮将以"国王的好妹妹"身份继续留在英格兰，在国王的监管控制下生活，作为回报安妮每年会收到一笔高达 500 英镑（约合如今的 216265 英镑）的丰厚的生活费以及大量的庄园和土地，极具讽刺的是，这其中绝大部分来自克伦威尔被没收的财产，他如今已作为替罪羊为这段他曾一手安排的灾难性婚姻付出了惨痛的代价。

国王夺回了他曾赐予的一切。安妮仍是英格兰最重要的女士，紧排在新王后以及玛丽公主和伊丽莎白公主之后。她可以保留所有衣物、珠宝以及碗碟。根据她的身份和地位，国王赏赐给她 15 名强壮的德意志仆人作为家眷，其中还包括她自己的私人厨师舒伦堡（Schoulenburg）。毫无疑问，她的宠物鹦鹉也得以保留下来。

赖奥思利勋爵、南安普敦伯爵与萨福克公爵乘船来到里士满告诉她这个可怕的消息。随后有谣言传出，称安妮在听到这段婚姻被宣告无效的消息时竟晕倒在地，可能是因为终于得以从中解脱的缘故，她不用再被嘴里哼哼叽叽，臃肿不堪，甚至可能还有胃胀气的亨利压在身下胡乱摸索了，这样的夜晚再也不会有了，但这些显然不会出现在侍臣们关于这次艰难会晤的报告中。更有可能的是，他们的突然出现使安妮瞬间感到惊惧，担心自己也会被带到伦敦塔，而等待她的也将是横死的命运。受惊的王后很快便恢复了镇定。安妮通过翻译仔细听懂了他们那优雅、流利的表达，似乎"没有什么面部表情变化"，也并未多加思索便顺从地同意了国王提出的安置条件。而掩藏在那张淡漠的、不动声色的小脸之下的是不为人知的理智，她并不愚蠢。归根结底这桩交易并不算糟糕，如果她表示拒绝，那么她必须考虑到自己很有可能会被带到刽子手面前，而亨利会用他最惯用的手法来摆脱那些麻烦的妻子们，比如安妮·博林。在面对一个众所周知在性格上存在暴力倾向且报复心极强的君主时，安妮的自我保护意识明显战胜了那心里尚存的一丝浪漫情愫。她积极地抓住了这次获得自由的机会，对外欣然表示王室婚姻灰暗无趣，而且十分乐于分享她自己的失意与忧虑。[51]

余下的只是一些琐碎的正式手续而已。7月9日的行政会议正式结束了她的婚姻，仅仅在议会通过的第四天后，即7月16日，她便温顺地写信给亨利希望能成为"陛下最谦恭的妹妹及仆人"，而她的署名仅仅是"克里维斯的女儿安妮"。[52]她完全放弃了原有的王室地位与服饰。她在写给弟弟威廉公爵的信中写道："我认为上帝对这样的结果十分满意，而我也清楚自己并未受到任何不公正的对待或是伤害。"并证明了她的身体仍然"如当初踏入这个王国时一样完整"。

这封信几乎可以肯定是由亨利的官员口授而由安妮执笔完成的。英格兰国王是"最善良、慈爱、友善的父亲和兄长"，他对待安妮"如你、我，或是我们亲属或同盟者所期盼或渴望的那般尊重、充满人性且慷慨大方"。她恳求威廉公爵不要对协议发难。[53]

对此，威廉公爵"对自己的姐姐没有遇到更糟糕的情况而颇感欣慰"。而对于亨利来说，这次联姻的结束无疑是他多段婚姻中最干脆利落的一次了，不必如当年摆脱阿拉贡的凯瑟琳那般即便苦心经营尚且饱尝了 6 年的折磨，这次只用了 6 天便结束了。[54]

新上任的法国驻伦敦大使查理·德·马里亚克（Charles de Marillac）不以为然地在报告中称："她现在被称为克里维斯女士，不必再假装是已婚身份，她同以前一样快乐，而且现在每天都换新衣服。"[55] 经历了这 6 个月零 3 天的包办婚姻，安妮饱尝黑暗屈辱及不为人知的绝望滋味，而现在离开亨利之后，美好生活正在召唤她。克里维斯的安妮抛开了原有的节制生活，她开始享受美酒。除了名字和头衔的区别，她几乎完全蜕变成了一位快乐富有的寡妇。在这段婚姻的最后，也很可能是第一次，安妮没有对国王感到失望。

亨利要求迅速解除这段婚姻关系背后的原因并非仅仅出于对二人身体结合的厌恶，或是出于王室礼仪及外交方面的考虑。他头脑里还盘算着另一件事，一个更贴合他心意让他觉得蠢蠢欲动的念头：年仅 18 岁轻浮又活泼的凯瑟琳·霍华德（Katherine Howard），前王后安妮·博林的大表妹，是第三代诺福克公爵即托利党的托马斯的侄女。国王可能于 1540 年 3 月在一次盛大宴会上第一次见到凯瑟琳，这次宴会由温彻斯特主教斯蒂芬·加德纳（Stephen Gardiner）有预谋地在他位于索思沃克区温彻斯特府邸的大厅举行，而他的主教宫则建在泰晤士河南岸圣救世主教堂脚下。这次既没有刻意讨好的肖像，也没有那些使臣们谨慎委婉的报告。在加德纳的宴会上，当亨利见到正在巨大玫瑰窗投影所散发的彩虹光线下翩翩起舞嬉戏的凯瑟琳时，他瞬间爱上了这位身材娇小、浑身散发着肉欲气息的褐发女孩。

她有着正符合当时流行审美的丰满圆润身材，与其说她很美，倒不如说她很有魅力。

即便不能称荒诞不经，这段因爱而走到一起的结合看上去至少也是很不协调的。凯瑟琳比国王年轻 30 岁；事实上，她比玛丽公主还要小 6 岁，和如小山般魁梧的国王站在一起时她至少要矮上 30 厘米，国王自从简·西摩去世之后便开始在节日聚会上放纵自己。但是凯瑟琳的出现让亨利的心情与行为又重新变回了那个浪漫的青年——这与他同自己并不喜欢的王后，无趣又麻木的克里维斯的安妮在一起时形成了强烈反差。眼睛一直死死盯着新生政治力量的诺福克公爵则积极热情地鼓励这段关系的进展，他对国王称赞凯瑟琳的"纯洁与忠诚"，将国王对爱情的欲望彻底唤醒。

到 1540 年复活节的时候，亨利已经开始无耻地用雨点般密集的礼物攻势试图打动霍华德了。克兰默的秘书拉尔夫·莫里斯（Ralph Morice）写道："国王的感情来得如此不可思议，他追求这位年轻女士的样子就好像以前从未真正爱上过任何女人。"[56] 对亨利而言，凯瑟琳就是一朵"没有刺的红玫瑰"。[57] 他要让她成为自己的第五位妻子，而国王的要求一经提出就无法被拒绝。正如西班牙大使尤斯塔斯·沙皮（Eustace Chapuys）在后来的信中言辞犀利地写道：

> 如果考虑到国王的天性与爱好，考虑到无论他是想要得到一个人还是想要成就某件事，他一定会坚持到底，无论希

望得到什么，他都不会受到任何限制或约束。[58]

尽管是霍华德家的一员，但凯瑟琳的家庭却属于远亲且并不富有。她因为家境贫困几乎没有受到什么教育，她的父亲是埃德蒙·霍华德（Edmund Howard）勋爵，是第二代诺福克公爵最无能的一个儿子。她那一贯虚张声势且野心勃勃的伯父托马斯·霍华德（Thomas Howard）于1524年承袭了父亲的爵位[59]，托马斯出身于行伍，曾是英格兰纹章院院长及财政大臣，是王国范围内排名第三的重要公职人员。他还是虔诚的托利党领袖之一。

1540年时他告诉财政部一名书记员称他娶了一名前修女：

> 我从未读过《圣经》，以后也不打算去读。在这种新学问传到英格兰之前一切都令人愉悦：是的，我希望一切都能和原来一样。[60]

他和温彻斯特主教加德纳（一位更加强烈反对礼拜仪式改革的托利党成员）都不敢相信亨利那不断四处徘徊的眼神会落在他们身上。如果凯瑟琳成为王后，他们就能在宫廷内获得更大的影响力，就有机会去改变这个混乱的国家，恢复原有宗教信仰，利用一切可能性去实现与罗马教廷的和解，尽管希望十分渺茫。克伦威尔——那个被他们所蔑视甚至憎恨的宗教改革者的倒台已经足够让他们欢欣鼓舞了。他们很快意识到，事情正如他们所希望的那样，他们那色情的诱饵被国王狠狠地一口咬住。他们抓住这个完美的时机，带领枢密院其他成员恭顺地恳请国王"去向爱人表达自己那高贵的心灵"——的确，再婚和创造，他们含蓄地表达着，"更多的果实与继承人才能安抚整个王国"。[61]

亨利无须进行第二次选拔。在得到与克里维斯的安妮解除婚姻的文书的 19 天后，他就于 1540 年 7 月 28 日这一天与凯瑟琳在临近萨里的韦布里奇（Weybridge）的奥特兰兹宫成婚。也是在同一天，早已不得人心的克伦威尔终于迎来了自己血腥的命运结局，在伦敦塔的塔丘（Tower Hill）以"极为野蛮残忍的"形式丧命于一名笨拙的毫无经验的行刑者手下。[62] 而为了羞辱他们，他的患难之交则被特意安排在有着"疯子沃尔特"之名的断头台上行刑，该断头台因曾处决亨格福德勋爵而出名，他因承认自己犯有鸡奸以及强暴自己的女儿等罪名而获刑被处决。[63] 诺福克公爵骄傲自大的儿子萨里伯爵亨利·霍华德（Henry Howard）对克伦威尔的结局轻蔑地表示："现在那个妄图推翻一切的村夫死了，原来他总是渴望品尝其他人（贵族）的鲜血，现在终于轮到他自己尝尝个中滋味了。"这些"新一派的权臣们（希望）不要再有寒门出身者与他们一起共事"。[64]

这对王室新婚夫妇被严格奉劝在房事上要"出于对孩子的渴望，而非满足自身的肉体欲望"，因为他们的婚姻结合是"出于高尚神圣的目的，是经天堂的上帝指引的"。[65] 亨利对他的新婚妻子十分迷恋，幸福得几乎欣喜若狂，8 月 8 日，凯瑟琳在汉普敦宫的一场盛大宴会上以王后的身份正式公开露面。

这场婚礼就仿佛是为国王的生活中吹来了一阵清风，再加上宫廷医生那苦口婆心的规劝，他终于决定重新听取医生的建议要遏制自己暴饮暴食的习惯来控制那迅速发展的体重。

随后，法国大使马里亚克在他位于萨里郡沃金地区（Woking）的家中写信给法国国王，信中写道：

> 国王改变了生活方式。早上五六点之间起床，7点钟做弥撒，然后就骑马去打猎，直到10点左右午饭时分才回来。他说在乡间的感觉比窝在伦敦门附近的议院过冬好多了。[66]

在那个人们记忆中最炎热的夏天，他带着凯瑟琳精力充沛、得意扬扬地一路沿着萨里郡、伯克郡（Berkshire）、白金汉郡（Buckinghamshire）及牛津郡（Oxfordshire）行进，沿途一直打猎、举行宴会、唱歌跳舞。有志趣相投的爱人相伴真是再好不过的消遣，这也是国王屈指可数的几段能真正感觉欢乐幸福的时光之一。但是到了9月，在南行前往伦敦的路上行至贝德福德郡的安特希尔（Ampthill）时，国王染上了疟疾，同时腿上的溃疡也再次发作了，迫使他不得不卧床休息。待身体恢复并返回了温莎堡之后，他发现自己的外甥女玛格丽特·道格拉斯（Margaret Douglas）夫人，即凯瑟琳内廷的高级女官卷入了一起与王后的哥哥查尔斯·霍华德（Charles Howard）勋爵有关的风流逸事。国王在处理涉及性丑闻的问题时有时会过分谨慎。因此，玛格丽特因她的"过分轻浮"而被放逐到位于米德尔塞克斯郡的赛昂修道院一年。出于担心温莎堡城墙之外的瘟疫会突然严重暴发，亨利下令将病人们都从床上拖下来扔到泰晤士河边去等死，以阻止疫病向宫廷蔓延的威胁。[67]

　　1541年2月，亨利已经能在权杖的辅助下行走了，但令人担忧的是他腿上的溃疡很可能会导致严重感染，那将十分危险，正如报告中提到的他有发烧症状且面部发黑。但是当人们担心他那可怕的坏脾气会随时爆发时，他又重新恢复了健康和轻松幽默。两个月之后，有报告称凯瑟琳怀孕了，但是最后却什么也没发生，这时亨利第一次表现出了对凯瑟琳的不满。

1541 年 6 月末的时候，一出奇妙的闹剧在伦敦城内上演，剧中生动地展示了亨利极强的报复心和怨毒，还揭露了他在行使国王特权以示宽容怜悯时是如何的反复无常。23 岁的托马斯·法因斯（Thomas Fiennes），这位苏塞克斯郡赫斯特蒙苏城堡的南方的戴克勋爵，是参与杀害了"一名穷苦老人"约翰·巴兹布里奇（John Busebridge）的"8 名放荡不羁的青年人"中的一位，他们在赫灵莱（Hellingly）附近教区偷猎鹿的行为被发现，因此引发"过失斗殴"致人死亡。戴克勋爵同其他人一样得到审判并被判死刑。威廉·佩吉特爵士在报告中称，6 月 27 日贵族陪审团成员在温彻斯特宫的星室法庭面见了枢密院成员并就此案进行讨论。其中一些人"声音很大"，以至于与他们隔着两扇紧闭大门的王室书记员都可以清楚听见他们的声音。科巴姆勋爵（Lord Cobham）是反对蓄意谋杀指控的人之一，根据佩吉特爵士报告所写，科巴姆勋爵的言论表达"激烈又顽固"。晚餐后，议会将相关材料上交给亨利，并传达了戴克勋爵对国王谦逊恭顺的态度，"希望通过此举能打动陛下施恩怜悯于他"。他的请求没有获得任何回应。[68]沙皮在写给匈牙利女王的报告中称，尽管戴克勋爵拥有贵族血统及财富——他所拥有的年俸超过 1200 英镑（约合现在的 45 万英镑），但这个青年人——

被耻辱地吊死在最不光彩的绞刑架上。他还被沿街一路拖至行刑地（泰伯恩刑场）[69]，这让他蒙受了更大的羞辱，许多人对此表示惋惜，即便是他的审判法官们在对他宣读罪状时也湿了眼眶，他们都希望国王能够宽恕他。[70]

与此形成鲜明对比的是，涉及此案的另一位年轻人在 6 月 29 日，即戴克勋爵行刑日的当天，得到"赦免重获自由"。他是前五港同盟总督托马斯·切尼爵士的儿子，托马斯·切尼爵士于 1539 年[71]接任王室司库一职，当年正是他组织了闪电般袭击克伦威尔家抢夺黄金的夜间行动。在亨利统治下的英格兰，谁对国王提供资助谁就能拥有一切。而在其他时候，亨利对身边那些近臣也多会施与宽容怜悯：

1538 年 1 月 28 日，亨利授意对一名他最喜欢的年轻仆人执行缓刑。托马斯·卡尔佩珀（Thomas Culpeper，此人在后文中会频繁出现）被带至威斯敏斯特宫前面的骑士比武场，那里已装好了绞刑架，被拥挤的人群围得水泄不通，"所有人都在等待着这能给他们带来极大安慰的时刻"，卡尔佩珀此时命悬一线。这名年少的仆从偷了主人的钱包，里面有国王的珠宝以及 12 英镑的现金。"他被带至刑场……正当绞刑吏要从绞刑架上取下梯子时，国王派人送来赦免令，救了卡尔佩珀。"[72]

1541 年 6 月 30 日，对一切还处于新鲜兴奋之中的国王与王后，在 1000 名卫兵的护送下按照早已制订好的计划出发去巡视局势动荡不安的英格兰北部地区，这次出行的仪仗辉煌而又庄严。一行人于 9 月 16 日抵达约克，那里的臣民们不知为何很希望凯瑟琳能成为正式加冕的王后。在经历了最初几天的宁静日子后，王后开始在节日宴会或大型盛宴之后享受自己的神秘夜间活动，而这种行为在之后给她带来了灭顶之灾。

　　亨利在 10 月末结束了巡礼并返回汉普敦宫，他于 11 月 2 日万灵节这一天下令人们应当特别赞颂"这位他视若珍宝的杰出女性"以获得"他指引给人们的美好生活并要求人们坚定不移地信任他的统治"。但对亨利来说极其残酷的是，也就在那一天，他揭开了蒙在他昏花双眼上的面纱，看清了他那年轻而又轻佻的王后。克兰默从一位宗教改革者约翰·拉塞尔斯（John Lassels，5 年后他因自己的新教信仰而被烧死在火刑柱上）处获得一份机密情报，上面记述着凯瑟琳在嫁给国王之前一直过着放荡的生活。她从前的行为已被证实与"纯洁与忠诚"背道而驰。亨利到汉普敦宫的王室礼拜堂准备去参加一场为死者举办的弥撒活动时，他在自己的座位上发现了克兰默留给他的一封封缄信件。信件封面题字奉劝他私下阅读。信件里面的字条上书写着王后被指控"曾过着腐化糜烂的生活"。

　　对此表示怀疑的国王随后还被告知他的妻子与名为亨利·莫诺克斯（Henry Monox）的鲁特琴乐师有着不当言行，此人在凯瑟琳 15 岁尚住在继祖母家中时曾给予她启蒙指导（此处的"启蒙指导"一词一语双关，颇为讽刺）。发现他们独自相处的阿格尼丝（Agnes）是承袭亡夫爵位的诺福克女爵，她在向凯瑟琳行了"两三个屈膝礼之后"告诫他们要注意言行。[73]凯瑟琳还曾在 1538 年的秋天与弗朗西斯·迪勒姆（Francis Dereham）有染，那时她 17 岁。仅在 3 个月之前，即 1541 年的 8 月，凯瑟琳还轻率地任命弗朗西斯为她的私人秘书以及她内庭的门童。在听到这个消息之后，亨利的自信受到了严重打击，他起初拒绝相信克兰默的指控。随后他私下授意自己的老朋友南安普敦伯爵，即如今的掌玺大臣，去调查这些有关王后的指控。

迪勒姆被带到伦敦塔经由枢密院审问。他声称自己与凯瑟琳早在 1538 年就已经订婚，因此教会不应认为他们之间的关系是有罪的。令人目瞪口呆的是，他居然指证国王所偏爱的枢密院成员之一托马斯·卡尔佩珀，认为他"顶替了自己在王后心中的位置"。这名雄心勃勃的侍臣有着不太招人喜欢的品性：两年前，他曾让三四名同伴控制住一名守园人的妻子，以便自己在繁茂的灌木丛中对其施以强暴。随后又杀死了一名试图逮捕他的村民。[74] 亨利不想失去能让自己开心的卡尔佩珀，且因为他能温柔细心地照顾自己的双腿，因此亨利出人意料地宽恕了他。这一次，卡尔佩珀再次被捕并经由赖奥思利勋爵审问，赖奥思利威胁要让他尝到刑架——在伦敦塔内部的一种臭名昭著的行刑机械——的痛苦折磨，这种行刑机械被想象力极其丰富的伦敦人戏称为"埃克塞特公爵的女儿"。[75]（刑架由埃克塞特公爵引进，其用法是将囚犯的四肢绑住，利用滑轮和绳子拉伸。）

卡尔佩珀在威斯敏斯特宫的房间被搜查寻找证据，他的财产及相关动产被列成清单并估算价值。他的职业生涯开始于法庭助理一职，随后被委派为王室侍从，最后，在他被捕的两年前，他已经成为国王枢密院众多绅士中的一位，并享有接近国王身边人的特权。他的财产包括国王所赏赐的两顶天鹅绒帽子，还有许多长罩衫、外套、其他衣物，以及剑和匕首。其他项目还包括马匹与卧室家具。总的来说，他的财产价值高达 214 英镑 18 先令 1 便士（按 2004 年牌价约合 80500 英镑），全部移交给枢密院的托马斯·赫尼奇爵士。

卡尔佩珀所欠国王及其他 6 人的债务高达 195 英镑 2 先令 8 便士（约折合如今的 73050 英镑）[76]，其中一部分是赌债。如果这种情况发生在今天，那么怨声载道的银行经理会说卡尔佩珀就是生活在贫困线上的那类人；他欠款的数字也表明了他一直过着放荡不羁的生活。但侍臣的职位很可能因国王的偏爱而获得其他的潜在收入。卡尔佩珀的收入来源于担任格林尼治宫画廊的管家、军械库办事员、彭斯赫斯特（Penshurst）及北莱伊（North Lye）的公园与房屋看守、汤布里奇城堡中尉，以及阿什当森林（Ashdown Forest）看护等职。他还有大量来源于将土地租给佃户的收入。好色的卡尔佩珀与王后毫不避讳的调情对这一切都造成了威胁，甚至威胁到了他的生命。

11 月 12 日，国王的内阁无奈地将这一丑闻报告给了亨利的驻法国大使约翰·佩吉特爵士（Sir John Paget）称："最近揭露了一件最令人痛苦的事件……现在你才能看出她婚前究竟做了些什么。而后来的事就只有上帝知道了。"[77] 法国国王弗朗索瓦一世为显示其智慧——尽管他可能对亨利的受挫而感到窃喜——在同一天写信给他英格兰的"好兄弟"宣称他对"国王的悲伤感同身受"。"亨利"，法国国王写道，"应当考虑到女人的轻佻不会屈从于男人的荣誉——而且耻辱只属于那些有罪的人"。这并非是为了对亨利的悲伤幸灾乐祸，他也的确没有这样做。[78]

当伦敦塔内正小心谨慎地进行讯问时，法国大使马里亚克报告中提到在汉普敦宫中的亨利正尽可能地避免凯瑟琳陪伴在自己身边，王后——

只会跳舞和自娱自乐，现在却避不见人……当带着乐器的乐师们去敲她的房门时，他们却被遣散并得到通知以后再也不会有舞蹈了。

西班牙大使沙皮对宫廷里发生的一切都感到很困惑，并证实了亨利"假称身体不适"而有 10 或 12 天没有去见王后或是允许她来自己的房间了——

在那段时间里宫内四处传播着有关离婚的流言蜚语，但有推测称王后可能已经怀孕或是离婚方式尚未安排好，之后该事件暂时平息，直至 11 月 5 日国王去了枢密院并在那里一直待到中午。[79]

在此期间，王后所有的保险箱与柜子都被调查人员封存，宫廷护卫站在王后宫殿门口站岗把守，防止有人转移罪证。

凯瑟琳的兄弟查尔斯·霍华德勋爵，国王枢密院的另一位绅士，也被逐出宫廷，且未被告知任何缘由。马里亚克补充道：

诺福克公爵一定感觉非常愧疚与担忧，因为王后正好是他的侄女，是他哥哥的女儿，就如同安妮（博林）是他妹妹的女儿一般，是他的外甥女，而这一点也是国王当初迎娶凯瑟琳·霍华德的原因之一。

关于王后滥交的证据碎片被悄悄地一点点收集起来。枢密院得到消息称王室成员在林肯（Lincoln）停留的时候，卡尔佩珀曾经在午夜 11 点左右"通过后面的楼梯"偷偷地溜进她的寝宫，并在那逗留至次日凌晨 4 点。另一个幽会地点则是王后狭窄的排便室，这实在很难称得上是个浪漫场所。还有一次，她给了他一条金链子和一顶价值不菲的帽子。关于通奸与背叛的指控层出不穷，一件接着一件，为了保住自己的项上人头，凯瑟琳寝宫内的女仆与侍女如竹筒倒豆子一般将这些全部交代了出来。

考虑到亨利曾经历的那几段动荡的婚姻生活，王后一定是疯了才敢与国王最喜爱的侍臣进行危险的私通。她那非凡的勇气、近乎自杀式的鲁莽行为背后，是否是一个心智尚未成熟的年轻女孩对出于责任而非爱情而嫁的年迈且病痛缠身的丈夫，早已在身体上与精神上都极为反感？

她是否也渴望得到来自同龄的有着强健体魄的殷勤少年的热烈情感，并以此来弥补自己那苦闷的夫妻生活？人们更关注她是否能借此诞下继承人，而非她是否感到愉悦。[80] 她是否从这件逸事的秘密以及不可思议的危险中获得了一种禁忌的"战栗"？或者，一些人甚至会假设，她计划与卡尔佩珀怀孕生子并让孩子承袭约克公爵的爵位，以此作为自己未来王后地位的保障，并满足她叔叔与加德纳主教的野心。她确实做到了她传说中的座右铭的每一个字："除了我自己的意志，我决不服从于他人。"

11 月 6 日，加德纳位于索思沃克区的家中召开了一场热烈的内阁会议，有关王后行为的全部肮脏细节都被揭露出来并展示给对此仍表怀疑的亨利。最终，亨利还是被这些令人胆战心惊的呈现给他的海量证据所说服，预料中的王室盛怒看上去很可怕。国王的自负、傲慢自大，以及他的自尊，皆遭受了双重打击，使他感到痛苦麻木。他的王后背叛了他——居然是与他最信赖的、最喜欢的卡尔佩珀勾结到一起。面对这样双重欺骗的可怕真相，这场婚姻本来可能是他最后一次出于性爱的结合，迅速演变成一场原始冲动的赤裸裸的仇恨。他让手下人拿剑，想要去直接斩杀"他如此深爱的"凯瑟琳。而复仇，亨利被激怒时最常用的这一手段，在他内心备受打击时盘旋，成为脑海中最高的目标。他对早已目瞪口呆的朝臣们大喊："那个邪恶的女人！她毫无节制的娱乐时有多享受，她死的时候就有多痛苦！"他突然开始对内阁成员发难，责骂他们当初"劝说"他娶这个女人。这一切都是他们的错！他如野兽般爆发，在极度痛苦中流下愤恨的泪水，他呜咽着哀叹着"自己的命运如此不济，居然遇到这些不堪的妻子"。[81]他那些唯唯诺诺的、受惊的内阁成员们认为他已被怒火冲昏头脑失去理智，在他的悲痛与盛怒之下，这些内阁成员害怕到只能面面相觑。亨利气冲冲地离开了，就像个被弄坏了最心爱玩具的孩子一般，跑去用计划外的治疗方式来寻求安慰并试图分散注意力：他跑去狩猎场屠杀那些毫无防备的猎物。[82]

　　英格兰的驻外使节得到了一个官方的稳妥的描述版本，用来向那些他们被派驻的宫廷传达国王的悲伤："他的心被狠狠刺伤，他陷入沉思，以至于沉默良久才能开口向我们表达他内心的悲伤。最终，国王暂时摒弃了平日的勇敢，泪如雨下。"

　　那些曾与凯瑟琳亲近的人——她的家眷与族人——"那些轻浮随意的年轻人……不但对王后与迪勒姆的无礼行为知情，还将迪勒姆推至王后跟前为她服务的那些人"被拖至伦敦塔。伦敦塔的中尉通知枢密院称那里已经没有足够的房间"单独关押犯人"了，除非使用国王与王后的私人住所。国王同意了请求，但王室房间的双重钥匙却找不到了，因此一些犯人不得不被安置在其他住处。[83]

同时，马里亚克派遣间谍紧盯着汉普敦宫的出入情况。他们报告称王后的珠宝与戒指被登记造册，并且克兰默于 11 月 8 日独自抵达宫廷。

他再次去询问凯瑟琳，随后大主教汇报称她的陈述"任何人看了都会报以同情"。"由于担心她会情绪过于激动"，当她承认有罪的时候大主教几乎是立即给予了她宽恕。[84]宽恕的承诺使她平静下来并告诉克兰默"哎呀，尊敬的阁下，我现在依然还活着，因此之前对死亡的恐惧并不足以令我悲痛，直到我回忆起国王的善良"，她想到"我曾拥有一位多么仁慈而又慈爱的国王陛下"。[85]当晚 6 点，大主教收到报告，称王后再度陷入另一轮"痛苦折磨"之中，她说是由于她"回忆起……曾经（每一天）赫尼奇大人都会来向她通报国王的消息"。[86]这究竟是女子的狡诈，还是一位无知少女的真切的情感爆发？克兰默并未提到她的婚姻，他只对王后曾经与迪勒姆有过婚约的话题感兴趣，并试图将其作为掩盖这一丑闻的解决方法。但愚蠢的凯瑟琳却告诉他并没有婚约这回事，同时承认了自己的确与迪勒姆之间存在性关系。大主教讯问过后，王后的供述被记录下来，生动地描绘了她十几岁时的无忧无虑。其中多次提道：

　　（迪勒姆）曾与我同床而卧，有时他穿着紧身便装，还有两至三次是光裸着的；但也并非是完全赤裸着，因为他总是至少会穿着他的紧身上衣，而且我记得，他也穿着紧身裤。但我的意思是，当脱下紧身裤时他是赤裸着的。

　　每次当夫人（阿格尼丝，承袭亡夫爵位的诺福克女爵）入睡之后，他会在不同的时间带着酒、草莓、苹果还有其他东西来饮酒作乐。[87]

　　大主教离开之后，凯瑟琳的副宫务大臣爱德华·贝恩顿爵士（Sir Edward Baynton）[88]告诉国王她开始为自己的行为申辩并试图淡化那些她向克兰默供述的事实。她宣称克兰默所记述的那些都是迪勒姆强迫她做的。[89]

　　11月13日，赖奥思利进入汉普敦宫将王后身边的随侍与负责日常生活的仆从全部召集到大会议厅，"在他们面前宣布了王后在嫁给国王前与某些人的淫乱罪行，因而他此行是来将王后的全部随侍遣散出宫"。[90]

　　凯瑟琳天真地认为在毫不隐瞒地供述了全部罪行之后她就能得到平静了。当她发现审讯者根本就没打算放过她之后，据她的叔叔诺福克公爵称，她"开始拒绝饮食，如同疯婆子一般整日哭泣流泪，以至于看守不得不拿走一切可能会让她寻短见的器物"。

　　经历了这次闹得满城风雨的事件之后，公爵切断了自己那不切实际的幻想，因为这次事件对整个家族与他自己的政治抱负造成了极大冲击。或许是出于对可能丧命的恐惧，他不得不与自己的侄女保持距离，他告诉马里亚克"国王悲伤得泪流满面"，国王对凯瑟琳的爱"如此之深，凯瑟琳与曾经的安妮（博林）王后，他的一位侄女和一位外甥女，居然如出一辙给他的（诺福克）家族带来了不幸"。[91]这一切自然都被如实地汇报给了弗朗索瓦一世。

随后，诺福克公爵向沙皮透露："我希望王后能被处以火刑。"[92]

当她的命运已经被别人决定的时候，她还能再做些什么？王后宫中新的宫务安排充分说明了亨利执政方面的冷酷无情。

11月14日，王后被送至位于米德尔塞斯克郡赛昂宫的原布里吉特修会修道院，并由爱德华爵士与伊莎贝拉·贝恩顿（Isabella Baynton）夫人以及其他三位女士所监管。[93]住处的陈设布置"尽量与她的原生活保持一致并符合她的身份"。厚重华丽的帷幔被坚决地否定了，取而代之的是"破旧的材料，都是些毫无身份可言的布料"。凯瑟琳获准留下6件她最心爱的镶有金边的法式礼服裙。她的珠宝都被除去了，并在仔细清点之后重新被安全地送回了国王的宝库。在位于泰晤士河畔的赛昂宫内，王后被分配了两个房间，她在那里焦急地等待着关于自己命运的消息，在此期间不断地有流言传出称亨利会施以仁慈。她的情绪始终在绝望的声音与青春期的满怀希望之间大起大落。在狂热的乐观情绪占上风的情况下，她会幻想着也许自己也能同克里维斯的安妮一样保住自己的性命的同时还能得到某种安置。当然她很快就恢复了理智，因为正是她造就了那个"兴高采烈的，比以往更丰满英俊的"，但同时也"更加专横跋扈、威严的比与她生活在一起时更加难以取悦的国王"。[94]凯瑟琳的心中很清楚自己能享受皇家服饰的时间不多了，也许她想过尽可能地享受这最后的每一刻。她将对于国王会采取报复行为的忧虑暂时放诸脑后。

事实上，凯瑟琳的确有罪。她也确实十分蠢笨。在她的激情如火如荼地焚烧时，她通过自己的一名仆从给卡尔佩珀送去了许多封情书。其中一封在卡尔佩珀位于威斯敏斯特宫的房间被搜查时被找到，至今仍被保存在国家档案馆的众多国家级历史文件中。信中毫无疑问表达了她的真实情感：

> 我怀着诚挚的心执笔，盼望您能回复我只言片语。我听说您近来抱恙，我对您的思念胜过一切。每当想到无法与您厮守，我便心如刀割。

她自己署名为："你的，永远爱你的，凯瑟琳。"她在信尾签名的同时也签署了自己的死刑令。[95]

同时，克里维斯的安妮也搬到了里士满宫来与亨利为邻——她希望缓和她的继任者所造成的耻辱 [96]——但这一切不可避免地以失败告终。可怜的安妮，她与宫廷仅有的联系就是有位信使宣称失势的王后给安妮带来了一枚戒指。

简·罗克福德夫人曾是安妮·博林的侍女，这位乔治·博林（George Boleyn，他因被宣判与自己的姐姐安妮·博林犯有乱伦通奸的罪名而于 1536 年 5 月被处决）的遗孀一直为凯瑟琳与卡尔佩珀从中牵线。她已经卷入了这桩丑闻无法脱身，因此不可避免也被逮捕而且在汉普敦宫中被反复盘问，随后也被送入了伦敦塔。"由于被监禁一事刺激了（她的）头脑"，罗克福德夫人在被关押的第三天忽然发疯。沙皮记录道："她时而会恢复一阵理性，因此国王特意叮嘱自己的医生每天去探望她，因为国王希望她能恢复起来，这样他才能将她处决，以儆效尤。"

凯瑟琳焦急地等待了国王的裁决将近 10 天。11 月 22 日，她被剥夺了王后头衔。两天后，她被指控在与国王成婚之前过着

"令人憎恶的、卑劣的、放荡的且骄奢淫逸的堕落生活",其举止
"如同妓女一般,与朗伯斯(Lambeth)的弗朗西斯·迪勒姆以及
斯特里特姆(Streatham)的亨利·莫诺克斯保持关系,其他时间
则维持着……表面上的贞洁与忠诚"。她引诱了国王,"通过语言
与扭捏作态来吸引国王爱上她"并且"狂妄地与国王缔结婚约"。
她对亨利隐瞒了曾与迪勒姆有过婚约的事实,这"给国王及其子
嗣带来了极大危险",在举行了王室婚礼之后,她对迪勒姆表现出
"明显的青睐"并煽动卡尔佩珀与自己发生性关系,还告诉他自己
爱他远胜于爱国王。[97]

　　1541 年 12 月 1 日,卡尔佩珀与迪勒姆因叛国罪被传讯至伦敦
市政厅,被带到伦敦市长迈克尔·多默爵士(Sir Michael Dormer)
面前,而诺福克公爵很不自在地坐在市长的左手边。卡尔佩珀怯
懦地坚称他之所以会偷偷面见王后只是出于执行她的命令而已。
凯瑟琳在这件事上成了罪魁祸首。卡尔佩珀宣称是她"含情脉脉
地为爱受着折磨"。[98]

　　他的言行让其很难称得上是侠义英勇之士。在听证会持续了
6 个小时之后,迪勒姆与卡尔佩珀毫无悬念地被判有罪。二人于
12 月 10 日在泰伯恩刑场受刑。出乎所有人意料之外的是,国王
居然减轻了卡尔佩珀的刑罚仅仅将其斩首示众,而非如迪勒姆一
般要遭受残忍的酷刑,先被绞死,断气前被解下绳子随后四马分
尸[99]。这是亨利对卡尔佩珀最后一次施予怜悯,这也是他唯一能
给予的宽恕。

　　诺福克公爵,现在他的野心早已烟消云散,他再次面临着
自己的女性晚辈在王后的宝座上被处以极刑的难堪局面,他出

于自身安全考虑躲到了自己临近诺里奇（Norwich）的肯宁霍尔
（Kenninghall）宅邸并在那里致信亨利，在信中极富表现力地悲叹
自己的家族在这出丑闻中所扮演的角色，并坚决否认与他们"对
陛下的虚伪背叛行为"有任何牵连。在写到"我外甥女和侄女令
人可憎的行为"之处，那惊心动魄的鲁莽行为使他开始寻求自身
的安稳并在国王面前保住良好的声誉，他谄媚地写道：

> 我匍匐在您尊贵的足下，以最谦卑的姿态来恳求您，望
> 能使您展颜并施恩于我，我渴望能得到您的明确宣布（认可）
> 您仍青睐于我。
> 由于您受到了他们（所）承认的冒犯，我谨向陛下保证，
> 除非是得悉您仍然愿做我仁善慈爱的主人，否则我于这世上
> 再无留恋……[100]

亨利对这封信的反应不得而知，但霍华德家的贵族大宅却遭
到严重打击。诺福克公爵很快便发现自己在法庭上的地位江河日
下。由于帮助凯瑟琳隐瞒曾经乱交的事实，12 月 22 日，王后同父
异母的哥哥威廉·霍华德及他的妻子玛格丽特，以及王后的姑母
凯瑟琳·布里奇沃特（Katherine Bridgewater）夫人、王后哥哥亨
利的妻子安妮·霍华德（Anne Howard），以及她的继祖母艾格尼
丝（"上了年纪又脾气暴躁的"诺福克公爵遗孀）在威斯敏斯特大
厅因包庇 [101] 叛国罪而获罪，并因此失去他们的产业。他们同样被
判终身监禁——尽管不到一年就都得到赦免而被释放。

12 月 3 日，沙皮写道，亨利"对于王后一事的反应很奇特……（这一次的失去）令他仿佛比以往经历几任妻子的过错、损失或是离婚时都要悲痛惋惜"。大使还精明地补充道：

> 我可以说国王的情况就仿佛是某个死了十任丈夫的妻子一般，失去前九任的痛苦加起来也无法超过失去最后一任丈夫的痛苦。[102]

1542 年 2 月 11 日星期六，为免亨利再次听到"悲伤的故事以及那些邪恶事实"的全部过程而感到痛苦，改经议会御准，依据《褫夺公权法令》[103] 以书面形式判凯瑟琳犯有叛国罪并处以死刑。[104] 亨利没有浪费时间。早在此前一天，凯瑟琳就已经被转移至伦敦塔。现实的冷光照在了凯瑟琳身上，就如同被兜头泼了一盆冷水，她感到恐慌，开始抵抗，后来不得不被强行制服，一路尖叫着被押上停泊在赛昂的一艘小篷船。陪伴在她身边的有 4 位女士以及船上的 4 名水手。她由一支阴郁沉默的小队护送沿河前行，萨福克公爵与一队全副武装的士兵乘坐大驳船押送凯瑟琳的小船前行，随行的还有乘坐另一艘划桨小船的南安普敦伯爵以及掌玺大臣。临近此次航行的终点，凯瑟琳的小船会经过位于伦敦桥下方的一处狭窄河道，这里恰好摆放着插有她旧情人们头颅的尖桩。人们希望，在那残忍的午后逐渐暗淡的光线下，她能逃脱那可怕的结局。几分钟之后，她穿着得体的黑色天鹅绒长裙，"如同自己依然在位一般以往日的端庄礼仪"缓步迈上叛徒之门[105]，随后被带至伦敦塔内专门为王后准备的舒适住所。

2月12日星期日，凯瑟琳终于被告知她将于次日被处以死刑，因此应考虑"安置自己的灵魂"。，据沙皮的报告中记载，那天晚上，出于一种近乎病态的执着，她想亲眼看一看断头台，"假装她想知道自己的头该如何摆放上去。这个要求被批准，看守们把断头台搬了进来，她自己把头放在上面试了试还进行了调整"。[106]

第二天早上7点钟刚过，她就在绿塔被迅速斩首了。"随后她的尸身被一件黑斗篷盖住，负责看管王后衣物的女官对其进行处理后再放到一边"。[107]罗克福德夫人紧随其后被带上已沾满血污稻草的断头台，她看起来不再疯癫而是平静了下来。总是急于用法律的外衣来为自己的行为做掩饰的国王匆忙下令，命议会通过一项新的法案允许处决那些已经承认犯下叛国罪的疯子。[108]

这些女人都默认了自己的命运。她们不会在断头台上多说一句，只是承认自己的罪孽并诚挚地为国王乞求幸福安康。这种沉默并非仅仅出于忠诚或是传统（尽管这极大地满足了枢密院的那些看客们）。[109]王后受到了极大的惊吓。据报告中写道，凯瑟琳"（由于害怕）脆弱得说不出一句话"，受刑时被施以怜悯，行刑者一斧子从她那年轻的身体上砍掉那轻佻、愚蠢的脑袋，干脆利落。亨利的第五次婚姻结束了，他妻子的尸体被葬在伦敦塔内的圣彼得教堂——同安妮·博林的墓穴相邻。安妮是亨利的第二任妻子，她6年前刚刚被斩首处决。

国王现在已经51岁了，身体不好还越发肥胖。在经历过30年狂风暴雨一般的婚姻生活之后，亨利第一次在摆脱了妻子之后没有急于寻求新的目标，尽管议会已经为他通过了一条新法案，称女士在嫁给国王前如果对自己不贞的过去有所隐瞒将被视为犯下叛国罪。如果用今天英格兰政府官员那委婉的说法来解释，就是该项措施仅是"为了避免今后存疑"，同样也为凯瑟琳王后的死提供了更加实质性的合法掩饰，以防后人回顾时存有异议。沙皮在涉及亨利那声名狼藉缺乏道德底线的日常生活时露骨地写道："如今宫廷内鲜有女士仍然渴望成为国王的妻子或是得到国王的垂青，并将此视为殊荣。"[110]

并非是亨利不想在自己的垂暮之年能有女性做伴，一些人认为亨利那好色多情的习惯早已根深蒂固很难改变。

一些人甚至满怀希望地建议如今成熟迷人且"容貌远胜当初离开宫廷时"的克里维斯的安妮，能够回到宫廷与英格兰国王重修旧好，但这一切都是徒劳。1541 年 12 月 4 日，安妮的两名侍女，伊丽莎白·巴西特（Elizabeth Basset）与简·拉齐（Jane Rattsey）被拖到亨利的内阁进行审问并因对流传的谣言煽风点火而被判入狱，她们曾轻率地说过"什么！上帝终于又尽职地让克里维斯的安妮女士重回王后宝座了？"，以及"国王究竟是什么样的人啊！他还要娶多少妻子才够？"[111]毫无疑问，270 万条关于国王的话题最终都会归结到这个问题上。

事实上，他现在的确需要一位伴侣来帮他照顾同父异母的 3 个儿女：26 岁尚待字闺中的玛丽，8 岁半的伊丽莎白和还不到 5 岁的爱德华。而他自己也需要一位女性的温柔抚摸来缓解那令人痛苦虚弱的溃烂双腿所带来的苦恼，来慰藉他那因渐渐老去而越发严重的孤独感并帮他从繁重的国务琐事上解脱出来舒缓情绪。因为自己糟糕的身体状况、日益臃肿的体态以及凯瑟琳·霍华德背叛所带来灼心之痛，亨利想要再诞下一位约克公爵的念头早已烟消云散。国王再次用食物来填满自己的悲伤，马里亚克在其外交公文中公开提到这位君主在饮食上"不可思议地暴饮暴食"，且"国王好像每天都变得更沉重"。亨利的体重大幅增加，以至于他在威斯敏斯特宫的胡桃木大床不得不被加宽加固才得以支撑他不断增加的庞大体积。

擅长恶作剧的西班牙大使沙皮向后来成为国王内阁书记员的（"长期以来一直与我保持亲密联系的"）威廉·佩吉特建议如果国王将凯瑟琳抛到一边——

> 是由于其在婚前与别的男人有瓜葛，那么如果一直流传在低地国家的谣言是真实的，他也应该对克里维斯的安妮采取同样手段。而且他有众多与其（克里维斯的安妮）分开的理由，她的年纪以及她对酒的热衷，他们（英格兰人）完全可以偶然发现这些理由并再次发难，并且很自然就会联想到她在同样的问题上也存在瑕疵。书记员并未对我的观点予以否认，但却表示他不认为国王会再次接受安妮或是再娶另外一个女人，除非议会对他施加压力。[112]

大使们通常对捕捉流言蜚语十分热衷，因此缺乏口德的沙皮对于克里维斯的安妮的评论就很不妥当，而且关于安妮失贞的言论根本就是无稽之谈。然而，克里维斯公国的一些官员还试图能恢复安妮与国王之间早已消失的王室情感。克里维斯大使努力地向亨利提及安妮，"1541 年 12 月中旬，由于国王尚未从悲痛中走出，因此他疲于去应付枢密院。在克里维斯公爵"感谢亨利"能给自己的姐姐以自由，并祈祷他们能（找到）合适的方式来重修旧好"，亨利重新接纳安妮之后，代表国王利益的内阁则表示"国王选择分居的原因恰恰是他（亨利）希望公爵不要再提出这样的要求"。驻克里维斯的大使也许因此经历了一段非常苦恼的时期，因为自己的国家英格兰一直要求务必对克里维斯公爵再三做出这种明确的表述。加德纳主教"每次提及此事都一脸愤怒地表示国王很明智地绝对不会再重新接受被提及的那位女士，也不会改变自己曾做出的决定，无论这个世界如何看待此事"。克里维斯来使不敢对此做出任何答复，马里亚克向弗朗索瓦一世报告称"担心他们会因此不再善待（安妮）"。[113]

除了在威斯敏斯特宫走廊上的那些钩心斗角之外，沙皮同时还有更重要的外交任务：尽力阻止亨利在法国迎娶自己的第六任妻子。沙皮向帝国皇帝递交的报告中提到英格兰国王是这样告诉自己的：

> 法国人一直在不断地向他介绍适宜成婚的女士，（但）我告诉他们毫无疑问他们又重演了曾经怂恿我追求公主而最终让她成为苏格兰王后[114]的戏码，一涉及缔结婚约的问题，法国人总是会采用他们的惯用手段并破坏英法两国之间的协定……既然法国人对公开进行这样的勾当毫无羞愧，那他们一定一直在用这种鬼蜮伎俩戏弄着他（亨利）；除此之外，我听说了很多关于弗朗索瓦一世及其幕僚的趣闻轶事，令整件事越描越黑。[115]

1542 年 11 月 24 日，英格兰在索维莫斯（Solway Moss）战役中大胜苏格兰 [116]，亨利的精神状态明显为之一振，随后又很快传来詹姆士五世的死讯，他因发烧且对妻子诞下女儿一事极其失望而于 12 月 14 日故去。1543 年 1 月 15 日，沙皮写道：

> 自从因已故王后的不端行为受到打击以来，他就一直沉浸在悲伤和消沉中，就对喧闹的酒会、盛装游行以及在宫殿内招待女士们失去了兴趣。但在收到大胜苏格兰的消息后不久，他便重新开始邀请女士们到宫殿并款待她们。[117]

玛丽公主也被从她位于赫特福德郡汉斯顿（Hunsdon）的住处召回宫廷，并让她在父亲的宫殿内扮演女主人的角色。亨利亲切地迎接了她，还赏赐给她戒指、银盘及包括两枚"无价的"红宝石在内的其他珠宝作为新年礼物。沙皮补充道：

> 许多人认为国王会在宴会及酒席上看中宫里的某位女士并和她结婚，但我却认为无迹可寻。[118]

亨利重新回归了他喜欢的那种热闹的宫廷生活。1 月末的时候，他在威斯敏斯特宫举办了一场大型盛会，邀请了 61 名女士来参加，亨利事先亲自迈着蹒跚的步子到为女士们准备的住处巡视，小题大做地检查一切细节是否已准备就绪。国王迷蒙的老眼注视着这群陪伴在自己身边的欢声笑语的女士们，其中就包括安妮·巴西特（Anne Basset），一位据说才智十分有限的女孩。马里亚克随后在描述中提到她，称其为"美丽的尤物，其才智足以与其（凯瑟琳·霍华德）比肩，如果她想，那她完全可以和凯瑟琳获得同样的结局"。看着安妮·巴西特站在餐桌前咯咯傻笑的轻浮样子，亨利也许会痛苦地回忆起自己那刚刚被处决的王后。[119] 年轻、美丽与花俏早已不是国王如今择偶的标准；亨利如今想要寻求的是一位道德高尚、仁慈友善且有着良好品行的女人，并在午夜时分给他温暖。据沙皮的说法是尽管国王"十分愉悦地"接待了女士们，但却并没有"对其中的某些人展露出极大的兴趣"。

恰在此时，亨利八世最后日子里的一位重要人物现身了：凯瑟琳·帕尔（Katherine Parr），她将成为亨利第六任也是最后一任妻子。

国王可能开始去了解她生活的更多细节。事实上，她的哥哥威廉是国王长期喜爱的侍臣之一。凯瑟琳可能出生于 1512 年，她是家里长女，出身于北方有权有势的富豪家庭。父亲是坎伯兰郡肯德尔（Kendal）的托马斯·帕尔爵士（Sir Thomas Parr），他曾在 1509 年亨利的加冕礼上被授予爵位，并参加了 1513 年对抗法国的马刺战役。凯瑟琳的母亲曾是国王的第一任妻子阿拉贡的凯瑟琳的侍女。凯瑟琳·帕尔 15 岁的时候被嫁给了位于林肯郡盖恩斯伯勒（Gainsborough）的体弱多病的伯勒勋爵爱德华，她经历了一段"每次回忆都苦恼不堪"的日子，1529 年她失去了丈夫成了寡妇，身边没有子女。1532 年晚春的时候，她嫁给了约克郡斯内普城堡的富有鳏夫拉蒂莫男爵约翰·内维尔（John Neville）。约翰已经 42 岁了，比自己的新婚妻子年长 20 岁，曾经的两次婚姻留下了一个儿子和一个女儿共两个孩子。1536 年，拉蒂莫一家在北方求恩巡礼的反叛当中被捕，处境危险。凯瑟琳的丈夫被反叛军头目以凯瑟琳与她继子女为人质相要挟，让其作为使者去伦敦与国王的内阁进行交涉，以此换取不幸落入斯内普反叛者手中的妻儿安全无恙。随后在克伦威尔疯狂打压那些曾以各种形式参与反叛的人时，诺福克公爵对拉蒂莫一家施以援手，称其无法找到任何罪证来证明凯瑟琳的丈夫曾有过不当行为，除了曾遭受到暴力威胁之外。他补充道，"没人比他当时遇到的情况更危险"，所以他们才得以从亨利的首席大臣那报复的重锤中逃生。

凯瑟琳频繁地出入于宫廷：她的妹妹安妮嫁给了亨利枢密院的心腹之一威廉·赫伯特，随后威廉成为负责照顾国王身体的绅士之一，威廉的父亲是第一代彭布罗克伯爵的私生子。[120]1542 年 12 月左右，受病痛折磨虚弱不堪的拉蒂莫终于在伦敦过世了，凯瑟琳安排将其安葬在圣保罗大教堂脚下的一处知名墓穴，但随后有记载称该墓穴在 70 年后被发现"支离破碎"。[121] 他的遗愿于 1543 年 3 月得到证实。

早在此前的一个月，亨利就开始对凯瑟琳大献殷勤。

尽管这位寡妇坚持要为自己的丈夫守节哀悼一段时间，但国王已经决定要对其展开追求，并让她做自己第六任妻子了。她是理想的人选。凯瑟琳的个人座右铭——"我所做一切必将有其意义"——正说明了她的理智、实际且富有责任心足可作为女童子军们的典范。在有过照顾两位年老丈夫的经历之后，凯瑟琳在适应充斥着令人恶心气味的房间，而且对待病人耐心温柔等方面都有着丰富经验。作为失去两任丈夫且没有子女的寡妇，毫无疑问她过去曾有过令人不愉快的经历；事实上，她的美德正是她最值得自豪之处，也是她最值得称颂的品质。[122] 从她的肖像上可以看出这是位高贵优雅却又有着些许傲骨的夫人，她有着当时流行的苍白肤色，红褐色的头发一丝不苟地梳在后面，还有双淡褐色的眼睛。她很苗条，身高大约有 157 厘米 [123]，十分健谈且在当时来讲受过良好的教育。她很喜欢就一些智慧性的话题进行讨论——还会直率地表达自己的观点。一些人喜欢将其描绘成 16 世纪女学者的形象；事实上也的确如此，凯瑟琳可讲十分流利的法语与意大利语，随后还学习了拉丁文的读写，同时她还热爱音乐与舞蹈、奢华的珠宝，以及昂贵时尚的服饰。她有着虔诚的信仰，却没有明显地倒向宗教保守派或是改革派团体，这两个派系一直在宫廷内残忍斗争，都试图一决胜负以在宫廷内占有绝对优势。亨利总结道，凯瑟琳·拉蒂莫，本姓帕尔，将在其随后的岁月里成为他理想的妻子以及孩子们的优秀继母。随着国王的自信得到恢复，他说服自己凯瑟琳甚至有可能会为自己诞下约克公爵，尽管事实上凯瑟琳早已青春不再。最后是出于政治层面的考虑，精明的亨利绝不会放过这次机会的原因是：与这样有权有势的北方大家族女儿联姻，将给亨利在处理当时令其极为头痛的北方地区问题上带来极大优势。国王想要什么，他就能得到什么。

作为一位有着五次不幸婚姻史的跛脚病弱男人，亨利用自己最强大有效的金钱攻势来俘获她的心。他用财富来吸引她，1543年 2 月 16 日，亨利在自己裁缝约翰·斯卡特（John Skutt）处慷慨地定制了一批褶皱与袖子，以及来自意大利、尼德兰与威尼斯的最新款式长袍，还包括"法式兜帽"，全部这些总共价值 8 英镑 9 先令 5 便士（约合如今的 3000 英镑）。尽管有着令人惊讶的肥胖身躯并时刻承受着腿部恶疮所带来的疼痛与恶臭，亨利仍自信地认为自己知道如何去征服一位女士的心。

亨利还擅长使用自己手中的任免权作为有效武器：在亨利追求凯瑟琳的同时，凯瑟琳的弟弟威廉，即肯德尔的帕尔男爵，受到国王的青睐，被授予了一系列的荣誉与任命，尽管威廉的确在很长时间内都得到国王的欣赏，国王还称其为"为人正直的君子"，但这一系列荣誉来得却并非偶然。3月，他就成了枢密院[124]的正式成员。随后到了4月，他就被授勋成为嘉德骑士并被委任为苏格兰边界的管理者，他负责的边界领域正好位于英格兰同不好相处的苏格兰邻居最近一次军事交锋的所在地。

国王在追求这位富有的寡妇时还遇到了一位强有力的竞争对手——他已故妻子简·西摩的哥哥，殷勤而又风流的托马斯·西摩爵士（Sir Thomas Seymour）。托马斯在维也纳担任了8个月的军事观察员后刚刚返回英格兰，他在那里主要负责在对抗土耳其人的战争中研究相关战术与武器。凯瑟琳无可救药地沦陷在他那具有侵略性的英俊相貌上，他作为一名战士的英勇声望以及他那谦和而威严的仪态与着装，无不令凯瑟琳倾慕。凯瑟琳的神思被他的魅力、潇洒以及过人的胆识所牵动；在经历了两任病弱不堪的丈夫之后，她那早已习惯循规蹈矩生活的心灵开始为他的狂野声望而感到悸动。她甚至都没有被他那声名狼藉的坏脾气吓倒。然而亨利显然意识到他们正在发展的浪漫关系，为了不在这场夺爱大战中被淘汰，也为了能使自己的求婚之路更为顺畅，在托马斯爵士回国还不到两周时，亨利就把他派遣到布鲁塞尔去做比利时女王的特使。

凯瑟琳显然已经深深爱上了西摩。

就如同神即是神这样的事实一般，我的思绪总是想到如果我尚有自由之身的时候，一定会在第一时间嫁给你而不是其他人。然而，上帝拒绝了我的意愿……在我最热烈渴求的时候，上帝用他的恩典与仁慈使在我看来最不可能的事成为现实；这也使我彻底放弃了我自己的意志并欣然遵从他的意愿。[125]

也许凯瑟琳权衡了国王所剩的日子并现实地对此进行了盘算，得出的结论是如果西摩能对他们之间的爱情耐心等待，那么他们也许无须等待太多年便能实现梦想结为伴侣。而狡猾的亨利则一手设计了托马斯爵士在其当政期间注定要远离家乡在海外四处奔波的命运。西摩随后在英格兰位于低地国家开展的军事行动中任职于约翰·沃洛普爵士（Sir John Wallop）手下，随后又被发配至海军舰队受命于莱尔子爵约翰·达德利（John Dudley）手下，约翰·达德利于 1542 年被任命为海军大臣。

1543 年 6 月 20 日，在亨利对哈里奇的两个新港口完成视察工作后，莱尔在返回伦敦后曾致信帕尔勋爵威廉称"宫廷内仅有赫伯特夫人与您的妹妹拉蒂莫夫人"与玛丽公主和伊丽莎白公主在一起。[126]

亨利自然是急于迎娶这位美丽的寡妇。7 月 10 日，克兰默在兰贝斯宫颁布了特别许可，准许亨利与"因病逝世的拉蒂莫勋爵的最后一任妻子凯瑟琳·拉蒂莫夫人"[127]之间的婚姻结合，而无须在其他教堂、小礼拜堂或是圣堂做结婚预告。国王的第六次婚礼安排完全没有浪费一点儿时间。这次并非如同当初与安妮·博林、简·西摩或是凯瑟琳·霍华德之间的婚礼一般仅在"某个角落"有个秘密仪式。

两天之后举行的婚礼——对于亨利来说——是一次家族事件。

克兰默步入位于汉普敦宫的高级礼拜堂——"女王的私人密室"——一同随行的有爱德华王子、玛丽公主与伊丽莎白公主、国王的外甥女玛格丽特·道格拉斯女士（她负责帮凯瑟琳托起裙尾），以及二十位长者与近臣及他们的妻子。出席的人员中，除现在的掌玺大臣罗素勋爵约翰以及负责管理国王随从的安东尼·布朗爵士二人[128]是宗教保守派成员之外，其他人都坚定地站在改革派阵营内。

加德纳主教以英语来主持这场婚礼，并向这对夫妇按律进行提问。亨利紧握着凯瑟琳的右手，性急地用"是的"来大声回答主教的每一个问题，并跟着主教逐句重复着以下誓言：

> 我，亨利，在此迎娶，凯瑟琳，为我的合法妻子，从今日开始，彼此拥有彼此守护，无论境遇是好或是坏、富有或是贫穷、疾病或是健康，至死不渝，我谨在这里，向你保证我的誓言发自肺腑。

随后凯瑟琳也宣读了她的誓词，并在"疾病或是健康"之后加上了：

> 在床笫间和面对整个王国都尽量满足他[129]，至死不渝，我谨在这里，向你保证我的誓言发自肺腑。[130]

随即，她的手指被套上婚戒并被赠予了众多金银制成的礼物。

在加德纳为这段婚姻赐福之后，亨利命令他的公证人理查德·沃特金斯（Richard Watkins）向公众做出承诺。

奇怪的是，历史总是不断重演。好似国王的第一段婚姻重现了一般。在这两段婚姻中，新娘都与亨利的近亲属缔结了婚约——阿拉贡的凯瑟琳曾嫁与亨利的哥哥亚瑟，而凯瑟琳·帕尔则在国王去世后嫁与他的妻弟托马斯·西摩。而且国王这两位新娘教名都是相同的。心理学家对此解释为，亨利在潜意识里存有乱伦的欲望。[131] 无论他的动机是什么，尽管正如我们后面会提到这段婚姻在1546年出现了一点小坎坷，但仍然称得上是一段美满的婚姻。

英格兰驻威尼斯大使埃德蒙·哈维尔（Edmond Harvel）在给罗素的信中表达了对国王与"为人们广为赞颂的这样一位恭谨、美丽且德行高尚的女士"成婚的欣喜之情。

他补充道，威尼斯政府对外宣称"对这段婚姻恭贺致禧"。[132]

沙皮向西班牙王储报告了这场王室婚礼并将凯瑟琳描述为"年纪约32岁。愿上帝能对这段婚姻感到愉悦并赐福他们能有好的结果。也希望国王对（玛丽）公主的恩惠与疼爱能与日俱增"。[133]

在此期间瘟疫开始在伦敦城内肆虐，7月15日汉普敦宫发出公告称禁止伦敦市民进入国王或王后的行宫或官邸，同时也禁止家眷仆从来里士满走访。[134] 随后整个宫廷匆忙向西行进了几英里暂时搬至奥特兰兹（Otelands）庄园以避开瘟疫。7月20日，新王后在庄园内给她的兄长写信，谈及婚姻时称"这段婚姻带给她极大的愉悦与恰好需要的满足"。她在信中恳求兄长能够来信或是拜访她"尽可能频繁一些，就同她未获得如此尊荣之前一样"。信件被附在另一封信内经由赖奥思利转交至帕尔勋爵手中，他曾极其谨小慎微地告诫帕尔勋爵称其应"不断地美化完善王后的形象"。[135]

随后王室盛会也开始按照传统开始在夏日沿着伦敦周围各郡——白金汉郡、贝德福德郡以及赫特福德郡举行。对亨利来说只不过是又一次蜜月罢了，但对于凯瑟琳来说则是第一次品尝到了王室特权的滋味。

有着突出鼻子的克里维斯的安妮却因这场婚姻而黯然神伤。7月 27 日，沙皮写给匈牙利王后的信中提到，他"从可靠信息来源处"听到安妮——

> 非常想要放弃现在所拥有的一切……而不再留在英格兰，她遭受了不公正的待遇，国王新迎娶的这位女士远不如自己貌美，因此她感觉受到了羞辱与伤害。
>
> 除此之外，考虑到她曾两次经历婚姻而守寡却并未诞下任何子嗣，因此她（凯瑟琳）是不可能再有子嗣的。[136]

报告中的安妮的言辞充满了孩子气的愤恨。人们猜想她一定是酸溜溜地评论说"凯瑟琳女士给自己找了一个完美的负担！"，因为她所嫁的国王"如此结实强壮，完全出乎人们的想象"。而且，"他的紧身衣里可以塞进三名壮汉"。[137]或许她所遇到的情况的确有理由使她爆发情绪。她深爱的母亲过世了，而她却被困异国失去任何被爱的机会。她被锁在王宫外，远离那辉煌灿烂的王室社交生活，而这一切现在都由另一名新妻子来主持。尽管生活得很舒适，但她只能远离这一切做个旁观者。谁又能对她流露的这一点儿妒忌过于苛责呢？她想要重返社交中心的计划全盘失败了。而克里维斯公爵的大使（亨利的内阁一直怀疑他仅仅是安妮的代言人罢了），却一直寒酸地栖身在一间小酒馆的房间里，身边只有一名男仆从，仅在 1543 年的早些时候他还能偶尔被召唤到宫廷两三次，但也许只是因为与被抛弃的王后有联系罢了。尽管沙皮试图努力帮助他获得出境护照，但一切都化为泡影，他仍然被困于伦敦："可怜的家伙……他一定非常想逃离这个国家，他在这里无所事事而且得不到任何资金支持。"[138]

凯瑟琳现在开始享受她的王后生活了。她养了一条宠物狗，她给这条西班牙小猎犬起名为"瑞格"，还给它佩戴了深红色天鹅绒质地的项圈，上面还用金线刺绣作为装饰。[139]亨利送给她大把的珠宝。国王驾崩后她所获得的珠宝清单上包括许多件私人定制物品：

　　　　一枚嵌有亨利国王肖像及八张王后小像的胸针，在他们的头像之上有一顶由钻石镶嵌的小王冠，下面是一朵钻石玫瑰……[140]

　　　　一个铭牌，铭牌的一侧用字母"H"与"K"组成一朵玫瑰并由钻石组成字母 G（代表嘉德），上面还饰有鸵鸟羽毛及五颗红宝石，另一侧则由镶嵌有四颗小钻的肖像环抱住一枚璀璨的大钻石。[141]

　　　　一个金质的小铭牌，一侧绘有国王的肖像，还有由五颗钻石与六颗红宝石组成的玫瑰。在玫瑰的边缘处镶有五颗小

钻，顶部镶有一枚红宝石，而在玫瑰的底部边界处……镶有
四颗小钻。铭牌的另一侧则有两个小人托着一枚大钻石，此外
还镶嵌有其余二十二颗钻石、两颗红宝石以及一枚光彩夺目
的祖母绿。[142]

清单上列有 120 多件物品，其中还包括有一个小保险柜，"上
面有着'王后珍宝'的字样"[143]，它也被存放在伦敦塔内国王的宝
库中。

尽管凯瑟琳被奢华的生活与新的财富所围绕，但她并没有忘
记自己作为继母应该对王室子女而负担的责任：有报告称她对待
玛丽公主"非常亲切"。她也没有忘记自己的其他职责：她在婚后
下令要求的第一批物品是 10 米长的"用来制睡衣的黑锦缎"，以
及"已经缝制好的黑色色丁缎睡衣，上面还配有两条有着天鹅绒
刺绣与镶边的酒红色（袖子）"[144] 7 月 13 日，她从宫廷药剂师处
要来香水装点自己的汉普敦寝宫，尽管这种香味与她宫殿正下方
厨房内的香料味道十分接近，但她却乐于用心去要这些小花招来
讨亨利欢心。凯瑟琳清楚地知道如何与年长的丈夫相处，她不会
犯下同可怜的克里维斯的安妮一样的错误。

第二章

上帝的小淘气

"在我的一生中，尽管我此刻身陷囹圄，我仍向万能的上帝祈祷……最尊贵的小淘气[1]，王子殿下，您最疼爱的儿子，能够继承您的王位，获得上帝的宠爱，长久并繁荣地统治王国……"

——摘自 1540 年 6 月 3 日克伦威尔被囚于伦敦塔狱中时写给亨利的信[2]

1542 年，爱德华王子的一名医生告诉一向好事的法国大使马里亚克，他预计这位年仅 4 岁的"胖乎乎"且"不太健康"的英格兰王位继承人可能不会长寿。[3]这样的评论意味着人们需要为此长期做好准备，因为孩子体弱多病，今后身体很容易频繁受到感染。如果某种疾病即将暴发，那么爱德华很容易被传染。[4]事实上，情况可能并非如此：仅在 7 个月之前，同一名外交官还在报告中称爱德华"长相英俊、营养状况良好且明显比同龄的孩子要高"[5]。而且就在 1541 年 10 月末的时候，王子还从四日热[6]——每四天经历一次高烧的病症——中恢复过来，比他同父异母的姐姐玛丽恢复得快得多。[7]爱德华成长为一名活力四射的青年，他热衷于打猎、马上长枪比武、打网球，还经常尝试射箭。

然而在 1541 年爱德华经历了一次发烧——这对任何幼童来说都是极其危险的——此事恰恰发生在他那上了年纪的父亲正经历的人生最糟糕的时期。

王后被指控滥交，且这位鲁莽的王后凯瑟琳·霍华德对自己的通奸行为供认不讳，国王苦苦挣扎于由此所带来的震惊与巨大哀伤中。难道他的王位继承人，都铎王朝的未来，也受到了威胁？在那极其糟糕的几个星期内，亨利一定认为他那井然有序的安稳世界正在周遭逐渐崩塌。国王只要在清醒的状态下，那些对过去及未来的不确定性就会在他的脑海中萦绕盘旋、挥之不去。大约有 10 天，王子一直生命垂危，亨利近乎绝望地同众多医生商议并试图找出有效的治疗方法。[8]但是在国王与其医生团的强大信念下，爱德华逐渐恢复并健康成长为一个苗条且自信迷人的孩子，那张装饰着金色头发的瘦小脸庞像极了他的母亲简·西摩。

爱德华出生于 1537 年 10 月 12 日，那一天伴随着伦敦塔城垛上加农炮致礼的轰隆声响，以及超过 2000 响的"响亮枪声"，人们以此来庆祝首都的这一喜庆时刻，表达他们终于迎来长久期盼的男性继承人的喜悦。伦敦城内所有教区的教堂全部唱起了《感恩赞》并敲响圣钟来为王子祈福直至深夜。民众们则以世俗的方式来庆祝，他们在街上点燃篝火并尽情享用水果美酒以示欢愉。[9]

1537 年 10 月 15 日，在汉普敦宫王室教堂为新生儿举办洗礼仪式是一场隆重的王室要事。埃克塞特侯爵夫人格特鲁德·考特尼（Gertrude Courtenay）[10]于小王子寝宫内将婴儿小心仔细地放在一枚软垫上，并轻轻地盖上一块金色的盖布，随后迈着骄傲稳健的步伐托着小王子穿过会议厅、大厅，随后步入了最近（花费巨资）重新翻修的教堂之内。亨利为典礼所做的前期准备工作十分复杂，既要求实用性，又要求符合盛大场合的隆重仪式感。[11]教堂之内，镀银的洗礼盘被举起放置在一处带有台阶的高台之上，并被围挡起来，临时为小王子准备的一间面南方的侧室内也已经安置好火盆，火盆内焚烧着香气四溢的煤（炭）块，一切都已"准备好迎接王子的受洗仪式"。

　　白银盆内盛放着"用来为王子清洗"的温水，以备不时之需。[12]宠臣约翰·罗素爵士、弗朗西斯·布赖恩爵士（Sir Francis Bryan）、尼古拉斯·卡鲁爵士（Sir Nicholas Carew）及安东尼·布朗爵士穿着围裙无聊地托着毛巾站在一边，他们负责受洗盆的准备工作。爱德华的保姆与帮助简王后在长时间分娩过程后捧出小王子的助产士也站在旁边，时刻准备着在需要的时候及时施以援手。

　　大主教克兰默为小王子举行受洗仪式，王子被包裹在满布刺绣的"洗礼服"或称"长袍"之内。[13]亨利选择的受洗名字极具象征意义：孩子被命名为爱德华，以此纪念他母亲一脉的外曾祖父国王爱德华四世（Edward Ⅳ），同时也因为小王子出生的日子正好是"忏悔者"圣爱德华（St Edward the Confessor）纪念日的前一天，圣爱德华是英格兰王室独有的备受尊崇的圣人与神圣回忆。教堂内满满当当塞下 400 名体魄强健的与会者[14]，他们之中的贵族、绅士和骑士全都高举着白蜡火炬，并在为王子命名的这一时刻同时将火炬点燃。随后嘉德纹章院长暨首席传令官大声宣布：

上帝，以他全能无限的恩典与仁慈，将美好的人生赐予尊贵、卓越的爱德华王子、康沃尔公爵及切斯特伯爵，尊敬仁慈的亨利八世国王最亲爱的儿子。[15]

国王的 24 名号手吹响号角，尖锐的号声在由橡木制成的扇形拱顶天花板上久久回荡，这项工程在前一年才刚刚完工，如今又重新漆上了华贵美丽的宝蓝色涂料并用闪闪发光的金树叶作为装饰。

遵循以往的惯例，尊贵的父母不会出席这样的场合。克兰默与诺福克公爵作为孩子的教父，而玛丽公主则作为孩子的教母。这对玛丽来说实在是一次尴尬的经历，因为正是这名幼小的婴儿现在使她作为英格兰王位继承人的希望破灭了。尽管事实的确如此，她的脸上却并未显露出有一丝嫉妒的表情：她送给小王子的受洗礼物是一尊金杯[16]，随后由埃塞克斯伯爵殷勤地施以援手将其抬出教堂，这是年幼的小王子收到的第一份慷慨而奢侈的礼物。

她同父异母的妹妹，4 岁大的伊丽莎白公主也在比彻姆子爵（Viscount Beauchamp）的带领下出席了受洗仪式，同时"鉴于其尚且年幼"还由莫利勋爵（Lord Morley）陪伴在身边。[17]

王子立即被确认成为英格兰国教的正式成员之一，并且由亨利的旧友，同时也是他马上长矛比武的陪练的第一人萨福克公爵查尔斯·布兰登（Charles Brandon）[18]任其教父。

之后，爱德华趾高气扬地被带回了宫殿之内王后的房间，他的父母正在那里等着给予他宠溺以及感恩的祝福。在经受了长时间的痛苦折磨后，骄傲的简王后只能穿着由深红色天鹅绒与白貂皮制成的奢华披风，面色苍白地勉强支撑坐在床上。[19]亨利将孩子抱在怀里，大声且热情地祈求圣母马利亚与英格兰守护神圣乔治（St George）为孩子祝福。他的脑中一定回忆起1511年失去亨利王子的悲惨经历，当时亨利王子只有52天大，还有安妮·博林在诞下继承人一事上接二连三的失败，这种复杂情绪突然一下子如潮水般涌来。国王在举起自己的小王子时喜极而泣，他最终迎来这位无可置疑的合法继承人承袭英格兰稳固的都铎王室。王后自己骄傲地宣布王子的出生，在给社会名流的通知函中强调了这件令人欢欣鼓舞的事件的合法性："（简王后）与尊敬的国王陛下之间的婚姻是合乎法律的，因此受到上帝的赐福送来并顺利诞下王子。"[20]

所有那些婚姻中的痛苦，亨利曾经历过的全部艰难苦痛与失望在此刻全部一扫而光，这位专制的暴君对着怀里的婴儿极不和谐地咿咿呀呀轻声细语。[21]毫无疑问，这些一贯奉承谄媚的宾客全部毫无意识地随着国王的情感流露不由自主地爆发出掌声。随即，孩子的保姆来带小王子回到他自己位于宫殿教堂[22]北部的住处，并将其安置在"活动小房间"——一个带有遮篷的摇篮——之内。愉快的受洗庆祝活动在王后的寝宫内一直持续至临近黎明破晓，贵族与绅士们在享用着甜药酒[23]与法国甜红酒的同时还温文尔雅地品尝着煎饼与面包。

为了庆祝洗礼仪式，国王为6名侍臣授予了爵位，其中包括被提升为枢密院成员的托马斯·西摩、托马斯·怀亚特（Thomas Wyatt）以及原王室审计官的儿子威廉·帕尔（William Parr）。[24]蜂拥在汉普敦宫木栅栏之外衣衫褴褛的穷人也未被忘却：亨利下令对他们施以慷慨的救济——传令官的说法是"伟大的慷慨"——派送给那些在寒冷的 10 月晚上仍守在栅栏外等待施舍的人们。

仅仅 12 天之后王后就去世了。她人生的终结来得如此之快。10 月 24 日约翰·罗素在给克伦威尔的信中写道："昨夜她的情况极度危险，今日，如果她晚上能安睡的话，医生说她有希望能渡过危险。"[25] 唉，他们的乐观最后总是事与愿违。当晚 8 点，诺福克公爵命信使快马加鞭将一封信送至威斯敏斯特（Westminster）的克伦威尔府上，敦促他在次日早上赶到汉普敦宫"以便安抚我们良善的主人，因为我们的女主人恐怕已命不久矣，更可悲的是，我担心在你读到这封信的时候她恐怕已经殒命"。[26] 克伦威尔称，在那之后不久简王后便故去了，死因是"他们对王后疏于照顾，导致她受了严重的风寒，而且放任王后吃了不该吃的食物"[27]，但是报告中所提到的症状及 16 世纪糟糕的医疗卫生才是导致她死亡的真正原因或是主要因素，这一点毋庸置疑。

法国国王很快便致信恭贺他的英格兰兄弟喜得贵子。遭受打击的亨利如今突然意外地成了丧妻的鳏夫，他悲伤地回信道：

> 神的旨意让我在饱尝她所带来的愉悦之后又遭受她离世所带来的痛苦。[28]

11 月 3 日，诺福克公爵同极度忧伤的国王交谈（虽"不甚明智却很坦率"）且劝慰道"要接受上帝带走王后的安排，也要劝慰自己接受上帝所赐予他以及整个王国的神圣礼物，即小王子"。第二天在给克伦威尔的一封信中，公爵详细记述了此事并称他极力劝说亨利接受"再选一名妻子"的建议，提出该建议毫无疑问是出于他作为一位约克公爵的责任。

随后他又贪婪地、令人反感、不识时务地提出建议，试图让国王同意分配解散位于苏塞克斯郡首府刘易斯（Lewes）的圣潘克拉斯修道院时获得的胜利品。诺福克公爵对国王说，在他与克伦威尔二人之间："我认为（克伦威尔）应该获得两成。"亨利心烦意乱地回复道，"就按照你说的办吧"——诺福克公爵认为这便是国王同意的标志，国王也认同这部分财产得到了"合理分配"。[29]

亨利现在最担忧的是都铎王朝王室的未来安全：不仅要提防自己的敌人，同时还要时刻警惕那谁都无法逃脱的致命魔鬼——疾病。"上帝有令人厌恶的魔鬼作为对手，而我主基督也要面对反基督者的存在"[30]，所以王位继承人要面临更多威胁，可能是真实存在的也可能是无形的。有流言蜚语称有作恶者、施行巫术者用"小蜡人"或是小王子的人偶来谋害他。在审讯之下，有个名叫理查德·格尔西（Richard Guercey）的人坦白，他还在牛津大学基督圣体学院的厨房时有个名叫奥斯蒙德（Osmond）的人与他交谈，告诉他"在派克沃特（Peckwater）的一间客栈内"——

> 有一尊以伦敦人的方式制作的小蜡像，蜡像的头颅和心脏处还粘有一把小刀，这尊小像即代表着王子，当蜡像燃尽之时，也便是王子生命消逝之时。[31]

爱德华出生后的最初几周都是在汉普敦宫度过的，随后他被安置在亨利位于埃塞克斯的黑弗灵－阿特－鲍尔（Havering-atte-

Bower）的另一间居所。1537 年 5 月，亨利开始着手对汉普敦宫进行扩建整修，他自信地为自己的男性继承人做着准备。扩建项目涵盖了一间新"厕所"或称盥洗室、一间厨房以及一间洗衣房。[32]考虑到孩子的王室身份所需要准备的必需品以及服饰，亨利还为他打造了一个专门用来整理仪表的小房间，就在游行用的楼梯旁。[33]1538 年 3 月，尚在襁褓之中的王子在管家威廉·西德尼爵士（Sir William Sidney）的指导下开始了他的王室日常生活，西德尼爵士已经受过严格的培训，可以胜任照管王子日常洗浴以及在专用厨房监督王子膳食的工作。在王室人员开始享用之前，所有的食物都要经过仔细品尝，以防有暗杀者在饭菜中下毒。

国王对管家西德尼以及约翰·康沃利斯（John Cornwallis）爵士就王子——"整个王国内最珍贵的瑰宝"——的日常生活安排下达了严格的指令。[34]他们应确保"对所有危险、不怀好意的敌人或偶然性的危害都要有所警惕，要有预见性并避免坏事发生"。无论任何阶级的人，在没有国王手谕的情况下，都不得靠近王子的摇篮一步或是触碰王子（即便获得准许也仅限于亲吻王子手部）。王子的幼年生活不会留下书面记录，因为幼年时期通常被认为是毫无价值、笨拙且常常忘记自己职责所在的时期。[35]在危险的炎热夏季，当瘟疫在首都肆虐的时候，王室成员是禁止进入伦敦的。如果有人生病，那么他们必须立即离开王子的生活区域。所有的走廊与房间都要每天用肥皂水用力擦洗三次以避免感染。同样，负责看守大门的士兵们还要定时驱逐那些围在王子住处大门口的穷人，以防他们身患疾病。国王下令，"如果有乞丐敢于擅自靠近大门，那么他们就会……受到严厉处罚，以示惩戒"。孩子的每一个愿望与需求都会被尊重并且得到满足：1540 年，王子的一名保姆琼·默蒂丝（Joan Mewtes）以每条 10 先令的价格从国王的日常账户中支出了"一打金线装饰（刺绣）的手帕"，并于转年再次支出同样款项。[36]

1538 年 9 月 8 日，一些枢密院成员有幸首次获得亨利的特殊许可到黑弗灵去觐见尚是婴孩的王子。托马斯·奥德利爵士（Sir Thomas Audley）致信给克伦威尔，赞美之词溢于纸上，信中满腔热情地报告称他从未见过——

> 在同年龄有如此优秀的孩子。如此快活，如此可爱，有着如此美好又和善的脸庞，还有这如此诚挚的眼神，简直就是一位圣人在端详向其致敬的众生。

大法官称这个 11 个月大的孩子：

> 身材修长且结实，可以稳稳地站住，而且可以在他们的（要求下）前行迈步……但是……他们最好能考虑到王子殿下尚且柔弱，不应对自己要求过于苛刻，尽管他的勇气鼓励自己去做，仍然还是等到年满一岁为好。
>
> 我很高兴听到国王陛下能让王子离开黑弗灵过冬的消息：在那里过冬太冷了，尽管在夏天的时候空气很好。[37]

11 月末，亚瑟·金雀花（Arthur Plantagenet）——爱德华四世的私生子，时任加来统帅——令人敬畏的妻子昂娜·莱尔（Honor

Lisle）夫人也被允许觐见王子。她在给丈夫的信中同样热情洋溢地写道：

> 我见到了尊贵的王子殿下，他是我见过的最漂亮的小宝贝，我向上帝祈祷他能平安到老。我就这样看着他，仿佛永远也不会感到厌倦。[38]

为了追寻新鲜空气同时也为了躲避流行疫病，王室开始了从一个向另一个领地不停搬迁的巡游生活：从黑弗灵迁至赫特福德郡的汉斯顿，随后又迁至同一个郡的阿什里奇（Ashridge）。王子出生后的前 12 个月内的日常开销高达 6500 英镑，按 2004 年牌价计算约合 292 万英镑，[39] 根据审计员理查德·科顿所递交的账单来看：尽管国王十分吝啬，要求王室尽可能地避免"不必要的花销与浪费"而且要用"最少的花销"来维持日常生活，但这个数额仍然十分可观。尽管如此，王子仍然拥有自己的一套包括乐师与演员在内的小戏班，1538 年圣诞节时他们还因在国王面前表演而获得了 4 英镑的酬劳。

亚克夫人（Mistress Jak）被任命为爱德华的乳母，1538 年，她在即将完成这项亲密服务之前报告称王子吮吸得很好，"像个有力量的孩子"。[40] 王子的摇篮有 4 个弯形摇臂，其中两个还被命名为"简·罗素"（Jane Russell）与"布里奇特·福斯特"（Bridget Forster）。[41]

曾负责照顾伊丽莎白公主日常起居的侍女之一玛格丽特·布赖恩（Margaret Bryan）夫人被任命为王子居所的"女管家"，1538

年她曾向克伦威尔报告称爱德华"身体健康，心情愉快。殿下已经有了四颗牙齿，有三颗已经完全长出，第四颗正在生长"。[42] 亨利是最频繁的到访者，他来此检查儿子的健康状况以及学业进步情况。1538 年 5 月，国王特意安排了一天时间来陪伴他朝思暮想的继承人，他们到赫特福德郡罗伊登（Roydon）的狩猎小屋，"在那里，国王深感欣慰地度过了愉快欢乐的一天，国王把王子搂在怀里，就这样拥着他看着窗外的景色，这一幕让在场的人都为之动容"。[43] 但毫无疑问，他们都与国王保持了安全距离。

　　王子收到的新年礼物体现了都铎家族及其近臣们不同寻常的品位。1538 年 1 月 1 日，国王命人送来的奢华礼物包括一个底部有都铎玫瑰纹样的镀金盘（重达 40 盎司）、一个镀金水罐，以及一个仿古设计上面还有人物造型的高脚杯。玛丽公主则赠送了一件以金线刺绣的牙兰缎外套。伊丽莎白以其女孩子的温柔细心，"为王子亲手缝制了一件细棉布衬衫"。家族其他成员赠予的礼物还有金质的或镀银的杯子、食盐、碗罐，第二代埃塞克斯伯爵亨利·鲍彻（Henry Bourchier）更贴合实际地赠送了一台"有着悦耳声响的小金钟"，并在被爱德华细心的记账人员清楚的记录下重达 7 克。[44] 他还很实在地送给了王子两头牛以及 20 头肉羊作为王子厨房的饮食配给。南安普敦伯爵送给王子一顶黑色天鹅绒制的小童帽，上面用白羽毛和金饰针作为装饰。

　　年幼王子早年时期几乎与这些恭敬的女家庭教师和保姆们形影不离，最初是布赖恩夫人与西比尔·佩恩（Sybil Penn）[45]，西比尔是威廉·西德尼爵士的弟媳，她于 1539 年 10 月在亚克夫人退休之后继任。随着孩子长大，他也会有自己的编年史，但这要"等到他在女士们的陪伴下长到 6 岁"。[46] 他们这种始终如一的小题大做式的陪伴可能会使他养成一本正经的习惯，或者形成坚持自己主张的性格。尽管报告中总是充斥着对他容貌与性格的赞美之词，但他有时也同其他的孩子一样表现得并不理想。主教加德纳曾提到过发生在 1540 年的一段小插曲，王子在婴儿时期某次接受来自撒克逊新教以及黑森（Hesse）的大使觐见时，一直哭个不停。

尽管布赖恩夫人使出浑身解数而保姆则"一直鼓励……讨好……"，但王子"还是哭着并把小脸扭了过去"，这张滑稽的小脸——随即被埃塞克斯伯爵扭了过来并要求他作为王室成员立即停止流下眼泪。伯爵用他的"大胡子"凑近爱德华的小脸，终于逗得他笑了起来。[47] 保守党加德纳固执地认为王子发脾气是出于孩子对信仰的虔诚，因为他在刻意回避这些信奉新教的使节们。

爱德华的一位医生威廉·巴茨[48]（他同时也为国王服务，是国王最喜欢且最信赖的医生）在 1542 年写给同僚尚布雷医生的一封信中做了一次生动的描述，任性的 5 岁小王子最终需要医护人员从旁协助才得以平静下来：

> 感谢上帝，尊贵的王子……吃了肉，还喝了昨天的肉汤，因为这两样食物很便于保存与炖煮；随后王子会按自己平日里惯常的方式赤着脚在地上散步消遣，不过我想他们现在应该还在劝告王子不要再继续进食了……
>
> 今夜他睡得很安稳，从 9 点一直睡到现在，起来喝了点儿水，稍后会哄他再次入睡。
>
> 昨天吃了肉之后，在其座位[49]上发现了腐败物质，不过

并未安排催吐。现在已经 3 点钟了，再会吧……[50]

巴茨在后面加了附言："他请求我走开，还称呼我为傻瓜。如果我在那一直逗留至他称呼我为'无赖'，我想我会对他说：'殿下，现在请允许您的仆人安静地退下。'"

不久之后，王位继承人的主要角色之一就开始显现了：他的婚姻将成为促进外交的有力手段。1542 年 9 月，英格兰在索维莫斯战役中大胜苏格兰，随即亨利密谋策划了进一步控制苏格兰的计划，其中就包括让爱德华迎娶仅仅一周大的苏格兰女王玛丽。但这项计划随后因新年时苏格兰任命阿伦伯爵（Earl of Arran）在女王年幼时期摄政而宣告破产。

但经过苏格兰大使的同意，且作为两国和平条约的一部分，这两位王室幼童还是于 1543 年 7 月在格林尼治订婚，而且苏格兰保证会让已逝国王詹姆士五世的女儿在年满 10 岁时嫁到英格兰。但后来该协议也随着玛丽于 1548 年去了法国，就悄无声息地淹没在苏格兰政治的流沙中了。[51]

爱德华六岁的时候开始接受教育，亨利委任了当时的两位著名学者作为王子的讲师：剑桥大学希腊语钦定教授约翰·奇克（John Cheke）[52]，以及牛津大学基督教堂学院首席院长理查德·考克斯（Richard Cox）[53]，理查德随后还升任牛津大学校长。这二人随后声称自己是新教徒，但后来因此在玛丽执政期间获罪入狱并被流放至欧洲，他们在担任王子导师期间教导王子学习王室允许阅读的文学名著，例如《伊索寓言》。伊丽莎白的教师作家罗杰·阿斯卡姆[54]有时也会被临时调派过去帮助爱德华学习写作，并提高他的书写技巧。

王子是个聪明的小男孩，自 1546 年 10 月开始，王子迅速地学习了拉丁语、法语 [55]，随后便是西班牙语和意大利语。1546 年 8 月考克斯博士告诉克兰默称，他的学生"堪称可塑之才，在学习上是如此的认真，而且虔诚、和善，具备一切坦诚的品质"，他应该被视为"上帝赐予的非凡礼物，一位优秀的父亲才配得上拥有的小淘气"。[56] 现保存于英格兰图书馆有本名为《祈祷》（拉丁文）或《雄辩术》（英文）的四开本 222 页著作，其中就有一些爱德华用拉丁文与希腊文手写的作品，可能还包括他的同窗亨利·布兰登（Henry Brandon）的一小部分作品，亨利后来成了萨福克公爵并于 1551 年在剑桥死于汗热病。[57] 不确定的是，可与王子一同接受教育的人选并不多：爱德华在 1546 年 4 月 2 日于赫特福德郡写给考克斯博士的一封信中提到"其他男孩子"——他的同窗——在拼写上比他还要粗心大意。[58]

爱德华还接受了音乐、地理以及天文学方面的教学——真正全面的文艺复兴教育，国王坚定地认为爱德华作为国王的儿子应该接受整个欧洲观念的系统训练。约翰·奇克的财产中，有一本王子可能曾经使用过的拉丁语天文日历，这本日历可以追溯到 1463 年，以及标有复活节 [59] 日期的表格，上面还留有爱德华的老师所写的注释。

奇克还设计并命人雕刻了一台黄铜天文四分仪，供王子使用以便测量星体的位置。[60] 音乐演奏在当时被认为是王室子女应受教育中的一项，正如 1525 年为玛丽公主所编写的指导中所提到的：

在花园里或是其他甜美而有益健康的地方适当锻炼，呼吸新鲜空气，有助于她的健康和安抚她的情绪，正如公主保姆所提到的，这项活动十分便捷易行。

同样的，玛丽公主还用弹奏维金纳琴以及其他乐器来打发时间，以此来缓解学习拉丁语及法语时的疲劳与困乏。[61]

作曲家克里斯托弗·泰伊（Christopher Tye）负责指导爱德华的音乐教育，同时爱德华还向荷兰人菲利普·范·怀尔德（Philip van Wilder）[62]学习演奏鲁特琴，菲利普既是威斯敏斯特宫的乐器保管员，又是亨利枢密院的男仆之一。[63]王子还十分喜欢吟唱韵文诗篇。

爱德华在成长过程中能见到父亲的次数屈指可数，亨利对他来说十分遥远，那更像是个了不起的形象，将王权以威严的仪态及华丽的服饰拟人化表现出来。当他写信的时候，他的儿子称呼他为"最尊贵的父亲以及最杰出的国王"，而且他也意识到自己的所有行为都必须"达到国王陛下良好的期待"。后来，王子在一封写给亨利的信中言词激烈地写道，"如果因为我的疏忽，造成我在职责上有任何瑕疵，我都应当受到惩罚并烙上耻辱的烙印"。在小王子的心里，能让国王安心并一直关注着自己就是最重要的。

随着年龄的增长，爱德华的这种严肃且谨小慎微的表现越发明显。1546 年 5 月 2 日，他在汉斯敦时曾致信亨利王后凯瑟琳·帕尔，年仅 8 岁的他在信中斥责了比自己年长 30 岁的同父异母的姐姐玛丽，同时以不易察觉的口吻敲打了王后：

最杰出的王后以及我最敬爱的母亲，请原谅我无理地给您写信，并接受我发自肺腑的感谢，您所给予我和我的姐姐们仁慈的爱。

然而，亲爱的母亲，真正的安慰来自天堂，而唯一真实的爱则是上帝对世人的恋爱。

因此，我请求您，保护我亲爱的姐姐玛丽，使她认清恶魔的诡计并不再为此着魔，乞求她不要再参与到那些外国舞会与嬉戏中去。这些并非是一名基督徒公主应有的行为。[64]

同年，他在另一封给凯瑟琳的信中写道："我向上帝祈祷保佑您，并授予您最可靠的财富，即学识与美德。"[65]

他的宗教教育几乎全部是由大主教克兰默负责组织进行的，他是亨利宫廷里改革派的一员，同时凯瑟琳也在一定程度上对此有所影响；爱德华随后的几任导师因宗教信仰问题在 1553 年之后，因玛丽执政时的反宗教改革活动而遭到流放。爱德华对于宗教问题有着浓厚的兴趣并且很博学，他的图书馆内收藏了许多宗教方面的书籍。这些典籍包括了《〈创世记〉前三章的拉丁文讲座》，该书是格拉特鲁斯·道勒伊厄斯（Glaterus Doloenus）作为新年礼物送给王子的，道勒伊厄斯自己在不久之后也成了王室一员。最终，这位捐赠者意图明显地要求得到与尼德兰清教教堂牧师身份相匹配的薪酬。[66]生命中没有任何东西是免费的。随后的另一份收获则是《传道书》与《所罗门之歌》，这两部书经巴黎人马丁·布里翁（Martin Brione）用拉丁文重新翻译成 49 页的牛皮纸书，每一章的开头首字母还以花体字来突出显示，这本书被献给未来的国王爱德华。[67]尽管这些书看起来对一位年幼的王子都是重量级读物，但王子却欣然接受。

　　1552 年，严苛的清教徒奥索里主教约翰·贝尔（John Bale）
关于王子受到的良好教育写道：

　　　　他在自由创作与正直美德方面所接受的杰出教育，以及
　　他得以保留下来的天赋，都从各方面表明了他并不是个不幸
　　的孩子，而是一位明显拥有所罗门一般智慧的王子。

　　　　今天他头脑冷静的告诫以及虔诚开放的例证都显示了王子注
　　意到，他的子民的财富以及灵魂（精神）与肉体要高于其他。[68]

　　毋庸置疑的是，王位继承人对于宗教看法的改变可在其继母
的宗教信仰方面找到些蛛丝马迹，王后逐渐开始负责王子的教育
安排，并为其介绍了安东尼·库克（Anthony Cooke）、威廉·格
林德尔（William Grindal）及约翰·奇克。[69]

　　公主们与爱德华各自住在自己的府邸，但随着凯瑟琳·帕尔以
王后身份的突然出现，玛丽公主最终以王后随行人员的身份住进了
宫廷，直到亨利去世。在亨利有限的生命里，尽管王后不敢向国王
直接表达自己的意图，只能小心试探，但正是凯瑟琳的努力才使亨
利的家庭得以保持完整。但伊丽莎白与爱德华仍然是分开居住在宫
廷之外的，直到 1542 年 12 月，亨利这三个同父异母的子女才因特
殊需要被召集到一起。第一次相聚的机会是在 1543 年的 8 月，亨利
在凯瑟琳的劝说下暂时放弃原本的目的地安特希尔（Ampthill），决
定绕路到赫特福德郡的阿什里奇去看望他的孩子们。

　　凯瑟琳自己有个庞大的家族。在凯瑟琳委任自己的叔叔霍顿
（Horton）的帕尔勋爵为自己的副宫务大臣之前，该职务一直由人

文主义学者安东尼·科普（Anthony Cope）担任。她的妹妹安妮即威廉·赫伯特的妻子，成了她宫廷女官的首领，而她上一段婚姻中的继女玛格丽特·内维尔（Margaret Neville）则成为她的一名未婚侍女。她的施赈人员是齐切斯特主教乔治·达伊（George Day），而约翰·帕克赫斯特（John Parkhurst）则负责执行宗教仪式。凯瑟琳的家庭开支从侧面反映出她的新生活及兴趣爱好。1544 年，理查德·贝尔（Richard Bell）接到任务：到奥尔福德（Oldford）将奥德利夫人（Lady Audley）的愚人或弄臣带至宫廷来取悦王后，酬劳是 1 先令。她自己拥有一个由意大利小提琴演奏家组成的小乐团，每人每天的酬金是 10 便士。

1546 年王后支出了一系列款项给自己的仆人威廉·科克（William Coke），他负责牵引王后豢养的灰狗，给它们喂奶、铺稻草；托马斯·贝克（Thomas Beck）因其负责为王后的鹦鹉（王后将其饲养在枢密院内）喂食大麻籽而收到 4 便士的报酬；还有负责为女王架鹰的内廷仆人莫里斯·勒德洛（Maurice Ludlow）也获得了 12 先令 4 便士。弓弩匠人贾尔斯·贝特森（Giles Bateson）收到一笔 44 先令 8 便士的款项用于制作出不同的发明，比如“为王后殿下特制的一把弩架与一打弩弦”，[70] 而互济会会员约翰·查普曼（John Chapman）也得到了 20 先令的酬劳来制作一只木雕野兽——一头猎豹——用来给王后停靠在泰晤士河边的驳船上做装饰。9 月，爱德华·福克斯（Edward Fox）接到命令从萨里的拜弗里特（Byfleet）骑马赶至伦敦为女王修理坏掉的钟表，并为此获得了 3 先令的报酬。还有其他许多款项的支出，诸如为王后到伦敦的贝纳德城堡处取来毛皮缝制的长袍，或是从肯特的埃尔瑟姆（Eltham）的宫殿出发到伦敦去取回"针、淀粉及其他生活必需品"。[71] 这些长袍中的其中一部分曾经属于凯瑟琳·霍华德，但现在经过王室女工的巧手为新王后重新改制，既经济又实用。这并非是由于凯瑟琳·帕尔在时尚装扮方面过于节俭：账目显示她曾在一年内购买了 47 双鞋子。[72] 但除了打猎、音乐以及其他娱乐消遣之外，凯瑟琳是理性与节俭的，这一点可以从她那枯燥乏味的账目中看出端倪。而且在宫廷有活动或王室搬迁的时候，王后一次又一次地不断支出现金差人提前去目的地附近查看是否存在可疑病例：王后非常担心自己的丈夫与继子会感染上疫病，因此她尽力杜绝一切可能性。

　　毫无疑问，凯瑟琳的仁慈与怜悯对亨利这几个来自不同母亲的孩子都产生了极大的影响。爱德华在信中称呼王后为亲爱的妈妈——"我最亲爱的母亲"——或者是"最尊敬的、被我全心全意爱着的母亲"，这些称呼明显地表达出了他们之间温暖而亲密的关系。[73] 他们一定有着频繁的书信往来，凯瑟琳经常会给爱德华写信，温柔地埋怨他不经常给自己写信。

　　1546 年 8 月 12 日，爱德华在莫尔（More）大宅回信给王后，莫尔大宅是临近赫特福德郡里克曼斯沃斯（Rickmansworth）的一处宅邸，是亨利从枢机主教沃尔西处得来的，爱德华在信中对其拜访威斯敏斯特期间王后的慈爱关照表示感谢，并且为未能及时回信一事致歉：

　　　　自从上次见到您之后，对我来说仿佛过去了很久。但我希望获得殿下的原谅，因为我很久未能写信给您。我确实很想写信给您，但每一天我都更期盼能够见到您。[74]

其他时候，他显然很愿意在信中向王后展示自己。同年的早些时候，5 月 24 日，他用拉丁文写信给王后：

> 噢，最尊贵的王后，您可能会吃惊我在如此的短时间内给您频繁写信，但这恰如您会因我对您负有责任而感到讶异一般。
>
> 现在我如此愉悦地给您去信，是因为我现在有了一名合适的信使——我的仆人，这样我再也不必担心无法给您写信……以证明我对您的热爱。
>
> 您最驯良的儿子，爱德华王子 [75]

他写给王后的信件主要是以拉丁文书写，但有时也会用英文或法文写信。1546 年 6 月 10 日，一封从汉斯顿送出的信中还涉及了王后的书法以及她在学习拉丁文上的用心。这位年仅 8 岁的早熟少年拥有着异于常人的洞察力，在这样小的年纪就能够给继母致信四次以上来增进感情。某次王后亲自用拉丁文手书给王子致信，而非由秘书代笔，王子用自己年幼稚嫩的幽默感来表达自己对此感到"十分讶异"。"我得知王后殿下一直在努力学习拉丁文与优秀文学作品，我由衷地替您感到高兴，因为一切都会消亡，只有文学得以永存。"[76]

6 个月之前，他还特意写信感谢凯瑟琳赠予了他一幅亨利与她的新肖像，他在信中写道，他看着他们的画像感到无比愉悦，"他是如此渴望能见到他们，因此在收到这份新年礼物时心中充满感激，比他收到的那些昂贵的长袍或金子，抑或是其他价值不菲的礼品时都要满足"。[77]

　　而现在，有个秘密正慢慢地从宫廷的黑暗角落里浮现出来：1546 年出现了一个谜团且持续了很久都无人解开，"有人交给了亨利一名叫拉尔夫·莱昂斯（Ralfe Lyons）的孩子"。[78]

　　措辞十分明确："交与尊贵的君主亨利八世"，这句话在一份长达四页的报告中显眼地出现了在了每一页，该报告详细记述了亨利八世最后一年的执政情况，以及自 1547 年 8 月起的爱德华第一年执政的情况。按照 21 世纪的思维方式来理解，"交与"明显意味着收养或是代替抚养，但该解释又不符合都铎王朝中期英格兰的实际情况，尽管明显地出现了一些不同寻常的线索，这种语气焦急的措辞不断出现，同时也确保了会对这个孩子的情况进行单独记述。当然，这个孩子受到了为期两年开支庞大的特殊照顾，并且由负责国王私人用度的私库来负责他的日常开销。1533 年起，拉尔夫·莱昂斯被送至圣詹姆士宫殿内的皇家礼拜堂接受罗伯特·菲利普（Robert Phillips）的教导，他需要从威斯敏斯特宫出发穿过一大片荒地才可到达圣詹姆士宫。王室内库为其支付的津贴项目包括制作新衣服以及膳食与仆人的薪酬——1546 年花费 5 先令 4 便士缝制紧身上衣，8 便士用于制作钱袋。历史上并未交代，年幼的拉尔夫因何缘由而得以如此照抚，为何他能独享如此慷慨关照，他身上究竟发生了什么。他是否是父母早逝却得到亨利恩宠的某位王室成员的遗孤？是否能从凯瑟琳·帕尔对其的关照以及施以的援手中探究到一点线索？考虑到国王的身体状况以及早已下降的性能力，这孩子应该并非另一名王室私生子。又或者，他有没有可能仅仅是位从其他宗教机构选出的有着美妙歌喉的唱诗班男孩，就如同众所周知的王室礼拜堂常会雇用最好的歌手一般？[79] 这个问题仍是个令人费解的谜。

凯瑟琳想实现自己长久以来的愿望，即让这个王室家庭内部成员的关系正常化，还有一个特殊问题需要解决，那就是亨利对伊丽莎白公主的疑心，而伊丽莎白在经历了多次被父亲作为外交联姻或是政治婚姻工具但都宣告失败之后，也对亨利产生了不信任感。至 1545 年，她已经成长为一名能说会道的、受到良好教育的 12 岁女孩，她很有智慧，又带着点儿狡黠，而这在很大程度上也是来自她身上流淌着的都铎血液。她能回归王室家庭生活，部分原因在于亨利恢复了公主们作为爱德华之后的王位顺位继承人的身份，该项决定于 1544 年经议会通过被正式写入了宪法。[80]

但从中不难看出，正是凯瑟琳的巧妙处理才使亨利重新恢复了女儿们的合法身份，该项决定能够得以实施与凯瑟琳的从旁协助及慈爱有着莫大关系。

1544 年 7 月，亨利最后一次征战法国，他委任凯瑟琳作为临时摄政监国。亨利还对爱德华的家庭结构做了调整，任命考克斯为施赈人员，而奇克负责"更好地对王子进行指导，以及对王子及其伴读进行教育"。[81] 出于安全性考虑，爱德华搬到了汉普敦宫，据说与两位公主相邻而居，凯瑟琳在 7 月 25 日写给亨利的信中写道："我们尊贵的王子与您其他两位公主殿下的身体（感谢上帝的保佑）都十分健康。"

但不久之后伊丽莎白就被迫离开了宫廷，7 月 31 日她在圣詹姆士宫给凯瑟琳写了一封信，信中悲伤地抱怨道自己与继母分开十分不舍：

> 命运刚刚让我度过了一整年令人艳美的时光，就又残忍地把我从您身边带走，重新剥夺了您施予我的那份恩惠。

然后，公主明白凯瑟琳对她的关爱，她听说凯瑟琳在写给征战法兰西的国王的信中还不时提到了自己。[82]

凯瑟琳具有根深蒂固的现代人文主义思想，因此与坚定的天主教徒玛丽公主并非十分亲近，尽管她也会频繁地给玛丽赠送礼物，并鼓励她将伊拉斯谟的《圣约翰福音释义》译成英文。[83] 凯瑟琳也鼓励伊丽莎白将法国王后纳瓦拉的玛格丽特（Marguerite of Navarre）虔诚的诗作《罪恶灵魂之镜》译成英文，伊丽莎白在 1544 年 12 月 31 日这一天将这部译好的作品作为新年礼物赠送给了凯瑟琳，[84] 随后伊丽莎白还翻译了伊拉斯谟的《与信仰对话》一书。

凯瑟琳自己也编写宗教书籍——《祈祷者心灵通往天堂的冥想》，在 1545 年首次出版后该书就一直很畅销，[85]《一名罪人的哀悼》这本书则于 1545 年 11 月[86] 开始在亨利的宫廷内流传，但很明显直到 1547 年亨利死后才开始有印刷版本出现，该书主要讲述了亨利如何像摩西一般带领英格兰摆脱罗马教廷的奴役。

在伊丽莎白 12 岁的时候，她还将凯瑟琳扩编的《祈祷与冥想》一书翻译成拉丁文、法文以及意大利文版本。这本 117 页的书用深红色丝带捆绑，丝带上面是伊丽莎白用金银线亲手刺绣的首字母 H 以及醒目的字母组合 Katherina，随书还附有她用拉丁文写给亨利的一封献辞信笺，上面落款为"1545 年 12 月 20 日，书于赫特福德郡"。[87]

　　凯瑟琳在宗教方面的兴趣以及她在宗教发展问题上的观点反映在她对家庭的影响上，并体现在受她恩惠或是资助的人身上：例如，托马斯·克伦威尔的好友迈尔斯·科弗代尔（Miles Coverdale），正是他将《圣经》翻译成了英文版本；诗人托马斯·斯滕霍尔德（Thomas Stemhold）；以及"鞭打"[88]伊顿公学校长的尼古拉斯·尤德尔（Nicholas Udall），他还曾参与协助玛丽公主对《圣约翰福音释义》[89]一书的翻译。

　　尽管她热爱舞蹈与精美服饰，但凯瑟琳的内廷却是学识与自由主义思想的大本营。王后的宫廷内时常会展开宗教讨论，一位未能在王后宫廷内找到合适职位的戈德史密斯爵士（Mr Goldsmith）向王后称颂她的"世上罕有的善良使每一天都如同礼拜日一般美好，如此善行迄今为止从未听说，尤其是在这宫廷之中"。[90]尤德尔将凯瑟琳宫廷内的生活描述为包括"德行练习、阅读与书写并用心研究"，她及其身边的夫人们"从早到晚努力地扩充自己的学识"。但王后的信仰与观点将她带入了十分危险的处境：她被卷入了亨利枢密院内因宗教改革问题爆发的持续斗争之中。

第三章

猎杀异端

> "想想看，亲爱的读者，我们宗教的神秘性这一次被如此
> 公开地侵犯，真是罪孽……要追求真理，就要在基督教会的
> 指示下，就像上帝吩咐你的那样去追求它，而并非像诡诈的
> 牧师引导你的那样采取诡秘的方法。"
>
> ——斯蒂芬·加德纳主教《洞察魔鬼的诡辩》（伦敦，1546）

1538 年 11 月 16 日，国王亨利公开处理棘手的异端邪说。
约翰·兰伯特（John Lambert），化名约翰·尼科尔森（John
Nicholson），因一直否认基督在弥撒圣饼和圣酒中神圣存在，即所
谓的"真实存在"而被逮捕。这名囚犯曾在剑桥接受过教育——
1521 年时他曾是皇后学院的一名研究员——后来成了一名激进
的福音派教徒，在安特卫普（Antwerp）的英格兰社区担任牧师。
1532 年他因信仰而被判入狱，但随后却得到释放并在伦敦开办了
一所学校。但如今再次被捕，兰伯特不得不面对亨利精心策划的
带有宣传意味的审判，并要为自己的性命担忧。

国王的宗教政策在其后半生的执政中有时显得矛盾，他一直夹在保守派和宗教改革的政治举措之间左右为难，这两个派系在其朝堂之内反复斗争、互相倾轧。在教义和教礼等诸多方面，他仍然是一个正统而虔诚的天主教徒，但他在福音派和保守派[1]之间来回摇摆，时而处决福音教派，时而处决保守派，有时处决异教徒，但更多时候是处决那些叛国者，并公开焚烧异端书籍[2]。在其执政的早期，他一直是天主教会的热心拥趸，渴望得到教皇对他虔诚的认可。1521 年 10 月 11 日，挥霍无度的教皇利奥十世（Leo X）因亨利写了一本 3 万字的拉丁文书籍《论七圣礼》，为此宣称他是——"基督教最亲爱的儿子"——是"信仰的捍卫者"。这本书是在一些学者的帮助下写的，书中专门对德意志的叛教者马丁·路德（Martin Luther）所宣布的新教信仰进行嘲笑和攻击。该书有 20 个版本，都被亨利虔诚而忠实的臣民热切地接受并传诵着[3]。不久之后，国王提出与第一任妻子阿拉贡的凯瑟琳离婚，这个因亨利私心导致的问题非常棘手。1533 年 12 月，枢密院下令教皇克雷芒七世（Clement Ⅶ）在这个王国之内不再具有任何权力，并且从今以后他只能被称为"罗马主教"。1534 年 11 月，亨利通过的《至尊法案》在英格兰法律中确认了亨利对英格兰教会的统治[4]，因此导致神父与世俗人士之间不断发生大大小小的各种流血冲突，这些人无法衷心宣誓自己拥护国王作为教会领袖的地位。随后 1536 年颁布的《撤销罗马主教权力法案》的行为则无理地指责：

　　罗马主教（仍有人称其为"教皇"）篡夺而来的虚假权力……无论是从精神和真实的意义上，抑或是在世俗情感如浮华、荣耀、贪婪、野心和暴政等方面，均混淆和歪曲了上帝的圣言和圣约，他以其人性的与政治手段、传统与发明来掩盖并遮蔽圣言与圣约，以此推进并建立他对所有基督徒在灵魂、肉体及物品方面的唯一统治，将我主基督排除在他的王国之外，将人性的法则、他的灵魂与所有世俗国王和君主全部都排除在他们的统辖范围之外，而这一切的生命与物品本应依据上帝的旨意来拥有[5]。

最为重要的是，教皇不仅仅"剥夺"了国王在英格兰国土内至高无上的权力，"只因上帝赋予其荣耀、权利与卓越，而且连年犒赏这个国家无数的财富"。这是典型的亨利式宣传：自以为是、自我开脱和傲慢自大。忠诚的德意志路德宗信徒会很高兴地将这些记录下来。该法案是国王反抗罗马教廷的重要标志，如果他的臣民并非如此鲁莽的话，就该对他在宗教政策方面是否具有智慧抱有怀疑。

1539 年 6 月 17 日，克伦威尔在伦敦举行了一场公开、生动的，并且能够借机展示王权至上的示威活动。在今天看来，这种宣传过于粗俗、明显，但这位首席大臣对他的观众十分了解，他将政治与宗教信息巧妙地结合在一起，主要是为了娱乐观众，并下意识地为国王的政策提供支持。他命人准备了两艘船——国王的驳船和"教皇"的驳船——在威斯敏斯特和国王桥之间的泰晤士河段划水。在"教皇"驳船上有许多人装扮成教皇和枢机主教，他们"公然反抗英格兰"。两艘船互相交火（事先早已准备好），最后，教皇和枢机主教们都被制服，都被抛到泰晤士河里，这使岸上的看客们得到极大的欢乐[6]，其中也包括亨利本人。其他一些不那么精彩的反教皇游行也在整个国家的城镇与城市间上演。

由克伦威尔颁布的 1536 年与 1538 年的宗教禁令，要求神职人员利用智慧、知识与学识，纯粹真诚地，没有任何虚假地反对"罗马主教的篡权和管辖，这是对亨利臣民思想重新教育的直接手段"。此外，禁止竖立形象（宗教雕像），或颂扬任何"宣扬迷信或是暴敛钱财的遗迹或奇迹，也不得以任何圣人巡游等形式诱惑民众"。后来的一系列禁令则进一步施加到英格兰的神职人员身上，他们的教会每三个月就会受到一次警告：

> 不要将他们的信仰寄托在……除了《圣经》之外的任何其他人因幻想所作的作品上；就像巡游朝圣一般，为圣像或遗迹提供金钱、蜡烛或小蜡烛……说着一些难懂或是无法被理解的念珠经文，或者是有其他类似的迷信行为。[7]

最重要的是，1538 年的禁令要求牧师：

> 为下一个复活节宴会（1539 年）准备一整本最大开本的英文版《圣经》，将其放置在教堂之内的便利场所……这样有助于治愈教区居民，并且便于他们使用及阅读。[8]

这就是所谓的《大圣经》，该书在被法国的宗教裁判所禁止在巴黎印刷之后，于 1539 至 1540 年间由理查德·格拉夫顿（Richard Grafton）转为在伦敦印刷。《大圣经》的标题页上醒目地刻着亨利、克兰默及克伦威尔的名字[9]，人们忠诚地哭喊着"国王万岁"和"上帝保佑国王"。书中大胆地宣称："这是专门用于教会的《圣经》。"[10]但是亨利的臣民们用他们自己的文字享受《圣经》的乐趣是短暂的。1543年《真宗教之进步法案》[11]撤销了政府对人人可读英文版《圣经》的许可，并将这种权利限制在贵族、绅士和商人（可以私下使用）中，但是妇女、工人、学徒及其他人都被严格禁止阅读，无论是在公共场合或是私人场合。这一法案使那些贵族和绅士男女都能默默地读到《圣经》——当然不能与别人共读。

早在1538年11月，首席大臣克伦威尔和大主教克兰默发起了一项运动，即反对那些在整个世界范围内不断壮大的再洗礼派教徒[12]，特别是那些在圣餐礼上反对"圣体实在"的人。现任的首席大臣，同时也是国王在宗教事务上的副摄政，已经决定以一个公开的例子来强调亨利对异端邪说的强烈反对。兰伯特被选中了，很可能是由斯蒂芬·加德纳主教所选。此前兰伯特已经因被指控为异端而被克兰默认定有罪。亨利八世的宣传人员随后将他的上诉变成了一场表演。在威斯敏斯特宫的宴会大厅内，沿着墙壁竖起了临时搭建的木质脚手架，让观众们可以看到正如克伦威尔所言，他们的国王坚定地捍卫着英格兰国教会的神圣信仰——"圣坛的圣礼仪式"。审判特别邀请贵族与神职人员参加，他们会见证所发生的一切，但事实上整个诉讼过程都是用拉丁语进行的，并非每个人都能听懂其中内容。大约中午时分，亨利八世在自卫队陪同下步入大厅，他从头到脚都穿着白色的丝绸及白色礼服。他登上短短的楼梯，走向庄严华盖之下的宝座并就座，在他的右侧是克兰默与主教们，左侧则是由克伦威尔领导的世俗议员们及枢密院的绅士们。兰伯特被带进来时大厅内一片寂静，他站在一个特殊的木台之上，面对着他的原告们，显得"恐惧而胆怯"[13]。

一开始气氛还算轻松。"喂！好家伙，你叫什么名字？"[14]亨利问兰伯特，观众的嗡嗡声已经消失了。这听起来很像轻松诙谐的"朋友，见到你真好"之类的问候，但是接下来的事情却不那么亲切了。当这名囚犯解释说他改名是为躲避迫害时，国王的"表情况下，他的面容变得冷酷，眉毛都严肃地弯了起来"，他直截了当地对兰伯特说："我不相信你有两个名字，尽管你是我的兄弟。"兰伯特天真地想要拍马屁，谦卑地感谢亨利八世能亲自审讯他的案子，并称赞亨利有"伟大的判断力和学识"。

剑桥大学国王学院的教务长、著名的演说家[15]乔治·达伊，解释了每个人都聚集在那里的真正原因。"这次集会并没有进行任何关于信仰的争论，但是国王，作为最高领袖，公开谴责和辩驳了那个人的异端邪说"，他指着兰伯特厉声说："他们是存在的。"

于是，亨利继续进行这一天的严肃审讯。当提到基督的名字时，他虔诚地摘下帽子，他要求知道被告是否相信弥撒仪式中的圣饼和圣酒真实地代表着圣子。

兰伯特回答称"以圣奥古斯丁（St Augustine）的名义，在某种形式上来说——这是基督的身体"。

国王迅速反击，他反驳道："不要告诉我以圣奥古斯丁的名义，或是任何其他权威的名义，你直接告诉我，你说这究竟是基督的身体，还是不是。"

面色窘迫的犯人回答称："那不是他的身体。我否认这一点。""非常好,"国王说,"现在你要被基督自己的话所谴责,'这即是我的身体'。"

兰伯特在审判前被迫发表了一份书面声明,列出了他拒绝承认"圣体实在"的十个理由。克伦威尔一直小心翼翼地作为幕后策划人员,他想让其提供足够的证据来作茧自缚。一个接一个,亨利的主教们记住犯人的每一个理由,并做好准备在审判的 5 个小时里强烈地反驳这些观点。保守的、不耐烦的加德纳主教认为,好脾气的克兰默"的确在争论,但气势显得很微弱",因此粗鲁地用自己的强硬观点来打断他的谈话。[16]

当听证会结束时,大厅里因为国王赢得胜利而响起了掌声。当礼貌的掌声平息下来时,亨利问犯人:"你想活着还是想死?你还可以自由选择。"[17]

但是兰伯特固执地拒绝改变他的信仰。

他将自己的灵魂献给了上帝,并献出自己的身体感谢国王的仁慈。亨利耸了耸肩,大声地对他说:"既然如此,你必须死,我是不会保护异教徒的。"[18]当他的话语在大厅里回响时,他严肃地抬起头来。在这个晚冬的午后,火炬被点燃。这场审判的高潮并未令人失望。

克伦威尔站了出来,他大声宣布兰伯特是不可救药的异教徒,并宣判他将被烧死。6 天后,就在 11 月 22 日,兰伯特将在史密斯菲尔德(Smithfield)遭受残酷的死刑。当他的小腿和大腿被烧成残肢时,火势减弱,于是两名行刑官员将他仍然活着的躯体举起来,扔回到火焰中。他在被烧成灰烬之前大声喊道"唯有基督,唯有基督"。[19]

首席大臣在对这一"可怜的异端圣礼"进行"公开而严肃的"审判过后写道：

> 这是一件令人惊奇的事情。庄严而威严的陛下行使了作为英格兰国教会最高领袖的权利；他尝试使这可怜之人决心皈依的举动是多么优雅，他对这人的指控是多么强烈而明显。

他又奉承地补充道，如果基督教世界的统治者们看到了国王的行动，他们会对他的智慧感到惊奇，因为他曾经被认为是其他"所有国王与王子中年纪最小、体形最瘦弱的一个"。[20] 信奉正统天主教的莱尔子爵在伦敦的代理人写信给其在加来的主人：

> 他的恩典足以使兰伯特感到惶恐。这对他所有施以恩典的平民，以及看到、听到他是如何处理这件事情并施恩的其他所有人来说都是一种欢乐，因为这将是世界上的一个先例。我想以后不会再有人能如此大胆地去尝试任何类似的事情。[21]

就在审判的同一天，为强调亨利对宗教教义的坚定信仰，政府发布了一项公告，禁止在没有官方许可的情况下印刷任何《圣经》，并命令他的臣民们立即对再洗礼派教徒公开进行谴责。结了婚的牧师将会失去他们的生活来源，而任何与他们结婚的人都将入狱。在耶稣受难节期间人们向着十字架匍匐前进，以及在圣烛节使用蜡烛的惯例得以保留。由此可以看出加德纳在声明中的铁腕。11月28日，两名再洗礼派教徒，一名荷兰男子和一名女子在史密斯菲尔德以异教徒的罪名被烧死，一名"22岁左右的年轻男子"因参加在埃塞克斯郡科尔切斯特（Colchester）的圣礼而被处决。[22]

颇具讽刺意味的是，1538年12月的审判后不到一个月，教皇保罗三世（Paul Ⅲ）准备公布人们期待已久的将亨利逐出教会的诏书，该诏书是由克雷芒七世于1533年起草的，后来被修订。这一决定是由坎特伯雷大教堂备受尊敬的大主教圣托马斯·贝克特（St Thomas Becket）的解职引起的。诏书宣布亨利毋庸置疑地成了异教徒，并因此合法地将其从英格兰的王位上废黜。但亨利的臣民们庄严地宣誓效忠于他。欧洲所有的天主教君主都被要求联合起来，使英格兰回归到对罗马教皇权威保持忠诚的传统中来。"撒旦之手"[23]克伦威尔，则被他们宣判投入地狱的烈火之中。这份诏书显然无法在英格兰发表，因此它在与亨利王国最接近的安全地点被宣读：在圣安德鲁（St Andrew）的北部和苏格兰的科德斯特里姆（Coldstream），以及在法国的布伦（Boulogne）和迪耶普（Dieppe）的南部。不过这样一来，诏书就显得说服力不足了。

加德纳主教也可能是1539年《六条法》的灵感来源，他将其作为阻止宗教改革的法律工具——新教徒称之为"六弦鞭子"——将教会拉回正统教义。亨利的宗教信仰比许多人认为的要保守许多，他是《六条法》的狂热支持者，因为他痛苦地意识到，他的绝大多数臣民可能"相对于新观点更倾向于旧宗教"。该法案于1539年5月由诺福克引入议会，并规定基督的圣体在弥撒期间于圣饼和葡萄酒中是真实存在的。

对于否认这一事实者的惩罚是，即便在律法重新调整之后，罪人也会被烧死。有关宗教秩序的其他条款则涵盖了神职人员宣誓禁欲的内容，重申禁止牧师结婚；此外还涵盖了私人弥撒的连续性，忏悔的重要性与圣餐的管理等方面。对否认这些行为的罪犯的惩罚是绞死和没收其土地与物品。此外，任何试图逃离英格兰逃避起诉的人都触犯了叛国罪，如果被逮捕，他们将被处以绞刑。那些已经结婚的牧师必须离开他们的妻子，而那些在法律生效后结婚的人也要面临死刑。

此外，《六条法》全面地将异端定义为一种世俗的冒犯：任何一个人，通过文字、写作、印刷、密文[24]或其他任何方式，与他们的教唆者和怂恿者发表、教导、表述、肯定、宣布、争论、辩论或持有任何相反的意见，都将被判定为异教徒，因此，必须通过火刑的方式来承受死亡的审判、执行、疼痛和痛苦。这是一项毫不妥协的、严厉的法律，旨在不让英格兰国教的教义受到法律的限制。结果，许多人都死于殉教的火焰中。

已婚的克兰默，于 1539 年 5 月在贵族院举行的一场为期 3 天的激烈辩论中，就《六条法》的条款提出了强烈的质疑，亨利本人参加了每天的辩论。亨利的个人干预使这位大主教在辩论中败下阵来，6 月 28 日，一项废除思想多样性的法案获准通过。[25]克兰默立即将他的妻子送回德意志。[26] 他的敌人看不到，也就无从下手来对付他。

德意志的新教徒对新立法的消息感到震惊。1539 年 11 月 1 日，路德宗改革者菲利普·梅兰希通（Philip Melanchthon）写信给亨利，他的愤怒通过言辞在纸上显现，他抗议说《六条法》应掌握"在教皇的手中"。

大概是您的主教负责，而不是您。明智的君主们有能力重新考虑他们的决定。

不要为基督的敌人做事，来反对我们。您的主教们可能会假装站在您那一边，但事实上他们和教皇站在一起。

《六条法》充满了诡辩和欺骗。其中条款与教会历史上的主张相悖，例如，它说私人弥撒是必要的，而教士结婚是违反神圣法的。

我指责主教们，尤其是温彻斯特主教。他们只关心自己的收入。

没有人能否认教会经历了一段可怕的黑暗时期，曾被异教侵占，罗马的情况也是如此。

现在，在时间的尽头，上帝对反基督者进行了干预，但我认为英格兰是领先的。而您的主教们仍然在密谋保留偶像崇拜，因此才颁发了《六条法》。[27]

梅兰希通恳求道："我建议您再想想。否则您的主教会欺压教会。基督会对此进行判定。"确实是强有力的论述。但他的上诉却被无视；事实上，由于亨利在立法的过程中扮演了如此积极的角色，这封信很可能激怒了他。[28]

关于《六条法》的后续情况，有一件离奇的逸事。克兰默后来为其做了详细的注释，说明了他反对它们的背后原因，以《圣经》的引文和为公众所接受的学者著作作为支持，他计划拿给亨利看。他忠实的秘书拉尔夫·臭里斯（Ralph Morice），在一本小书中清楚地誊写了这些注释，并且在带着这本书前往威斯敏斯特的途中，他在泰晤士河上遇到了一起令人震惊的事故。一个世纪之后，伯内特主教讲述了这个故事：

> 一些人同他一起乘坐摆渡船[29]到索思沃克去观看嬉熊比赛，国王也亲自到现场出席观看。
>
> 那只熊挣脱开跑到了河里，狗跟在后面追了上去。船上的人跳河游开，只留下可怜的秘书独自在那里。但是熊进了船，身后跟着狗，随后船便沉了下去。这位秘书明白自己的生命危在旦夕，此时已无暇顾及自己掉到水里的书。
>
> 但是他很快就被救起并被带到陆地上，于是他开始寻找他的书，并看到它漂浮在水面上。
>
> 所以他希望饲熊者能把书给他拿回来。这名饲熊者把书捡了回来，但是在伯内特把书取回之前，把它放进一个站在那里的牧师手里，看看里面说的是什么。[30]

牧师翻了几页，立即意识到里面的内容对《六条法》提出了异议，并对饲熊者说，无论谁来领取这本书都将被处以绞刑。伯内特，这位坚定的信仰拥护者，补充道："这使饲熊者变得更难对付，因为他是个心怀怨恨的教皇党人，憎恨大主教，所以没有任何提议或恳求能说服他把书归还。"莫里斯很恐慌，急切地寻求克伦威尔的帮助，第二天，他们在法庭上发现了这名饲熊者，他正试图把这本书交给克兰默的一个敌人，毫无疑问，他将得到一笔丰厚的回报。克伦威尔将这本书从他手中夺走，威胁他，因为他居然擅自处理一位议会成员的书。[31]克兰默因此得救。其他人则没有这么幸运。

在最早被逮捕的人中，被逮捕并在伦敦塔中接受审判的是来自加来卫戍部队的一些牧师和士兵，他们和兰伯特一样，也被指控否认"圣体实在"。从法律上说，他们的异端邪说始于《六条法》成为法律之前，所以他们在反复确认更改论调后得以幸免。他们仅仅是在伦敦的街道上游行，承受羞辱，他们在肩膀上扛着一捆捆的柴捆或一捆捆的木头——这些燃料通常被用于将异教徒活活烧死——在开始各种各样的监禁之前。

1540 年 4 月 12 日，克伦威尔以国王的名义，在新一届议会上说到在亨利所有的臣民中形成一个"坚定联盟"的重要性。

> 有很多的煽动者就如同在麦地里长大的公鸡一般。一些人的鲁莽和放肆，以及在古代的腐朽中根深蒂固的迷信和顽固，引起了极大的争执，使所有善良的基督徒都感到悲哀。
>
> 有些人被称为教皇党人，而其他的人被称为异端分子；这种精神上的痛苦似乎更奇怪了，因为现在，在国王对他子民的极大关怀下，《圣经》已经成为一种能被理解的语言。
>
> 但是，这一切被双方完全破坏了，他们研究《圣经》为的是证明自己的激情是合理的，而非让其引导他们的信仰。

值得注意的是，他补充道：

> 国王既不向右，也不向左，既不向这一方，也不向另一方倾斜，只在他眼前建立了基督教信仰纯洁而真诚的教义。[32]

亨利渴望看到"体面的"宗教仪式继续下去，克伦威尔继续说道："一旦教会了人们它们的真正用法，所有的滥用行为都能被取缔，而关于《圣经》阐述内容的争论也将停止。"国王也"下定决心要严惩那些犯下各种罪行的人，无论他们的立场如何，也无论他们是谁"，克伦威尔又补充道，"我主基督、基督的福音和真理才应该是胜利的一方"。

但仅仅在 14 周后，克伦威尔就死了，他自己被当作叛徒和异教徒被斩首。尽管他有着相当多的政治和行政管理技巧，他为国王制定的宗教政策也颇具说服力，作为亨利的首席大臣他之所以倒下，是因为他的许多贵族和主教竞争对手都不能再忍受他对国王的影响力，并嫉妒他在地位和财富方面的不断进步。他们选择了克伦威尔在国王试图摆脱与克里维斯的安妮的糟糕婚姻一事上的失败而对他进行攻击，而亨利则是出于对克伦威尔的"不作为"有所怨恨。而克伦威尔所谓的异端行为体现在 1539 年 3 月 30 日，在伦敦的圣彼得教堂发表的宣言中，他声称，改革之后的宗教教义是"好的"，"即便国王背弃了它，我也不会回头"。如果亨利真的拒绝了"它和他所有的臣民，我会在这个战场上用我的剑来对抗他和其他所有人"。然后他拔出匕首，将其举起并发誓：

> "如果我不愿意死在这场与他们的争吵中，就让这把匕首刺进我的心脏。"[33]

他不是唯一一个因异端言行而丧生的人。三名臭名昭著的福音派牧师——威廉·杰罗姆（William Jerome）[34]、罗伯特·巴恩斯（Robert Barnes）和托马斯·加勒特（Thomas Garret）[35] 在 1540 年被逮捕。1535 年，巴恩斯在克伦威尔的邀请下结束在安特卫普的流亡，返回伦敦。1540 年的大斋节期间，他在保罗十字（圣保罗大教堂东北墙外面的隐蔽教堂讲坛）宣讲反对加德纳时犯了一个巨大的错误。巴恩斯一语双关地嘲弄地将主教称为"在花园中种植邪恶植物的园丁"。[36] 充满活力的幽默感并不是温彻斯特最丰富的资产之一。巴恩斯被迫寻求加德纳的宽恕，两次要求主教赦免他，主教确实举起了手指表示宽恕。这三个人很快就被带到国王面前，加勒特因其签署了一份文件，承认他的"阁下"在一些神职人员的怂恿下与他发生了争执，他认识到自己的轻率和疏忽，并承诺会避免这种举止不慎的情况。都铎时代的宣传机器又开始运转了。巴恩斯也向国王递交了申请，但很快就被冷落了。亨利走到他房间的祭坛前，虔诚地跪了下来，对他说："不要向我这个凡人屈服。我们的造物主才是真理的作者。"[37] 这三名被告被要求在复活节时在伦敦斯皮塔佛德（Spitalfields）的圣马利亚教堂布道，以证明他们对正统教义的支持。但这对加德纳来说还不够。尽管他事后否认，但很明显，这三个人在因异端指控面见亨利后很快被关入了伦敦塔，他就是幕后推手。他们一被关进监狱里，便知晓自己即将面临的命运了，因此撤回了自己的改变信仰的声明。

1540 年 7 月 30 日，他们在史密斯菲尔德被烧死。在一场令人毛骨悚然的公开示威中，亨利表现出了他在镇压异端与叛国者方面的果断。脸朝下被塞到羊栏内拖行穿过街道的三名教皇党人——理查德·费瑟斯通、托马斯·亚伯[38]和爱德华·鲍威尔——由于否认王室的统治地位而触犯叛国罪，所以他们面临的处决方

式分别是绞刑、分尸与斩首。一名异教徒和一名教皇党人分别被
绑在羊栏上，据说在泥泞、马粪和污水中的鹅卵石地面上跌跌撞撞
时，他们还在激烈地争论着哪一个人会真正像殉道者一样死去。[39]
巴恩斯慷慨地安慰他的同伴："兄弟，振作起来，今天我们将获得
荣耀。"[40]

在执行死刑的地方，站在一个巨大的柴堆上，巴恩斯提高
声音问伦敦的两名治安官——威廉·拉克斯顿爵士（Sir William
Laxton）和马丁·鲍斯（Martin Bowes）——他被判处死刑的原
因。可怜的治安官们摇头表示自己也并不知情。[41]巴恩斯接着向
围观的人群重复了这个问题，并问他们"他们被他的说教误导犯
下了何种错误"。他挑衅地说："现在让他们说话，我要让他们回
答。"没有人站出来说话。然后，巴恩斯说："按照议会法案我将
被判死刑，罪名似乎是我散布异端邪说，因为我们要被烧死。"他
祈祷上帝宽恕那些应对他的死负责的人，特别是温彻斯特主教：

> 如果他是基于我的言语或行为来给我定罪，让我受死，
> 我衷心地、慷慨地、真诚地向上帝祈祷，原谅他，并真诚地
> 宽恕那些让他的信徒死去的人。

在生命的最后时刻，他表现出了一种奇特的忠诚，他敦促人们
为国王"以及他之后的虔诚的爱德华王子"祈祷。他补充道：

> 我被控告为一个煽动叛乱且不服从国王陛下的牧师。但在
> 此，我对你们说，你们都受神的律法约束，要全心顺服你们

的君主，不仅是出于敬畏，更是出于良心。[42]

　　三位福音派教徒都祈祷他们的罪恶得到宽恕，能以忍耐和耐心来承受他们的痛苦。他们相互拥抱、亲吻，然后被绑在各自的木桩上。当他们的火葬柴堆被点燃时，人群中出现了一种恐怖的沉默。

　　他们的死亡在伦敦新教徒中并没有激起多少波澜。一位当代评论家写道：

　　　　许多人说，他们是为了反对斯蒂芬·加德纳的教义而搭上了自己的性命。上帝知道这件事，但万分可惜的是，这些有学问的人未经过检验就被抛弃了，不知道他们受到了什么指控，也永远没有机会做出回应。[43]

　　焚烧和处决仍在继续，包括同一天在索尔兹伯里（Salisbury）有三人被处决，林肯郡两人被处决。1541 年 1 月，亨利向伦敦主教埃德蒙·邦纳（Edmund Bonner）和市长理查德·格雷沙姆爵士（Sir Richard Gresham）发出了指示，要彻底铲除首都的所有异教徒，他们拒绝承认圣餐中的"圣体实在"。有一个案例脱颖而出：一个名叫理查德·默金斯（Richard Mekins）的不到 15 岁的孤儿，既不识字又无知懵懂，在圣礼上拒绝承认基督肉体的存在，还赞扬了罗伯特·巴恩斯的信仰。当他在伦敦市政厅接受生死攸关的审讯时，两名证人汇报了他所说的话，但陪审团主席表示，这个案子还未得到证实。

对此邦纳发出了咒骂并勃然大怒，让他们再次离开。

所以他们被吓住了，回来之后发现起诉书是真的。

但是，被带到木桩边的时候，他被教导要尽量说邦纳的好话，并谴责所有的异端和巴恩斯。[44]

编年史作者爱德华·霍尔（Edward Hall）轻蔑地说：

这个可怜的男孩为了保住自己的生命，很高兴地说，耶稣之十二信徒教他说了这些话，因为他不关心教他的人叫什么名字。他的天真和恐惧表现出来都这般幼稚。[45]

默金斯于7月30日在史密斯菲尔德被处死。

另一个叫约翰·柯林斯（John Collins）的年轻人，住在温彻斯特主教加德纳教区内的索思沃克，他反对他所看到的偶像崇拜，那是一个木质的基督雕像。抵达伦敦后，西班牙的水手们在港口的一个小教堂里奉上这木雕为他们的航行安全进行祈祷。他在雕像上射了一箭，射在了雕像脚上，随后便大声呼求十字架来保护自己。他因此亵渎行为得到了惩罚。[46]柯林斯在监狱里待了两到三年，一直被关押在兰伯特（Lambert）。他的行为很可能是疯狂的，但是亨利为对付简·罗克福德夫人而特意通过的法案使得那些被判犯有异端或叛国罪的人都会被处死，即便他们被认为是疯子。当然这也被用来对付柯林斯，他也被烧死了。[47]同样，人们普遍认为他也是加德纳的受害者。

尽管一直希望能在自己的王国内实现宗教统一，但1540年亨利的枢密院与法庭之内的两个对立派别就英格兰教会的未来方向问题产生严重分歧。那些支持传统学说的人是由加德纳和诺福克领导的，其中包括国王的长期挚友——南安普敦勋爵和国王的御马官安东尼·布朗爵士，以及圣约翰勋爵威廉·波利特爵士、首席检察官约翰·贝克爵士（Sir John Baker）、理查德·里奇爵士（Sir Richard Rich，他在 1535 年托马斯·莫尔的审判中可耻地作了伪证，他还是克伦威尔主要眼线）[48] 和赖奥思利。与他们处于对立位置的是福音教派成员：克兰默、爱德华·西摩爵士、赫特福德以及萨福克伯爵，他们是亨利马上比武的老对手。考虑到不断发生的阴谋和反阴谋，亨利在他执政期内的宗教政策有时显得不协调，这并不奇怪，因为他试图通过耍手腕搅起内讧来维持一种不稳定的平衡。

在亨利与凯瑟琳·帕尔结婚两周后，又审理了另一起反对圣礼的案件，这次是在距离国王更近的地方——就在温莎法庭上。王室礼拜堂与圣乔治教堂的管风琴师约翰·马贝克（John Marbeck），伯克郡温克菲尔德地区（Winkfield）的一名牧师安东尼·皮尔森（Anthony Pearson）、裁缝亨利·菲尔默（Henry Filmer）、"歌者"罗伯特·泰斯特伍德（Robert Testwood），以及一个名叫本尼特（Bennet）的人，指控为异端的，被关押在索思沃克的马夏尔希监狱。他们于 1543 年 7 月 26 日在温莎被审判，审判由前本笃会修道士、现任索尔兹伯里主教约翰·卡彭（John Capon）和温莎主教威廉·富兰克林（William Franklin）主持，并由居住在王室礼拜堂的租客临时成立陪审团。泰斯特伍德病得很厉害，只能拄着拐杖到达法庭；本尼特染上了瘟疫，他被留在了马夏尔希监狱[49]，这场病误打误撞救了他一命。因此，只有四人出现在被告席上，在一场有争议的审判后，他们都被判有罪，其中包括泰斯特伍德被指控在弥撒中在高举圣饼时拒绝直视圣饼，而非虔诚地承认其为圣体。然而，本尼特却得到王室赦免，因为加德纳显然很欣赏他的音乐[50]，并向亨利求情救下了他。

在法庭上，没有人是绝对安全的。在加德纳和约翰·贝克爵士的鼓励下，1543年，坎特伯雷大教堂的七个保守派教士指控克兰默本人鼓励在圣公会坎特伯雷教区进行异端布道。他们的抱怨和谴责被上交给国王。一天晚上，亨利在他的王室驳船上划船时，看到克兰默站在大主教官邸的门口。这艘船靠了岸，大主教也来到了船上，被国王轻松愉快的问候惊呆了："啊，我的牧师！我有消息要告诉你。我现在知道谁是肯特最伟大的异教徒了。"然后，亨利把这篇列出对克兰默的指控的文章从袖子里拿出来，并向克兰默展示。[51]国王喜欢克兰默，甚至也许对他情有独钟，因为克兰默为人随和诚实、超凡脱俗、富有同情心，而且完全没有个人野心。亨利用一种巧妙的手法任命他担任调查委员会的负责人，调查对他自己的指控。经过长时间的审议，相关人员全都得到了赦免。

温彻斯特主教也站出来反对那些留在法庭上的克伦威尔门徒，反对他们散布宗教改革的论调。在1543年的复活节，加德纳抓住机会向王后发起攻击，他称逮捕了外交官菲利普·霍比（Philip Hoby），此人加入了凯瑟琳·帕尔的内廷并为凯瑟琳接收外国进款，用来为圣礼主义者提供庇护。霍比的同伴托马斯·卡沃顿（Thomas Carwarden）、埃德蒙德·哈曼（Edmund Harman）、托马斯·斯滕霍尔德（负责照料王室马匹的男仆）及托马斯·韦尔登（Thomas Weldon）也被卷入加德纳对异教徒的清查活动中，但后来都被赦免了，大概是因为他们与王室的亲密关系。[52]

1544 年 1 月，加德纳自己逃过一劫，但他的表亲和秘书杰曼（Germain）却因维护教皇的至高地位而被处决。萨克福认为，这个邪恶的人受到了他强大的庇护者的保护，并敦促亨利把加德纳作为一个叛徒来审判。但是主教在枢密院的盟友警告了他，他急忙跑到国王的身边阻止任何逮捕他的企图。加德纳低声下气地求情，获得了原谅，并在法庭上留住了他的生命和地位。

在克兰默获准在夏初出版一份英文启蒙读物之后，大概在 1545 年 11 月，他再次成为保守派阴谋者的目标。亨利再次被告知大主教的异端行为，并被要求将他送至伦敦塔中。国王同意逮捕克兰默，计划在威斯敏斯特举行的一次枢密院会议的第二天施行。但是在那天晚上 11 点的时候，亨利把无处不在的安东尼·丹尼爵士派往大主教官邸，把克兰默招来。大主教从床上被唤醒，立刻渡过泰晤士河，在威斯敏斯特宫一处幽暗的走廊见到了国王。他很快就被警告发生了针对他的阴谋。亨利告诉他：

> 我已经答应了他们的请求，但我做得对吗，我的大人？你意下如何？

克兰默对他的王室主人提供的信息表示感谢，但他说，他很高兴能被关进监狱，并为他的信仰而努力，因为他知道亨利不会允许审理中存在不公。国王总是很现实的，他试图让克兰默明白他现在面对的是什么：

> 噢，上帝！你竟如此天真而轻信！
>
> 如果你允许自己被囚禁，那么你的每一个敌人就都可以利用你。难道你不认为一旦他们把你送进监狱，就会有三四个虚伪的无赖来证明你有罪，并谴责你吗？在你自由的时候，没有人敢张开嘴，或者出现在你面前。
>
> 不，不能这样，我的大人，我更尊敬你，而不能允许你的敌人推翻你。

至少亨利完全明白他的主要行政官是如何被困住的。他把他的戒指给了大主教，"他们很清楚，我没有别的目的，只是把枢密院的事务集中到我自己的手里，由我来下达命令和做出决定"。国王说："给他们看戒指，当他们向你提出指控并下令逮捕你的时候，一切都不是问题。"

第二天早上8点，枢密院派人找来克兰默，但让他在他们的议事厅外等着。在45分钟内，他站在随从和男仆中间，许多议员和其他人时不时来来去去。不久，另一位著名的福音派信徒、国王最依赖的医生威廉·巴茨到此并与克兰默聊天。然后医生走进屋里，对亨利说：

> 是的，我看到了一个奇怪的景象……坎特伯雷的大人如今成了一个仆人，或是随从，因为他已经站在他们中间将近一个小时了……我为让他继续在那里与那些人为伍感到羞愧。

克兰默立即被召进去并被告知，枢密院和国王产生了"巨大的抱怨"。克兰默和其他人，"在他的许可下，已经把异端邪说传遍了整个王国，国王认为应该把他送到伦敦塔里，为审判而接受审问"。克兰默脸色苍白，但很冷静，回答说：

> 我很抱歉，我的大人们，你们把我逼至如此境地——你们可以此请求国王陛下亲自受理此事并正式让你们离开。

说完，他举起了亨利的戒指，空气中弥漫着一种令人讶异的沉默。约翰·罗素勋爵第一个开口说话："难道我没有告诉你们，我的大人们，国王绝不允许坎特伯雷大主教因这样的污点而被囚禁，除非他犯下叛国罪？"亨利嘲笑他们：

> 啊！我的大人们，我曾认为我有一个谨慎而明智的枢密院，但现在我察觉到我被欺骗了。你们会怎么处理我的坎特伯雷大主教？
>
> 是什么让你们把他当奴隶看待？把他关在枢密院的议事厅外，与仆人为伍？你们会这样对待你们自己吗？

然后他变得非常严肃：

> 我想你们应该明白，我相信，坎特伯雷大主教一如既往地忠于我，他是这个王国的高级教士，我对他怀有感激之心，因为我对上帝的信仰（他把他的手放在胸前），因此，如此爱

我的人，我将会因此而尊敬他。

毫无疑问地，诺福克在克兰默的阴谋中起主要作用，他匆忙而不诚实地告诉国王：

> 我们无意伤害坎特伯雷大主教，尽管我们要求他在监狱里服刑。我们之所以这样做，是因为在审判之后，他可能会被释放，好使他自己得享荣耀。

他在欺骗谁？自然不是亨利：

> 好吧，我祈祷你不要利用我的朋友。你们仍心存恶意，一个接一个。我建议你们，不要让事情一发不可收拾。[53]

因此，议员们——他们中的一些人，仅仅在几分钟之前还计划要把克兰默活活烧死——在国王的怒目之下也只得急忙与克兰默握手，以示他们的友谊和善意。

亨利在这段紧张的小插曲里的动机尚不清楚，如果不是彻头彻尾的权谋主义的话。他显然同意逮捕大主教，如果不是在保守派系中积极鼓励他的敌人的话。但是，在深夜那次戏剧性的会面中，亨利向克兰默透露了后者即将到来的厄运。从那一刻起，在威斯敏斯特空荡荡的走廊里，大主教感觉到前所未有的危险。然而，国王在坚定地、公开地将其镇压下来之前很高兴地让这一阴谋自然发展。耻辱在这个故事中扮演着重要的角色——亨利向他的顾问们取笑道：克兰默的耻辱是在普通男仆中等待；枢密院控告者的耻辱是，在计划逮捕前突然出现了拯救生命的国王的戒指，这是亨利的非难所造成的耻辱。克兰默举起国王的戒指，立即向加德纳、诺福克和他的其他敌人说明，游戏已经结束了，他们已经被击败了。这一定是亨利一直以来的意图。这次，他的目的是在宗教政策的艰难发展中，让保守派成为他制造的微妙平衡的一部分。他的议员们之间不断的阴谋和分歧也一定激怒了他，就像他的臣民们中类似的争论一样。

　　有很多证据表明在动荡时期所发生的事情都由激进的新教徒或新教辩护者激起。在近 500 年的时间里，很难将真正的事实与歪曲的宣传区分开来，而后者正是在宗教改革中被随意使用并行之有效的武器，就像今天的政治宣传一样。但毫无争议的是，这个时期充斥着流血、残忍和恐怖，许多人如殉道者一般死于他们的信仰和信念。理查德·西尔斯关于这些年的情况写下这样的文字：

　　　　看到有人被绞死、被拖死、被四分五裂、被砍头，这在我们中间并不是什么新奇的事情。仅仅因为一些微不足道的表达方式，有些被解读为反对国王，另一些则被认为拥护教皇的无上权力；有些人是为了这件事，有些人则是为了另一件。[54]

　　由于 16 世纪宗教分歧导致的无休止的屠杀往往令人们很容易因感到害怕而退缩。而对我们这些 21 世纪的现代人来说，这仅是一个残酷而艰难的时代，我们很难区分20世纪的极权主义国家经历的一切和亨利统治时期的境况。但是，我们应该根据16世纪英格兰的标准和同时期在欧洲发生的事情来判断亨利为消除异议和惩治犯罪的手段是否合理。毫无疑问，当人们看到那些遭受严厉惩罚的人时，他们会在恐惧中被强烈震慑，但是有些人可能会认为这些罪行同样可怕。恐怖无处不在。有个例子可以说明这一点。1531年，议会通过了一项有关投毒者的法案，规定那些被判有罪的人应该被活活烹煮至死[55]。这是对罪行的迅速还击，事实上该法案在英格兰"鲜少付诸实践"，这只是一种下意识的官方回应，用以缓和公众日益关注的问题。在理查德·鲁斯（Richard Roos）的案子发生之后，该法案得到通过，因为除了他"邪恶和该死的性格"，他的动机并不明确，在罗切斯特主教约翰·费希尔（John Fisher）的厨房里，毒粥被加热并送上餐桌。不仅仅是"他的17位家人喝了粥"，后来其中一位死去了，"还有一些穷人，他们求助于主教的宫殿，并在那里得到了残羹，也受到了毒害"。一名贫穷的妇女也因此身亡。鲁斯因其所犯罪行在史密斯菲尔德被活活煮死。[56] 1542年3月还有另一个案例，一个名叫玛格丽特·戴维（Margaret Davy）的女仆，在她曾经住过的三个伦敦家庭里把人毒死，后来她自己受刑被活活煮死，罪名是谋杀了三个人。[57]无论对伟大、强大的人来说，还是对卑微、贫穷的人来说，生命都是廉价的。死刑，虽然违背了国王的意志或违背了国家的法律，但这种场面在当时却不得不存在以产生一种威慑力。通常情况下，事情总是相互依存的。这便是在亨利都铎时期的英格兰艰难而残酷的日子。

第四章

寻求最后的军事荣耀

"欢庆我主亨利八世攻下布伦港（Boulogne）！您高塔之上装饰着深红色的娇艳玫瑰，而今那散发异味的百合花则被连根除去匍匐在地，高卢雄鸡被驱逐出去，由雄狮来坐镇统治那攻无不克的城堡。"

——译自献给亨利八世佩剑剑身的拉丁文铭文[1]

1538 年法国同西班牙宣布停战之后，随之而来的便是他们对英格兰造成的威胁，而在 16 世纪 40 年代早期，亨利的注意力正转向英格兰北部边境令人头疼不已的苏格兰地区。英格兰的戍边军队频繁采用游击战术不断侵扰边境地区的苏格兰村庄，焚烧并摧毁房屋，将缴获的牲畜赶回英格兰境内。爱德华王子与苏格兰女王之间的婚约经过协商之后才得以保留，此时的苏格兰女王玛丽尚在襁褓之中，但随后英格兰人在公海领域扣押了一些苏格兰船只并由此引发争执，国王那急躁的情绪也随之爆发。1544 年 3 月的一场冬雨之后，他命令萨福克对爱丁堡（Edinburgh）进行攻击，令其带领一支 8000 人的军队驻守在达灵顿（Darlington）。随后亨利取消原计划，改命赫特福德伯爵将来自伊普斯维奇（Ipswich）、金斯林（King's Lynn）、伦敦及赫尔港（Hull）的军事力量集结起来，并于 4 月末在泰恩茅斯（Tynemouth）对 114 艘船只做武装准备对苏格兰首都实施惩罚式攻击。枢密院冷血地通知赫特福德伯爵称"你们要烧毁他们并把利剑指向"福斯河口（Forth Estuary）沿岸的所有村庄，将爱丁堡焚烧殆尽，"绝对不要心慈手软地留下任何一座城堡或是村庄，尽管它们可能会投降，但你要知道苏格兰人皆是满嘴谎言"，而亨利会对此举感到十分欣慰。

5 月 4 日，英格兰军队在利斯港（port of Leith）附近成功登陆，并在三天后炸开爱丁堡的城门长驱直入，英格兰军队烧毁了整座城市，但面对几乎坚不可摧的城堡却束手无策，城堡因高高耸立在垂直的火山岩峭壁上而得以幸免，最终躲过了赫特福德伯爵的进攻。

面对这种焦土政策的直接恐吓，苏格兰国王将其目光转向了亨利的宿敌法国。神圣罗马帝国皇帝查理五世不可能同英格兰国王结成外交同盟，但双方却同时决定大举入侵"最为天主教化"的法国国王弗朗索瓦一世的王国领土。帝国军队一直与法国在低地国家之间交火，并借此促成了西班牙索要勃艮第（Burgundy）的主权并间接结束了法国与"天主教名义和信仰上最根深蒂固的仇人"奥斯曼土耳其之间的关系。英格兰在西班牙围攻朗德勒西（Landrecies）时施以援手，派遣了 5600 人对西班牙军队进行增援，随后亨利还增派了一支雇佣军。英格兰与西班牙约定于 1544

年 6 月 20 日各自派遣 4.2 万人，英格兰以英属加来地区而西班牙则以本国北部地区作为跳板，双管齐下共同进攻法国首都，即所谓的"巴黎产业"（英格兰与西班牙都将法国视为待分割的产业）。战争一触即发。

可此时亨利的健康状况却有所恶化，拖延了他前往欧洲的脚步，因此他的军队只能在经验丰富的萨福克公爵与诺福克公爵的指挥下先行出发。凭借自身的强烈意志（他是这般血性刚强），加上医生们焦急忙碌地照顾他，亨利身体逐渐恢复并兴奋激动地为战争做着准备——这很可能是他最后一次作为军事领袖出征战场。最终于 7 月 14 日夜间，亨利乘着"一匹高大的骏马"抵达加来战场，他骑着这匹装配有重型铠甲的骏马骄傲地站在了军队最前方，随身还带着一把大得出奇的手枪，枪柄就随意地插在马鞍之上。圣乔治的旗帜在他身后威武地随风飘扬。第二任伍斯特伯爵[2]的儿子赫伯特勋爵威廉·萨默塞特（William Somerset）则骑马位于国王身前，他负责帮亨利拿着头盔与长矛。亨利在军事上获取最后荣耀的机会正在前方向他招手。

这还是他自 1513 年与法国交战以来第一次重新披甲上阵，事实上这也是他自 1536 年那场马上长矛比赛事故以来第一次重新跨上马背。[3] 在为上战场做准备工作时，亨利现有的铠甲不得不被改装加大以适应他如今的庞大身躯，但在这项工作开展之前亨利改变了主意。[4] 他决定采用米兰人弗朗西斯·艾尔伯特（Francis Albert）带来的意大利设计图纸，命令位于格林尼治的德意志兵工厂重新定做两副新战地铠甲。其中一副新铠甲[5]上由布有美丽的蚀刻，铠甲上四分之三的部分都布满了黑色与镀金花纹，亨利在去布伦港的路上几乎全程穿着这身甲胄。[6]

亨利如斗鸡一般的盲目自信与其肥硕笨重的身躯形成鲜明对比：这很容易使人联想到莎士比亚笔下的喜剧形象约翰·福斯塔夫（John Falstaff）爵士，但国王却明显缺乏爵士那始终如一的愉悦心情。7月25日，当亨利与英格兰军队抵达距加来20英里左右的马基斯时，迎接他们的是肆虐的狂风暴雨，这在很大程度上浇灭了亨利的战斗热情。

在出征法国之前，他必须确保英格兰自身的安全与稳定，尤其是苏格兰边境地区。苏格兰一贯与法国相勾结，因此很容易在英军穿越英吉利海峡之际对英格兰国土进行牵制性打击，如果这样则后果不堪设想。和所有即将奔赴战场的认真负责的士兵一样，亨利深思熟虑之后做出了一个新决定，他精明地委任王后凯瑟琳在此期间摄政，由赫特福德伯爵作为国内军事力量的总指挥。同时为了表示自己对王后的热爱与支持，他将位于萨里郡的莫特莱克（Mortlake）以及位于米德尔塞克斯郡的切尔西与汉沃思（Hanworth）两地的富庶庄园划拨给了王后。

1544年7月7日，摄政委员会签署指令，敦促爱德华王子出于安全考虑搬至汉普敦宫，同时规定凯瑟琳应当听取"来自坎特伯雷大主教、大法官赖奥思利、赫特福德伯爵、威斯敏斯特主教及国务大臣威廉·彼得（Wiliam Petre）等人的建议，并与他们协商后做出决定"，[7]这一决策很好地平衡了议会内保守党与激进派成员之间的权力博弈。

7月11日，由威廉·佩吉特爵士负责的起草委员会为国王新任命了一位国务大臣，命其负责安排王国内的财政运作：

委任王后凯瑟琳及（空置的）至少[8]是摄政委员会的提名议员（国王此时正在海上航行，准备进入法国境内，因此命王后）负责对国王司库与接管人进行授权，获此授权后才可发生财务支出。[9]

英格兰国内产生的重要情报对于亨利的顺利统治至关重要，亨利手下高效率的办事官员会敦促分布在各郡县的下级委员定期做汇报："他们需要每月向王后及议会就国家郡县内发生的诉讼案件以及值得关注的事件做一次书面报告。"[10] 王后在一份来自约克郡的报告中看到，在巡回法庭长达一个月的听审、判决及定刑[11]押解至城堡监狱的过程中，共有 17 人因犯有谋杀或是其他重罪而受到宣判，其中 16 人已被处决，1 人被判教堂监禁。无一人获得赦免。

凯瑟琳沉迷于她新获得的权力之中，并证明她在管理方面的能力就如同她的学识以及她在军事领域的专业才能一样卓越，特别是在处理棘手的苏格兰边境地区问题上。

在凯瑟琳宣布摄政后不久，国王在北部地区的负责人什鲁斯伯里伯爵弗朗西斯·塔尔博特（Francis Talbot）同其他人给王后致信反映英军[12]关押的苏格兰犯人不被允许释放回家的问题。那些能够支付自己入狱相关费用的犯人被关押在"泰恩河这边"，而其他人则被关押在"只有赫特福德才知道的地方"。然而——

看起来至少已经有 100 名苏格兰犯人被关押在那里，监狱狱警们对此头疼不已，因为如果国王不能增加拨款，那么这些犯人们只能被饿死。

他们恳求王后能够与议会进行商议，决定是否可以将这些犯人遣送回苏格兰或是由国库拨款来填饱他们的肚子。

> 如今监狱已经人满为患，每天都有许多人因缺少食物而死去，死亡人数不断增加，而贫困和饥荒会越来越严重。

此外，在达勒姆（Durham）、纽卡斯尔（Newcastle）、阿尼克（Alnwick）、莫佩斯（Morpeth）、达尔内顿（Darneton）几个城镇——

> 开始流行传染病，每天都会有两三个人死去，为此执笔者本身也处于危险之中。

因此他们是否能出于安全考虑而向南撤退 20 或 30 英里，退至巴纳德城堡处暂避感染？伯爵在信件的结尾写道，他们"不会在没有得到王后允许的情况下擅自行动"。

两天后，王后从威斯敏斯特下令让他们处理该问题，指示他们把那些较为贫穷的、"孔武有力的、好管闲事的或是随意伤人的"犯人分开关押至不同监狱，而其他人可"在十分紧急的情况下"从国王的账上支出款项来维持他们的生命。其余人如果表现良好的话则可获释。信尾署名"摄政王后凯瑟琳"。[13]

7 月 25 日，凯瑟琳在汉普敦宫写信给正在进攻布伦港的亨利，通知他已经给前线送去 4 万英镑作为战争支援，而枢密院会"尽一切可能支持他，到下个月月初尽可能地给他筹到更多的钱"。此外还有 4000 名男丁已准备好随时在"得到命令后的一个小时内"迅速出发增援前线，一切均已安排就绪，王后随时准备送他们穿越英吉利海峡。而在信的末尾，王后还写下了一句朴实的家常话："王子与其他孩子都很好。"[14]

如今，在得以保留下来的现存国家报刊及书信中仍然可以感受到凯瑟琳身处事件中心时的那种兴奋之情。7 月 31 日，她再次致信国王，信中称她于当日午后获悉苏塞克斯郡拉伊（Rye）地区的渔民们截获了一艘苏格兰船只，"并在船上缴获了法国与苏格兰之间的往来信件，以及苏格兰人准备递交给法国国王与其他人的凭证"。

王后坦率地表示此次幸运的截获"预示了上帝也对那个国家（苏格兰）的狡猾行径和把戏感到可耻"。[15] 她将这些信件中最重要的几封挑出并封存起来，由此显然可以看出王后通读了全部信件并特意将它们按照重要性进行分类处理。

8 月 6 日，她通知亨利有谣言称法国人即将登陆英格兰，随即又补充说这只是转瞬即逝的流言——"担心会是居心叵测的人蓄意散布谣言（因为法国人要在格洛斯特登陆根本不可能）"，她已命令该地区的治安官员尽快平息谣言在当地造成的影响，并多加寻访打听相关消息。她从治安官处收到回复称"一切都好"，该谣言仅仅是在英格兰军舰离开布里斯托尔时流传过一阵。[16]

此外还有更为严峻的问题亟待解决，如英格兰军队中的逃兵问题。9 月 9 日，她在威斯敏斯特发布公告，将"对那些从法国逃回的军队士兵以及无法出示有效护照的人进行清查并施以严惩"。[17] 同时发出的还有另一则公告，是关于瘟疫在"伦敦及威斯敏斯特各地肆虐"的问题。公告上明确禁止感染者或是生活在传染区的人进入宫廷，禁止王室成员到疫区走动，"以避免将疫病传染给王子、王后和其他王室子女"。[18]

凯瑟琳经常称赞那些为国王服务的人。9月的早些时候，她分别写信给苏格兰东部及西部战事监察官埃弗斯勋爵与沃顿勋爵，赞扬他们：

> 勤勉不懈地……从事边防工作并与国王的敌人作战，我们由衷地对您表示感谢，也希望您能代为传达我们对您麾下将士们的感激之情。[19]

王后在信上要求他们继续保持住这种勤勉，"特别是值此收获季节，应尽可能地使（苏格兰人的）谷物都烂在地里"。

这位新上任的领导人也从未忘记，亨利需要的是一位能安守在家中的谦逊且饱含爱意的妻子。国王出征法国后不久，她便于格林尼治写信告诉他，他才刚刚离开，自己便已经开始思念，希望能得到他的消息：

> 希望您能在我的身边，我对您的爱意与渴望如此深切，而使我心内无法安然愉悦，除非我能得到来自陛下您的亲笔信件。

她也很清楚亨利出征的重要性，因此她随后写道：

尽管对您的爱意与情感迫使我渴望您出现在我身边……但爱情的力量使我将自己的利益与快乐置于一旁，完全接受我所爱之人的意愿与快乐。

上帝，知晓一切秘密的主，只有他能断定这些话语并不仅仅是落在纸上的文字而已，而是真实地深刻在我心里……我对待陛下您就如同我对待上帝一般，因为您每日都会慷慨地施与我种种恩惠与礼物……乃至于我对陛下的温柔与和善抱有自信，尽管知晓我自己所做的一切永远无法同一位高尚君主的妻子本应尽到的职责相提并论，但在您温柔的手中我却感受到了浓浓的爱意与善良，这些是远远无法用语言来表达的。

未免因阅读时间过长而致陛下感到乏累，我暂且结束这封潦草的书信，并将您交与上帝照拂，愿他使您过着长久的幸福生活，并保佑他所选中的这一伟大王国。

她在信上如实地签署着：

陛下谦卑、顺从并衷心爱着您的妻子与仆人。王后凯瑟琳。K.P.[20]

与此同时，在法国，在萨福克公爵组织了一次简短的武装侦察任务之后，一小部分英军先行抵达距加来 20 英里的布伦港，其余部队则在诺福克公爵的带领下包围了蒙特勒伊（Montreuil）。海面上以及佛兰德斯（Flanders）的恶劣天气推迟了火药、枪支及其他补给的运输——诺福克公爵抱怨着他的人喝不到啤酒只能喝水——而亨利也只能耐心地等待着，直到 8 月初，英格兰炮兵的全部力量才得以部署在法国布伦港防御工事前方与敌人对阵。编年史家拉斐尔·霍林斯赫德（Raphael Holinshed）记录下了英格兰围攻者在战场上布下的庞大军事工事阵列：

> 除了分布在壕沟之内向城镇附近投射的炮火外，英军还在战场东侧堆砌了一座（假山或称阵地）并在上面安置了数门大炮，同时与迫击炮相配合共同（对城镇）进行骚扰，还损毁了我们圣母教堂的尖顶。[21]

英军的加农炮震耳欲聋连续咆哮了 6 周之久，总共向城内投掷了约 10 万枚炮弹，最终攻下了布伦城的外垒。整个军事行动都在亨利的观察与指挥下进行，亨利驻扎在靠近海边的地区，这样既能远离法国为报复英国在布伦城东北部地区施放的炮火，也便于获得淡水资源。因此他现在并不缺少淡水资源；而且毫无疑问的是，他也不必经受那个夏天一直肆虐的狂风暴雨的折磨。亨利在他 9 月 8 日写给凯瑟琳王后的信件的附言部分兴奋异常地写下：

> 在即将为此信收笔时，城堡……也就是带有障碍物（防御壕沟）的那座已经被我们所攻占，而且绝不可能再被法国人夺回去。城堡与城镇很可能会在今天全部顺利攻打下来，我们摆开了 3 个炮火位阵形并向前推进了 20 英里[22]；另外一个还在不断开火并已经撕裂对方强大的防御工事。我现在很忙，只得

寥寥写下几笔，但请将我的祝福带给孩子们，并向我的堂妹玛格丽特[23]传达我对她以及其余诸位女士和内阁绅士的建议。[24]

三日后，城堡被攻破，场面异常壮观，布伦城内的民众们也意识到这场较量已经结束。他们开始考虑如何用英语恰当地表达投降之意，并就如何才能体面地投降进行协商。

编年史家霍尔（Hall）这样描述国王对布伦城所进行的军事打击：

> 他以如此密集的炮火来强攻围困布伦城，这是绝无仅有的勇猛行为。除了城堡、塔楼及城墙遭到暗中破坏之外，整个城镇在经受炮火洗礼之后竟没有留下一间完整的房屋……[25]

英格兰人很快便欣喜地发现这座被围困的城市"非常有价值，因为他们可以吃到马肉，而且一些意大利绅士还高兴地将猫肉涂上猪油后食用，并美其名曰'精致的美味'"。[26]布伦城投降了，而亨利在整个围攻期间无论是在精神上还是体力上都保持着饱满的状态，他在9月18日这天趾高气扬地步入布伦城的大门：

> 多塞特侯爵大人在国王前面为其执剑（原文如此），而国王则作为尊贵英勇的征服者骑马步入布伦城内，小号手们早已在城墙之上准备就绪，他们等待着在国王进入城门的那一刻吹响小号，以此来为国王真正的臣子提供安慰与鼓励。[27]

这是此次激情黯淡的军事战役中最为光荣的时刻。[28]

颇具讽刺意味的是，也就是在这同一天，亨利的盟友查理五世抛弃了他。帝国皇帝在攻下香槟地区之后便借道向巴黎城推进，并在临近巴黎城不到 50 英里的地区驻扎下来，但随后却因后勤物资短缺而撤退。在经过与法国的秘密商议之后，双方在法属克雷皮（Crépy）地区签署了一份独立和平条约并于 9 月 8 日正式对外宣告，法国将萨伏依（Savoy）与米兰割让给西班牙，同时作为回报，西班牙放弃对勃艮第地区的领土主权。奥尔良公爵迎娶了查理五世的女儿。如今法国王位继承人即王太子摆脱了罗马帝国对法国的威胁，得以集结 3.6 万名精壮士兵来对抗英格兰。随后在 9 月，王太子率军奔赴蒙特勒伊去缓解那里的驻防压力，蒙特勒伊的驻军正凄凉无助地被诺福克公爵和他饥肠辘辘的军队所围困。而亨利此时还在对重新部署布伦城防御工事这一庞大工程进行监督，因而无法脱身，于是命令诺福克公爵撤退，并全面退回至英格兰主战场的海岸上。9 月 30 日，亨利悄然离开法国，尽管被盟友抛弃且盟军在战场上几乎完全溃败，但亨利还是胜利地班师回朝了。事实上，他很清楚自己极有可能遭到法国对英格兰领土的报复性攻击。

到 11 月，加德纳主教在了解亨利开战的过程之后，考虑到政府在处理国内以及国际事务上存在问题，感到情绪异常低落。13 日，他从布鲁日写信给秘书佩吉特：

> 我对国家的现状感到十分不安……甚至此刻都无法握住手中的笔……因为这件事一直在我的脑中盘旋纠结以至于如

今整日忙于书写与赶制计划。

　　我担心我们可能随时会与法国及苏格兰交战。而且我们还有个敌人是罗马主教。

　　如今我们没有可以信赖的盟友。

　　我们在领土问题上也弄得如此不愉快，甚至还开罪了新教的主要领袖，他完全有理由认为我们是在与他为敌。

　　这次战争拖垮了整个王国的经济，也对所有那些必须经过我国狭窄海域航行的商人造成了严重影响，他们都在那里抱怨哭诉。

　　鉴于对国内所造成的巨大影响，我认为我们没有必要将战争继续下去了。

　　如果我们放弃战争的念头并摆出和解的姿态，我们是可以达到目的的，但很不幸，坦白地说，就法国人的一切行径，国王陛下那尊贵的魄力轻易便会被触动，因此我们应当谨慎小心对待国王的怒火，毕竟国王经过了很长时间的努力才获得如此荣耀，站在世界之巅。希望我们能够为了和平而安静地坐下来，考虑放弃布伦城并给苏格兰人一点儿小钱，可以不兑现但一定要对他们有所承诺。[29]

　　加德纳的沮丧是完全有理由的。1545 年 2 月初，亨利先发制人地对苏格兰地区进行打击，将苏格兰人牢牢地攥在手心。苏格兰东部地区监察官威廉·埃弗斯爵士（Sir William Evers）率军对边境地区进行突袭，成功地焚毁了梅尔罗斯镇（Melrose）。他顺利完成了任务，却在返回耶德堡（Jedburgh）附近安克拉姆沼泽

（Ancrum Moor）的路上遭遇伏击，英军严重溃败（埃弗斯本人也在这场战斗中被杀），这给苏格兰提供了为索维莫斯战役全面复仇的机会。

而在其他地区，来自国内与国际的各种问题令国王与他的顾问们不堪重负。1545 年英格兰遭遇饥荒——"大批谷物与其他粮食作物死亡"[30]——因此不得不从丹麦与德国不来梅（Bremen）附近地区购买谷类作物。仅仅一个月就有 4000 夸脱谷物[31] 被运送至伦敦，这笔账从伦敦城内商号所缴纳的税收所得中支出。而面对来自法国方面更为严峻的威胁，英格兰必须在王国内为维持 3 支军队（驻守在苏格兰、布伦城以及南部海岸线防御的 3 支部队）的人数而进行军事动员，而海军同样需要维持基本的人员配备[32]，这就意味着能留在伦敦城内负责维护法律和治安的人员少之又少。到盛夏时节，伦敦城内只有警察还负责在各区巡逻。然而，城内开始有人将宣传单张贴在房屋外侧警告民众要小心"某些教士与陌生人"——法国的第五纵队（指法国内奸）——会在伦敦城内纵火。国王的内阁向伦敦市长下令针对陌生人实施宵禁政策，并要仔细留意那些晚 9 点至凌晨 4 点之间出没的可疑者。7 月 19 日，威斯敏斯特泰晤士河上发生"刺猬号"爆炸事件，这使人们对王国内存在敌军或是阴谋破坏者的恐慌情绪迅速高涨。[33] 这段时间的英格兰民众十分焦虑，因为法国已决心同英格兰正式开战。

弗朗索瓦一世曾以入侵相要挟，迫使英格兰放弃布伦城。1545 年 1 月 3 日，弗朗索瓦致信丹麦称自己的大舰队已经准备就绪。

只待风季一到便入侵英格兰，迫使敌人物归原主并做出相应赔偿，如果上帝开恩或许还能将英格兰臣民从他（亨利）的暴政中解救出来。

在丹麦人与苏格兰人的支持下，弗朗索瓦预计亨利——

会因其高傲以及众所周知的原因，还有那长达两年时间足以掏空国库的巨大开销而被自己的民众所厌弃，他会如他的众多前任一般，发现自己早已被臣民抛弃。

如果丹麦国王能一起加入这项计划——

将会花费他一点儿成本，来见证自己的船只准备就绪，而如果他允许的话，可以让他的众多臣子也（参与进来）……从中分一杯羹。[34]

但这在很大程度上是空头支票：法国可能根本没有足够的资源可发动全面战争，而且也没有能力重新对军队的桥头堡进行补给。或许法国国王只是想对英格兰海岸发起一系列激烈的游击战，借此恐吓亨利将布伦城归还法国。

亨利担心的是，法国舰队在夏季随时有可能登陆。7月，亨利的间谍报告称一支由4万名强壮士兵组成的法国部队正在登船。因此英格兰在南部地区仓促地设置了一整套复杂的烽火信标系统，以便在发现有法国入侵迹象时及时做出警示。亨利的3支军队总人数超过 9 万，由经验丰富的萨福克公爵带领在肯特郡以及苏塞克斯郡驻守，由诺福克公爵领导在东安格利亚（East Anglia）驻守，以及在掌玺大臣罗素勋爵约翰的指挥带领下驻守在西南部地区。[35] 而在达灵顿，赫特福德伯爵动员军队做好一切准备，以便随时对试图帮助苏格兰盟友入侵英格兰的法国军队做出反击。[36] 亨利增派了更多士兵去驻守布伦城：其中 1000 人来自伦敦，其余 4000 人则来自伦敦周围各郡。机警的英格兰海岸守卫者并未等待太久便有所行动。

1545 年 5 月，一直受病痛折磨的西班牙大使尤斯塔斯·沙皮向伦敦方面及王室请辞。他与王后凯瑟琳的最后一次接触则进一步展示了王后出色的外交手段，她既和善又谨慎。大使很早便抵达威斯敏斯特宫准备做最后的道别：

> 当我步入国王宫殿的后门，穿过花园朝着王后的住处走去，即将到达另一端，即靠近国王宫殿的主入口时，我的随从告诉我王后与公主（玛丽公主）随后就到。
>
> 当她（王后）赶来时，我几乎都来不及从所坐的椅子上站起身来，从她的小套间可以看到她匆匆忙忙地朝这边走来，好像她特意赶来就是为了能和我说上几句话。

凯瑟琳在四五名随行女侍的陪伴下赶来，她已在前一天的晚上从国王那里得知沙皮要隐退的消息。

> 她一方面为我的离去感到遗憾，因为她听说我在任时表

现良好且国王很信任我；另一方面，她又认为回国可能确实对我的身体健康有益。

王后希望英格兰与西班牙之间的友谊能保持下去。沙皮随后写信给查理五世：

> 她……殷切地恳求我，希望在我代她向陛下您表达她的谦卑服从时，能明确地向您表述我在这里所了解的国王对您的良好祝愿……她亲切细致地向我询问陛下的健康状况并且表示她很高兴获悉您的……状况有所改善，并附上了许多美好的词语。

大使询问是否可以同玛丽公主离别致意，"这项请求立即得到准许"，凯瑟琳担心沙皮的身体无法久站。随后王后慎重地向后退出七八步，以方便沙皮同玛丽自由交谈。[37]

随后大使还面见了大法官赖奥思利以及萨福克公爵查尔斯·布兰登，用餐之后他们向他询问帝国皇帝是否能向亨利的军队提供"一些人、马车或是粮食"，来"使法国人安静下来"不再骚扰英属加来与布伦地区。他们向大使询问对于如何获得和平或如何停战的看法，并颇具意味地恳求他，请他相信"这完全是出自他们自己的想法而非是由国王授意"。[38]

然后沙皮获得了国王的召见，国王"亲切地接见了他并且……就他的身体恢复以及他要离开英格兰一事贴心关切了几句"。但国王很快便切入主题，对近期所发生问题的细节表现出一

种出人意料的执着：所谓的法国间谍问题；抱怨苏格兰大使仍然
出现在查理五世的宫廷之中；以及敦刻尔克港居然停有 4 艘法国
军舰。亨利对大使说，他更喜欢和平稳定的生活，并愿意同法国
停战，但是敌人在人数、金钱以及粮草方面都很匮乏，因此他们
很难与英格兰对抗，"正如英格兰已经成功证明的那般，法国在陆
地或是海洋上都无法与英格兰相匹敌"。亨利自夸地吹嘘在过去的
10 天内——

　　　　英格兰的私掠船在未经其授意的情况下截获了 23 艘法国舰
　　船，而在不久之前击沉、焚毁或截获的还更多。他为此做过统
　　计，自战争以来他的人总共控制了不少于 300 艘法国船只。[39]

　　所以一向口无遮拦的沙皮离开了，随身带着国王首席大臣威
廉·佩吉特爵士赠给他的一条"血统纯正的狗"。
　　6 月，法王弗朗索瓦一世到鲁昂（Rouen）附近视察他的海
军部队，在海军大臣克洛·德安内博（Claud d'Annebaut）的指挥
下，324 艘战舰已经集结完毕，只待下月中旬便可向英格兰出航。
7 月 18 日，一支由 22 艘战舰组成的先遣队出其不意地攻击并烧
毁了苏塞克斯郡布赖顿（Brighton）附近的渔村。由于从渔民那里
获悉法国军队已经接近的消息，亨利开始在汉普郡（Hampshire）
海岸附近集结力量。7 月 19 日晚间，他登上停靠于朴次茅斯
（Portsmouth）重要海军基地的旗舰"大哈里号"同查理五世派来
的新大使弗朗西斯·范·德·代尔夫特一起吃饭交谈，亨利生气
地回绝了大使对于归还布伦城的提议。次日，即周日清晨，敌军

舰队抵达朴次茅斯并下锚，3 路纵队在海面上展开军事阵列，对怀特岛（Isle of Wight）上的圣海伦观察点进行恐吓。数量众多的英格兰舰队[40]随后迎战，以两路纵队的形式包围了法方船队，亨利焦急地站在靠近南海城堡的防御墙上观望着战事，陪伴在他身边的是陆军指挥官萨福克公爵。双方第一次开火交战时，英格兰两艘主舰的其中一艘，装载有 71 门火炮、重达 700 吨的"玛丽玫瑰号"[41] 由于甲板上站满了全副铠甲的士兵造成配重问题，居然被一阵大风掀翻了。人们在陆地上惊恐地看着舰船的右舷开始倾斜，海水随之从低炮口位灌进船身。

不过几分钟，它就消失在波涛汹涌的海面之下了。船上 415 名健壮的船员只有 30 人存活下来；其余人都被淹死了，他们被本来用于防止敌军强行登船而铺设在甲板上的网困住了。由于船离岸边只有 1 英里的距离，因此岸上的人们可以清楚听到被困船员和濒死之人悲惨的号哭声。亨利大声哭喊着："噢，我的绅士们！噢，我英勇的绅士们啊！"这一次，残暴的亨利出人意料地展现了自己的慈悲之心，他一瘸一拐地走到卡鲁夫人身边停下脚步，她是英格兰舰队副司令乔治爵士的妻子，此刻她的脸上淌满了泪水。国王试图去安慰她：她刚刚眼睁睁地看着自己的丈夫随着"玛丽玫瑰号"一起沉没在索伦特海峡碧蓝的海水之下。

法国人得意扬扬地拥挤在甲板上看着这场变故并大肆叫嚣。7 月 21 日夜间，法国海军派 2000 人于怀特岛的本布里奇登陆。当地民兵在林中以及本布里奇陡坡处与入侵者展开了小规模战斗，随后便撤退并毁掉了位于亚尔河（River Yar）上的桥。一两天之后，法国人派遣一支小分队到位于岛东侧海岸的尚克林茅根

（Shanklin Chine）的一处清泉打水，他们在那里遭到伏击，无一人生还。[42] 法国舰队准备对停靠在朴次茅斯港口的英格兰船只发起攻击——

> 并计划在涨潮的同时用大炮对停靠在港口的国王战舰进行攻击，但海面一直风平浪静，使得国王的船只根本无法出港，这令法国人感到无从下手。[43]

伦敦城内匆忙召集了 1500 人向朴次茅斯增援，但随后他们又折返，因为当他们赶到汉普郡的法汉姆（Famham）时，法国人已经离开了。法国军队经历了怀特岛遭遇民兵所造成的巨大折损，甚至失去了一位将军，因此在 24 小时之后海军大臣安内博决定撤退。[44] 归国途中，他特意向东航行，打算沿着英格兰南部海岸沿线停靠在纽黑文（Newhaven）附近准备实施劫掠，纽黑文近来刚刚得到亨利八世的通商许可，安内博之前已经命人洗劫了锡福德（Seaford）地区，但如今法军在纽黑文再一次遇到当地武装势力的强烈反抗并被灰头土脸地赶回到自己的船上。[45]

英格兰船只一直追击至苏塞克斯郡的滩头地区才停下来，法国人终于安全地逃回了母港，在返航途中由于害怕会遭到未知袭击而一直全速行驶。

亨利开始通过打猎来放松自己，摆脱损失一艘具有高度象征意义的主舰所带来的烦恼，而更有可能的是他想借此躲避正在朴次茅斯港船舰之间肆意蔓延的瘟疫。但随后在 8 月 22 日，另一个噩耗传来，这次并非国事而是私事：曾经与他一起进行马上长矛比武的老伙伴萨福克公爵在萨里郡吉尔福德（Guildford）的宫廷内突然离世。国王在听到这个令他震惊的消息之后对身边的侍臣说，布兰登是他最好的朋友，慷慨、忠诚，即便对待自己的政敌也宽宏大量。布兰登是如此耀眼，国王认为在他的内阁之中，鲜少有人能如同布兰登一般让他引以为傲。亨利为自己的好友举办了隆重的国葬仪式，并意味深长地将其埋葬在温莎宫的圣乔治教堂之内；在财政状况捉襟见肘的情况下，国王仍然出资举办了这场葬礼。[46]

早先曾被任命为英军驻布伦城统帅的赫特福德伯爵于 1545 年 1 月击败了法军，并试图夺回失去的城镇。将近 7 个月之后，弗朗索瓦一世再次派出大军对城镇进行攻击，在日间的多次小规模战斗之后开始在附近搭建攻城设施，其中包括在布伦城的巴斯（Basse）附近搭建的一座高塔，塔顶之上法国人的火枪正对着英格兰的驻防工事。随后不久赫特福德就被召回国去代替诺福克公爵统率驻守在苏格兰边境的军队。与法国的战争耗尽了英格兰的资源，无论是在钱财还是人员方面都是如此，而亨利总是有需要用钱之处，因此他不得不向安特卫普的放贷人筹集资金，如经营银行的富格尔家族，而且还要无奈地招揽那些贪婪而又难以管理的外国雇佣兵。[47]西班牙人、阿尔巴尼亚人、意大利人、克里维斯人、瑞士人及德意志人全都被招募进来，以便扩充英军用于驻守苏格兰边境以及与法国交战的军事力量。那些在纽卡斯尔（Newcastle）的西班牙人抱怨当地的食物难以下咽，于是他们在驻地的厨房里自己做饭，这引起了女店主的不满并产生摩擦。[48]

其中还发生了一段小插曲，如果不是对国王造成了严重的外交与财政影响的话，这件事完全称得上是一出滑稽的闹剧，但也由此证实了国王可能在雇用那些鲁莽且不讲情面的欧洲大陆雇佣兵方面缺乏经验。亨利在完成雇佣军征兵后聘任了德意志上尉腓特烈·范·雷芬伯格（Frederick von Reiffenberg），范·雷芬伯格特意从科隆写信以感激亨利给他这次机会，"自己被（国王的）超然卓越的君主美德所感动"。[49]1545 年 6 月，黑森伯爵腓力致信给亨利，他在信中向亨利推荐范·雷芬伯格，并敦促亨利接受他的侍奉，因为"他不会辜负您的期待"。英格兰雇用了范·雷芬伯格以及他手下 8000 名坚毅的陆军士兵和 1500 名骑兵，为期 3 个月，每个月费用高达 5.2 万弗罗林，约合 15550 英镑（按现在的货币价值计算超过 500 万英镑）。但不幸的是，查理五世却以可能引起骚乱为由拒绝这些"自由职业者"（现代说法称其为雇佣兵）借道布拉班特（Brabant）前往布伦城。皇帝在信中抱怨这些雇佣兵在特里维斯（Treves）地区以及穿过艾克斯（Aix）进入西班牙领土渡过默兹河（River Meuse）时已经造成"无法估量的破坏"，并"曾强行闯入韦塞尔县（Wesel）列日主教家中"。于是德意志指挥官们开始与亨利就和约中的条款与细节进行争辩，他们将一直负责联络的英格兰官员——驻安特卫普的英格兰贸易法庭总督托马斯·张伯伦（Thomas Chamberlain）以及亨利的随从兼侍卫拉尔夫·费恩爵士（Sir Ralph Fane）——扣押作为人质，直到这笔存在争议的薪水最终被支付后他们才重获自由。英格兰人被激怒了，亨利的首席大臣威廉·佩吉特爵士于 11 月 2 日自温莎写信给范·雷芬伯格，信中斥责他对英格兰国王的"不忠"、他提供的"恶劣服务"以及"他对待自己长官的奇怪方式"。

我既为你的可耻行径感到悲哀，也为你的推荐人因举荐
你而失去陛下的信任感到惋惜。陛下让我以他的名义督促你继
续履行你与他之间的承诺，并释放他的官员让他们继续履行
自己的（使命）。[50]

佩吉特最后威胁道："否则，我可以保证，无论你躲藏到基督
教世界的任何一个角落，我们都会夺走你的性命，即便你的国王
陛下愿意为你支付 5 万克朗来赎罪也无济于事。"[51] 他的表述很容
易使我们联想到将近 5 个世纪之后美国总统所发表的公开言论：
"你可以逃跑，但你却无处可藏。"

英格兰的威胁可以被轻易摆脱，钱却没有那么容易收回，好
在不幸的英格兰人质最后还是得到释放。[52] 亨利因此也上了昂贵的
一课，明白了欧洲雇佣军是不可靠的——还要提防德意志人的轴承
武器——但后来他的儿子却同样以收买雇佣军的方式成功镇压了
1549 年英格兰国内发生的叛乱。国王位于安特卫普的财政代理
人史蒂芬·沃恩（Stephen Vaughan）在描述到德意志人时尖锐
地写道：

> 对于全天下的所有国家而言，只有德意志人是最不需要
> 幸福的，因为他们是最糟糕、最野蛮、最荒唐且难以共事的
> 民族。[53]

黑森伯爵腓力对自己向亨利推荐雇佣军的行为感到很难为情。
12 月 16 日，他致信给亨利，向其表达自己对范·雷芬伯格以及

"他的乌合之众未能正直地处理好"[54]与英格兰国王之间的关系一事感到愤怒。但是，他解释称自己毕竟对他们的所作所为一无所知，随后他也向亨利的使臣们反复强调这一点。但他的道歉实在是乏善可陈。

8月4日，伦敦城内派出了1000名士兵——包括枪手、弓箭手以及穿着新的白色外套的长矛兵——从伦敦塔码头登上驳船前往多佛，他们将在那里登上大船准备出发穿越海峡。[55]国王的内阁计划在两条战线上进行军事扩张，"因人们普遍认为只有在上帝的授意下才能获得胜利"，为此国王命令克兰默在英格兰境内举行祈祷活动并于8月10日[56]组织一场横跨整个英格兰国土的宗教游行活动，以此来祝祷能获得这场英法大战的最终胜利。

这一年英格兰遭遇了严峻天气：6月25日德比郡（Derbyshire）、兰开夏郡（Lancashire）以及柴郡（Cheshire）同时遭遇大风暴，树木被连根卷起，无数房屋遭到损毁，教堂的尖顶与塔楼也破坏严重，大风暴夹带着冰雹，"如拳头一般大小砸下来，有的甚至大如炮弹"。[57]

而法国也未能幸免。在巴黎，7月的闪电击中并烧毁了4座大教堂与塔楼，而塔楼里存放了许多军用大炮。[58]在诺曼底恩典港（Havre-de-Grace）停靠着一艘重要的法国军舰，这艘大帆船有个古怪的名字叫作"短篇小说的尾章号"，它也在这次闪电事故中被击毁，全部船员罹难，与他们一同消失的还有100万金币——这笔钱是弗朗索瓦一世支付给作战舰队船员们的军饷。至少命运对这两个好斗国家所降下的灾难是不偏不倚的。

神圣罗马帝国皇帝的内阁成员利尼利厄斯·塞普鲁斯（Cornelius Sceppurus）告诉佛兰德斯议会主席路易斯·斯霍勒（Louis Schore），

在此期间并未发现伦敦泰晤士河上有战斗舰的出现，"只有几艘普通船只与小船搭载着士兵前往布伦城。人们渴望和平但却必须要服从国王的意志"。[59]

是的，他们很有可能的确如此。战争拖垮了英格兰脆弱的经济，而它的子民还被迫负担严苛税收来为战争买单。1544 年与法国的战争使亨利的国库总共支出 70 多万英镑，按现在的牌价计算约超过 2 亿英镑，相比之下，亨利的政府最初对此次战争所做预算仅为 25 万英镑[60]。到了转年的 9 月 8 日，陆军军队与海军舰队又再次消耗了 56 万英镑，折合为现在的 1.96 亿英镑。1545 年年初便有了"捐赠"——并非是对国库的无偿赠予——计划，国王就募捐一事写给官员们的信中提道：

> 我们的子民……是如此的有爱、善良，愿意为我们付出一切，他们一定会支持我们的重要事业，并欣然接受以捐赠的方式来贡献出他们的一切，因此议会十分有必要准许该项提议。[61]

伦敦市议员理查德·里德（Richard Read），因其拒绝捐赠的不爱国行为而痛苦地被强行征召入伍，他被派往苏格兰边境参加战斗。1545 年 1 月，枢密院写信给正在东部地区监察的沃顿勋爵威廉·埃弗斯爵士，信中表述了亨利的报复心理：

> 他（里德）应当为国家付出他的血肉，因此把他派到你那里去接受锻炼，正如你所察觉到的这般。他将被送至你处，仅

仅作为一名普通士兵，无论是他或是他的手下人都由他个人自行负责。

里德"冒着可能丧命的风险"被派遣去参加对阵敌人的计划。他要同其他可怜的士兵一样骑马做事，做一切能让他了解到做一名普通士兵是多么痛苦无奈的差事，唯有如此才能让他认清自己的愚蠢。要按照北方战场上严厉的军纪要求他。[62]

里德在安克拉姆沼泽一役中被苏格兰人逮捕。1545 年 12 月，他的妻子恳求枢密院同意以伦敦塔内的囚犯作为交换让苏格兰人释放自己的丈夫，并且表示自己愿意为囚犯支付相应赎金。作为交换的苏格兰囚犯帕特里克·休姆（Patrick Hume）是被英军在 9 月时逮捕的，他曾是圣安德鲁大主教、枢机主教大卫·比顿（David Beaton）的仆人。这名囚犯被带至内阁，并被"公开宣读了他对英格兰人犯下的罪恶行径，他被指控谋杀了原诺勒姆上尉布赖恩·莱顿爵士（Sir Bryan Layton），国王如今施以仁慈准许其返回苏格兰，借此将里德换回来"。[63]

6 月，教士们被要求提前从津贴中支付 3 先令用来打造一枚重达一磅的皇冠，但往年通常要到圣诞节期间才会支付这笔费用。尽管如此，亨利的财政部仍然需要努力应付那些堆积如山的账单。1545 年 11 月，大法官赖奥思利又筹集了 2 万英镑的微薄资金用于战争支出，但他在 11 月 11 日告诉佩吉特：

尊贵的大人啊，我向您保证，我绞尽脑汁也想不出该如何度过接下来这 3 个月了，特别是最近的这两个月。因为从现在直到圣诞节前，我已经看不到有任何大笔金额入账的希望了。[64]

1546 年年初，议员托马斯·赫西（Thomas Hussey）写信给萨里伯爵表示"国王陛下此次的债务高达 400 万马克，即便是征收……津贴税或是由议会采取其他措施，所征收上来的款项也不会超过 20 万英镑"。除了修道院的土地被变卖之外，英格兰的货币制度也受到影响，造币厂不得不增加普通金属的含量，与此同时亨利还将目光转向了富有的教会小教堂与医院，他打算关闭这些机构以获得额外现金收入。亨利还在海外大量举债，至 1546 年年末，他那位长期遭受压力折磨的驻安特卫普地区财政代理人斯蒂芬·沃恩向其身在伦敦的主人报告称，谨慎的富格尔家族银行拒绝再提供任何款项，"除非陛下能够找到合理方式敦促议会通过法令，使王国内的所有子民都有责任偿还债务"。枢密院回复称，亨利并不想按照"富格尔家族……的偿还要求"来签署这样的协议，因为这很可能会"让我在全世界人看来是如此卑微，以至于需要通过议会签署法令才能获得他们的信任"。赖奥思利到处寻找筹措资金的方式，如收回政府账目上的坏账，但收效甚微。

我们每日所经历的痛苦即是面对国王层出不穷的……债务，我们大批量回信给那些债权人，而他们的数量仍在不断增加……至于钱财，所有能变卖的都已经变卖了，没有什么可以再出售的了。因此收效甚微。[65]

赖奥思利哀怨地补充道："造币厂也已接近干涸。"最终，即便是亨利也不得不克服他的狂妄自大，并屈服于他那空虚的国库所带来的财政压力。因此，1546 年 4 月，佩吉特、莱尔子爵约翰·达德利、赫特福德、尼古拉斯·沃顿博士、坎特伯雷与约克教区教长，以及亨利驻守佛兰德斯的使臣，共同受命与法国人进行和平对话，但他们所提出的事项却令法国人感到质疑，其中包括英格兰坚持保留布伦城的主权，要求法国进行战争赔偿，并要求法国不得继续挑拨苏格兰滋生事端。亨利最初要求法国支付 800 万克朗："告诉他们（法国公使）800 万。你痛快地告诉他们！整个基督教世界都没有这么多钱。我们不妨再让给你 100 万克朗。"[66] 由于亨利在谈判细节方面的不断干涉，谈判来回反复了数次。有时这种口舌之争甚至已经超出了英格兰使臣们所能忍受的极限。曾发誓自己与同僚们将"向他们展示男人的胸襟，并努力为这个伟大的国家一雪前耻"的佩吉特，于 5 月 27 日从吉尼斯写信给威廉·彼得爵士：

> 并非如我上封信中同你所说的那般优雅与和平，目前的情形迫使我们想要杀人放火，因为其他任何行为都不可能令这些虚伪的公狗们变得理智。
>
> 愿上帝给他们带来瘟疫，这些虚假的叛国者！
>
> 国王陛下已经容忍了太久，看看这些好耍把戏搞欺诈的虚伪邪恶之徒，上帝会对他们的罪孽与谎言施以惩罚。

外交辞令的细节之处是如此文雅！他又认命般地补充道：

"这一切都在朝最好的方向发展。上帝会让一切顺利完成的。"[67]最终于6月7日这一天，双方在位于阿德尔（Ardres）与圭内斯（Guines）之间的坎普（Camp）[68]搭建了一座帐篷，并在里面签署了和平条约。条约规定，布伦城将于1553年归还法国，但前提是法国[69]先支付200万克朗（约折合为如今的1300万英镑）的战争赔款。使英格兰国库几乎消耗殆尽的经济缺口终于被堵住了。

第五章

"怒少汗多"

> "我希望国王现在已经死了……" 两日后,他在自己位于
> 博克玛(Bockmar)的大卧室内说道,"国王没死,但总有一
> 天他会暴毙,他的腿迟早会害死他,而我们就等着为那激动
> 人心的时刻庆祝吧。"
>
> ——摘自对蒙塔古勋爵亨利·波尔(Henry Pole)的审讯,
> 1558 年 11 月 7 日 [1]

  在国王的一生中,除了在 21 岁时罹患天花(或者也可能是麻
疹)以及 7 年后疟疾反复发作之外,他一直为严重的健康问题所
困扰。[2] 作为一位身材匀称、英俊的青年,他对于马上长矛比武、
野外打猎以及其他如摔跤等男性运动十分着迷,这一点无论是在
整个王国内或是外国宫廷之中都十分出名,也因此获得了臣民们
的赞赏,他在运动竞技方面的技巧与技术甚至远远超过那些现代
国际足球巨星。[3] 他完美地代表了一个独立的新英格兰的形象,而
不再仅仅是原先那座与欧洲沿海隔绝开的孤岛了,因为他试图去

主宰欧洲大陆的政治舞台。

但在 1527 年，当亨利正好处在潇洒强健的 36 岁之时，他这种对于运动以及体力活动的热衷开始对他的身体造成损伤，这些小伤持续不断地打磨着国王的耐性，而行动上的不便也提醒了他，王冠是无法保护他免于遭受常人的伤痛与折磨的。同年 4 月，亨利在一场激烈的网球比赛中弄伤了脚，[4] 这件事可能就发生在威斯敏斯特，因此在整个 5 月他都只能穿着黑色天鹅绒拖鞋来回走动以减轻一直困扰着他的疼痛。而他的肌腱可能一直未能得到完全恢复，因为他的脚于两年之后再次扭伤。

更糟糕的还在后面。在 1527 年 8 月的一次王室赛事期间，国王因左大腿处静脉曲张性溃疡引起"腿部疼痛"而被迫在坎特伯雷卧床休息，这或许是亨利追求时尚而经常穿着过紧的膝下吊袜带所导致的，[5] 也有可能是在马上长矛比武时曾受到的外伤引起。[6] 当地的一名外科医生托马斯·维卡里（Thomas Vicary）[7] 被召唤进宫廷为国王迅速处理溃疡以减轻痛苦——这在很大程度上给国王带来宽慰。维卡里也因此获得能为王室提供医疗服务的机会，得享年薪 20 先令，随后于 1536 年被晋升为高级医生，年收入高达 2613 先令 4 便士（他的年薪以 2004 年牌价计算约超过 1 万英镑），后来在爱德华、玛丽以及伊丽莎白三人的执政期间他也得以继续留在宫廷之中为他们提供服务。随后仍然怀有谢意的亨利将位于肯特郡的贝克斯利修道院（Abbey of Bexley）租借给维卡里作为奖励，这所修道院内的神职人员早已被遣散一空，租期为 21 年。

很多人认为亨利的腿伤是梅毒所致，认为是在他年少轻狂时期，或是在他 1513 年征战法国时染上的，甚至有说法称是他的第一任妻子，阿拉贡的凯瑟琳，将梅毒传染给他。[8]时至今日仍有许多人认为亨利于 1547 年离世是受花柳病的影响导致的。然而，按照当代的欧洲标准来讲，国王并不属于那种民间传说中放荡不羁的浪荡子。除了仅在宫廷之内偶尔调调情、挑逗一下之外，据现今仍然得以保留下来的宫廷账簿记载，他只与 3 名女士发生过婚外关系：伊丽莎白·布朗特（Elizabeth Blount），她为亨利生下了一名私生子，即里士满伯爵亨利·菲茨罗伊（Henry Fitzroy）[9]；玛丽·博林（Mary Boleyn）；以及玛格丽特·谢尔顿（Margaret Shelton）。毫无疑问的是，他肯定有过其他肆意放纵的时刻，特别是在他 1509 年执政之前那段精力充沛的日子里，执政之后则要时时刻刻接受来自外国使臣们窥探眼光的审视。按照梅毒论支持者的说法，[10]1527 年 8 月亨利静脉曲张性溃疡的发作实际上是梅毒瘤的破溃、肿胀——是很明显的三期梅毒症状，尽管大腿并非梅毒发作的典型位置。[11]但梅毒瘤通常是不会伴随疼痛的，而国王的双腿却遭受了难以承受的极大痛苦。

梅毒还会对胎儿造成损伤，阿拉贡的凯瑟琳以及安妮·博林频繁流产与诞下死胎都成了进一步表明亨利患有梅毒的证据。许多幅于 1536 年之后完成的亨利肖像以及素描都可以看出在亨利鼻子右侧存在轻微"损伤"或是凹陷——这一点再次被认为是梅毒症状。然而其他画像却仿佛是遗漏了这一点，这可能是出于保护王室形象的原因而有意为之。1529 年，在沃尔西最终垮台之时，他因试图将梅毒传染给国王这一捏造出来的罪行而遭到指控并被判触犯了《褫夺公权法令》：

正是这位主教大人，在明知自己患有污秽的接触性传染病梅毒，且病毒已经在全身各个部位严重暴发的情况下，还来觐见陛下并在陛下的耳边私语，以他那危险且极具传染性的呼吸来毒害陛下，给陛下带来不可预估的危险。而上帝以其无限慈悲之心为陛下提供了庇佑。[12]

当然对于沃尔西患有梅毒的指控也可能是靠不住的，因为这完全是由宫廷之中博林一党授意主教的私人医生提出的指控。这位高深莫测的威尼斯医生奥古斯汀·德·奥古斯蒂尼斯（Augustine de Augustinis）后来于 1537 年进入宫廷成为国王的医生，同时他还负责执行国王以及掌玺大臣托马斯·克伦威尔吩咐的各种外交任务。[13] 这些指控断言亨利之所以能免于感染完全是出于上帝庇佑，同时也暗示了国王同上帝之间的特殊关系。

亨利的孩子们，玛丽、伊丽莎白与爱德华身上也从未发现梅毒症状——他们身上均未见明显红斑——精通此症的宫廷医生们委婉地将其称之为"法国病"，这些医生一旦发现梅毒的明显指征，即发现有梅毒瘤的迹象便会迅速为国王进行相应治疗。16 世纪时，医生治疗花柳病的最初疗法是在 6 周内让病人大量出汗，同时让病人连续服用水银（尽管水银是有毒物），这使得病人牙龈红肿酸痛还会产生"大量唾液"。[14] 那些无处不在的各国使臣热衷于不断挖掘粗俗下流的花边新闻，他们会将这些小道消息寄送回国交给自己的国王，因此如果英格兰国王长期未出现在公众视线之内，抑或是有明显的治疗迹象都无法逃过这些使臣的眼睛。但是并未发现任何相关报告。

正如我们所了解的，亨利所患的更有可能是静脉曲张性溃疡，这种病症与深静脉血栓的形成有关。更严重的是，该病症很有可能会危及国王的双腿，有可能会在国王狩猎或是在马上长矛比武时形成持续疼痛，对胫骨造成损伤甚至有可能会引起慢性骨炎——一种十分痛苦的骨感染。如果表面伤口愈合了而内部骨骼依然存在感染，则会引起高热症状，而腿部也会进一步溃烂，[15] 国王则通常需要在一天之中频繁更换敷料，而溃疡所散发出来的恶臭一直充斥在枢密院内久久无法挥散。亨利的症状与骨炎很相似，而这预示着亨利未来的生活与健康状况不容乐观。

难怪如今人们怀疑亨利是否患有疑难病症，他总是纠结于自己的健康并担心民众会发现他的疾病，正如他于 1537 年 6 月 12 日在写给诺福克公爵的一封信中所透露的那样（这也为他的双腿皆遭受溃疡折磨提供了证据）：

> 坦白对你说，你一定要保持镇定，我的双腿跟我开了个大玩笑，医生们都建议我不要在一年中最炎热的时候勤于走动……[16]

统治者强壮全能的公开形象对于政府来说意义重大，即便是现在也是如此。国王本身对医学十分痴迷——这对一位生于文艺复兴时期的王子来说是兴趣的重要组成部分，当时流行的其他学科还有神学、天文学及音乐。亨利在其执政早期便通过了一项旨在规范医疗实践并揭露江湖庸医的骗子行径的法律：

王国内多数人都是无知的百姓,(对于医药)没有任何概念,更不用说去学习了……因此普通的工匠们如铁匠、织工以及那些冒失的妇女……很难获取有效的治疗方式,因此他们很多人只能借助魔法与巫术,另一部分知道用药物来达到医疗效果的人则通常会采用有毒药物……这也导致了人们对上帝产生不满情绪……这些盲目活动给国王的臣民们带来了剧烈伤害、破坏与毁灭,尤其是他们中的一些人根本无法分辨出朴实与狡诈。[17]

亨利还对新的药物疗法很感兴趣,而且很显然他已经掌握了一些实用的植物与草药方面的医药知识,尽管他自己也曾对一些不那么讨人喜欢的配方饮以及药剂表现出极大反感且难以下咽。但他在这方面的兴趣却促使他完成了100种药膏、软膏以及湿敷药物配方,而且这些显然都是他自己独立开发出来的,[18]这些配方被收录在亨利自己使用的一本配方书内,该书现存于不列颠图书馆,尽管曾经受潮却并不妨碍阅读。"国王自制软膏"的主要成分包括:

根、芽、各种植物、已经拣出石子的葡萄干、亚麻籽、醋、玫瑰水、长长的花园蠕虫、刮下的象牙屑、珍珠粉末、红铅、红珊瑚、金银花水、母鸡油和小牛股骨上的脂肪。

该配方具有一定毒性,肯定不适合在家中尝试。亨利曾用自己的配方给朝臣布赖恩·图克爵士(Sir Bryan Tuke)治疗"汗热症"，图克既是枢密院司库也是亨利的秘书。1517 年至 1518 年之间汗热症极为盛行，亨利的配方中包括用一点儿红酒"送服拉西斯的药片"——也可能写作 Rhases，这个词来源于一位名叫拉西斯的阿拉伯医生。亨利出于其惯有的谨慎，从疫病盛行的伦敦逃往相对安全的乡村，并且在疫病蔓延之前从一个地方逃往另一个地方，如果我们将此举称为在他身上始终存在的神经质行为或许不妥。亨利在治疗黑死病方面也有自己的专利配方。他的配方十分奇特：

> 取一把金盏花、一把酢浆草、一把地榆[19]、一把小白菊、[20]半把芸香[21]以及一些龙草[22]的上半部分或是根部，将这些材料用流水洗净放入锅内再倒入一瓶水[23]，将其加热至沸腾。倒入一夸脱白酒，随后将其放至常温，再用细布过滤后饮用。如果觉得苦，可以加一些糖。如果出现腹股沟腺炎的症状，即腋窝以及腹股沟腺体等处出现肿胀，那么这位病患需要得到上帝的恩赐才能存活。[24]

因此上帝的赐福是必不可少的。

这些王室医生、外科医生以及药剂师经常会被国王召见，但他们的意见却并不总能被固执、无情且精力充沛的亨利接受。从某种意义上来说，国王本身就是位难缠的病人，[25]他总是忽视医生让他休息的嘱托并直接提出抗议。但同时他对自己的医疗小组十分慷慨，经常赠送礼物或是给予奖励，这很可能是由于他也逐渐开始担心自己每况愈下的健康状况。

亨利执政初期有 3 位医生可以享受国王从私人用度中给他们划拨工资这一殊荣——亨利那病弱的兄长亚瑟王子的导师托马斯·利纳克尔（Thomas Linacre）、约翰·尚布雷，以及西班牙人费尔南多·德·维多利亚（Fernando de Victoria），或称维特多利亚（Vittoria），1501 年时他以阿拉贡的凯瑟琳随行人员的身份来到英格兰。国王于 1518 年授予 3 位医生专利许可证，准许他们建立——

　　一所能永远培养有识之士以及智慧学者的学院，它将招收伦敦城内或是附近 7 英里城郊范围内热衷于医学实践的人们。[26]

然而由于当时议会必须先推翻那些按照传统曾由伦敦主教授予的城市行医执照，因此这所学院直到 1523 年才正式建立。这所学院便是皇家医学院的前身，它于 1546 年对外公布学院纹章，纹章的设计十分恰当得体，图案是"一只挽着白貂皮袖口的手正搭在一只手腕上诊脉"[27]，并以此一语双关。

此外，1540 年亨利通过了议会提交的法案[28]，将两大类城市经营业者——神秘莫测的理发师以及纯粹的外科医生——合二为一创建了一个强大的管理机构，该机构负责管理并敦促医学院，使其能致力于研究医学药物的神奇功效及应用。

尽管所做的这一切努力都是为了使医学这门科学能站在一个更为理性的立足点上，但对于这些领先于时代的医生来说，宗教与古代教义仍然在他们的职业生涯中扮演着重要角色。几个世纪之前，医学这一理念一直根深蒂固地与传统意义上的解剖学家以及内科医生相联系，例如公元 163 年为罗马皇帝马可·奥勒留（Marcus Aurelius）提供医疗服务的希腊人盖伦（Galen）。而如今新的想法层出不穷，有些甚至称得上是离奇古怪，例如 1537 年外交家兼学者托马斯·埃利奥特爵士（Sir Thomas Elyot）推荐那些受困于病榻之上的患者尝试通过练习"嘹亮的歌声"来得到锻炼，[29]但其他更多人则宁愿采用所谓的过时方法，即通过诊断脉率来判断病人是否生病。因为病房本来就是很嘈杂的场所，很不适合采用爵士的新方法。病人尿液的颜色与外观也是诊断的重要方式，病人将午夜至第二天中午的尿液收集在一个用稻草盖住的瓶子里，医生会严格要求患者不得摇晃尿样标本。

以现代人的眼光看来，16 世纪的医疗即便不能算是彻头彻尾的残忍，至少也是粗暴的。灌肠剂，这在亨利生命的最后几年里被频繁使用来缓解他的顽固性便秘，即通过一节涂过猪油的金属管将一个猪膀胱牢牢固定在患者的肛门部位，猪膀胱内含有 1 品脱以上的盐溶液以及注射用草药，这些药剂必须在病人体内停留一至两个小时。另一种很受欢迎的混合物则是丝滑的蜂蜜与"奶牛"——这里指牛奶[30]——尤其是在治疗痔疮方面很受欢迎。痔疮是一种常见疾病，尤其对那些在各种天气下都要长时间在马鞍上奔波或是身着铠甲之人来说，更是极为普遍。

那个所谓的"大玩笑"或称溃疡的治疗，是亨利痛苦烦恼的主要来源，因为所采用的疗法以对抗性刺激的原则为基础，即通过使伤口持续保持长期的慢性炎症反应，甚至在必要的情况下促使伤口化脓，来达到排出脓液疮水的目的。此处涉及一个称为

"串线"的术语，是指用马毛或是丝绸等长丝穿过溃疡附近的松散皮肤，然后收紧丝线使其化脓。这样的伤口必然会散发恶臭。遇到这种情况时，医生在处理伤口前要先将针头烧红，然后用镊子夹住针头处理伤口，即使以现代卫生观念来看，此做法也会获得称赞。而有的时候，解决"问题"需要用到相对来说大一些的辅助工具，如一个小金球或是银球，医生会将其嵌入已经用柳叶刀切开的平整皮肤之下，[31] 以达到同样的功效。

面对这样即使称不上危险但治疗操作也越来越困难的情况，哪些人组成了亨利的医疗诊断团队呢？他们既要负责维持国王的健康，更要以笑容面对国王那无数次爆发的盛怒与暴躁脾气。

利纳克尔，生于 1460 年，他曾翻译了大量希腊文与拉丁文医学专著，是医学院首席院长，医疗团队的成员们经常在他位于伦敦骑士街的家中召开会议。1523 年，他被任命为玛丽公主的导师，却在第二年因"（胆）结石"[32] 而丧命，依据其身份他被埋葬于圣保罗大教堂内，但在一个多世纪之后，他那写满溢美之词的墓志铭在伦敦大火中同这座中世纪大教堂[33] 以及其他众多大墓一起被烧毁。

尚布雷，或称钱伯（1470—1549），曾是牛津大学默顿学院的教师，后升任院长一职。他在帕多瓦大学完成医疗学习后成为国王的医生，并在 1524 年利纳克尔病逝之后接替他成为宫廷内的主治医师。他还同时兼任其他薪酬颇丰的职务，如圣乔治大教堂和温莎教堂的咏礼司铎，以及圣斯蒂芬大教堂和威斯敏斯特大教堂的主持牧师。1533 年 9 月 7 日，他负责照看王后安妮·博林的分娩过程，并顺利接生了伊丽莎白公主。1537 年，尚布雷可能参与并亲眼见证（与其他两位王室医生——威廉·巴茨及乔治·欧文一起）王后简·西摩那长时间的分娩过程以及随之而来很快夺去她性命的感染。

费尔南多·德·维多利亚，毕业于一所西班牙大学，他曾听命于阿拉贡的凯瑟琳将亨利试图离婚的消息带给了查理五世，因而在英格兰宫廷内备受冷落。他于 1529 年逝世 [34]，随后由出生于 1492 年左右的爱德华·沃顿（Edward Wotton）接替职位，爱德华的父亲是牛津大学的一位助理，同时也是一位颇具声望的博物学家。他的研究包括将昆虫用作医学药物来源。

沃顿于 1555 年逝世，死后被埋葬于伦敦齐普赛伍德街上的圣奥尔本大教堂。

我们前文曾经出现过奥古斯汀·德·奥古斯蒂尼斯这个名字，他在为沃尔西工作时最为著名的一件事便是向克伦威尔提出去找水蛭——"选取那些饥饿的"——来为自己的主人治病，但随后沃尔西却病倒在萨里郡的伊舍。随后这种疗法还被另一位意大利医生巴尔萨·盖尔西（Balthasar Guersie）所采用，他是阿拉贡的凯瑟琳的外科医生。沃尔西屈辱地死去后，奥古斯汀被诺福克公爵与克伦威尔雇来从事英格兰与海外国家之间的外交服务，同样在伦敦塔内受了一阵子牢狱之灾后，[35] 他于 1537 年以 50 英镑的年薪被委任为王室内科医生，并且因王后逝去时表现悲痛而获得了简·西摩 [36] 珠宝藏品之中的一枚漂亮胸针作为纪念。除了为王室提供医疗服务的本职之外，他还在国王的授意下悄悄从事着一种算不上危险却很隐秘的间谍活动。举例来说，在西班牙大使沙皮于 1540 年 10 月 31 日写给西班牙国王的信中提道：

　　上周，一位隶属于国王内廷且与掌玺大臣[37]十分熟稔的内科医生来访大使馆4次，并同我们一起用餐。

　　他是国王的眼线，我有理由相信他来此并无其他目的，只是来打探我的底细并劝我与国王陛下结成更为紧密特殊的友谊，与之结盟……

　　这名意大利人开始还极尽掩饰，试图使我相信这项建议是出自他个人而并非别人的意愿，但他所流露出的种种迹象使我毫不迟疑地猜出是谁让他出现在我身边。因为在我们的对话中，他谈到的许多不同事实都是一名王室医生根本无法接触到的，他唯一的信息获悉渠道便是掌玺大臣。[38]

　　奥古斯汀可能还联系了法国大使查尔斯·德·马里亚克（Charles de Marillac），或许他也想借此帮助霍华德派系获取利益。[39]后来，随着国王的健康状况不断恶化，奥古斯汀开始长期与诺福克公爵进行私人接触，后来他很可能认为宫廷内的这些公务对自己的健康状况不利，因此他提出申请并获准于1546年7月初离开了英格兰，为此亨利还从自己的私人用度中划拨出50英镑作为对他的奖励。奥古斯汀回到了威尼斯，并于1551年9月14日死在托斯卡纳地区的卢卡城。[40]

　　威廉·巴茨（约1485—1545）是亨利最喜欢也最信赖的医生，有着与之相配的可观薪水，随后他还被授予骑士封号。他侍奉过亨利的两位王后——安妮·博林与简·西摩、国王的私生子亨利·菲茨罗伊、玛丽公主，以及后来的爱德华王子。他拥有过人的智慧，是宗教改革的拥护者，也是王后凯瑟琳·帕尔以及克兰默大主教的朋友与同盟。巴茨死于疟疾，并被安葬在伦敦西侧富勒姆教堂（Fulham Church）[41]内的一处纪念碑下方，纪念碑上还有着一幅他身着甲胄的黄铜肖像，但不幸的是这些都早已遗失，当时的富勒姆教堂坐落在米德尔塞克斯郡一处在当时来说非常繁华的乡村教区内。作为国王的朋友与知己，他的离世令国王备感失落。

托马斯·温迪（Thomas Wendy）生于1500年，他接任巴茨成为主任医师，也参与见证了亨利遗嘱的签署，另外两位见证人则是王室医生乔治·欧文与罗伯特·胡克（Robert Huicke），他们分别获得了亨利遗赠的100英镑。温迪在意大利东北部的费拉拉大学（Ferrara）获得医学博士学位，他被委任为爱德华六世与玛丽的内科医生，后来在1558年，玛丽在病逝前授予他贵族身份并将剑桥郡内的查特拉斯庄园（manor of Chatteras）恩赐予他。[42] 1560年，他于剑桥郡的哈斯灵菲尔德（Haslingfield）见证了玛丽的遗嘱与离世过程。[43]

皇家医疗团队的其他医生还包括：乔治·欧文，他死于"一种名为间歇热的流行病"并被安葬在伦敦沃尔布鲁克（Walbrook）的圣斯蒂芬教堂；[44]沃尔特·克罗默（Walter Cromer），又被称为"苏格兰人"，死于1547年；罗伯特·胡克，他的一位亲属因持有异教信仰而冒犯了加德纳主教，特别是那人否认圣餐礼中的圣饼与圣酒即为上帝的变体，后因胡克向亨利求情而毫发未伤躲过了制裁。罗伯特缺乏个人魅力，他于1546年与妻子伊丽莎白展开了一场混乱的离婚大战。他因判决对妻子有利而在格林尼治提出上诉，枢密院对此的回应是：

在我们的生活中从未听过比这更为可惜的事件：出现了如此多的残忍与欺骗行为；这样的男人很难得到女人的辅助。[45]

胡克再次从丑闻中恢复过来，并且被特别委任为爱德华六世的内科医生，年俸 50 英镑。他见证了凯瑟琳·帕尔遗嘱的签署。1558 年，伊丽莎白宣誓继位之时，胡克又成了女王的医生。据称他死于 1581 年，并被安葬在米德尔塞克斯郡的哈灵顿教堂（Harlington Church）圣坛之内。

当医学知识不足以解决问题的时候，人们就会不时地采用一些不同流派的特殊医疗手段，比如由诺福克公爵举荐的著名的安德鲁·博尔德（Andrew Boorde），又被称为“欢乐的安德烈”。1542 年，这位前天主教加尔都西会教士对亨利进行了检查并以大多数医生通用的简洁方式报告称，国王“体形肥胖”、动脉粗大、脸颊红润、皮肤白皙，而且“头发浓密红亮、脉搏强健、食物消化也很充分、怒少（且）汗多”。[46]但博尔德对国王的暴饮暴食感到忧虑，亨利的内廷医生也担心国王再如此发展下去恐怕不能长寿。在丰富多彩的职业生涯结束后，博尔德于 1549 年死在弗利特河畔的债案犯监狱里，罪名是他自恃体魄健壮且精力充沛而在位于威斯敏斯特的家中大肆召妓。

国王也会雇用外科医生，例如著名的约翰·艾利夫爵士（Sir John Ayliffe），他是一家理发师公司的主人。1538 年[47]，他成功地在威尔特郡布林克沃思（Brinkworth）为亨利治好了瘘管——一种细管溃疡，“国王为表示感激赠予了他一大片地产”，随后还在遗嘱中留给他 100 英镑。[48]其他人还包括约翰·芒福德（John

Monforde）及理查德·费里斯（Richard Ferris），理查德应该也参与了 1546 年 7 月国王患病期间的最后一次治疗。还有一位"外科护士长"威廉·布雷恩（William Bullein），他曾写过一本关于胸膜炎与汗热症的书，他也是王室医疗小组的成员之一。

亨利在位期间共雇用过 3 位理发师——他们是能在封闭且受到严格管制的宫廷之内享有特权之人。国王的理发师是 15 名有幸获准进入到国王密室的成员之一，他负责每天早上例行公事为国王修剪胡须。[49] 亨利对枢密院组织成员下令，禁止他们与"卑鄙之人或是误入歧途的女士"结伴交往，警告他们不得对外透露在国王的聚会上听到的任何消息，同时命令他们要时刻保持自身与衣物的整洁。[50]

这是一支强大的医学团队，有着当时整个欧洲国家宫廷都无可比拟的专业知识库。他们的日常工作职责包括对王室成员的粪便、痰液及尿液进行频繁深入的检查，放血与拔罐，并按照传统哲学家们所建议的那样依据月相来维持亨利的体液平衡。[51] 这些程序在国王年轻且身体健康时期纯粹是每日的例行公事。随后便开始出现许多紧急情况。

亨利真正需要医疗处理是在 1536 年 1 月 24 日，那一年他 44 岁。他精心策划要在格林尼治上演一场精彩纷呈的马上长矛比武表演，要在圣保罗宗徒归化之日的夜里成为万众瞩目的焦点。

> 国王跨上一匹高大的骏马在竞技场内开跑，结果连人带马重重地摔倒在地，在场的每个人都认为国王还能活着便已经是神迹了，可他却并未遭受严重损伤。[52]

亨利此前已经因为好表现，又在夸下海口后鲁莽行事，而在竞技场内受伤。1524 年，国王的老朋友萨福克公爵在比武表演时长矛发生偏移，而国王则很不明智地将头盔面罩推了上去，由此导致右额头受伤。尽管他很幸运地保住了眼睛，但他像个冒失鬼一般在竞技场里又跑了 6 圈才作罢，但随后他的偏头痛便开始频繁发作。[53]

这次马上长矛比武事故所造成的后果远比事发时的情形看上去要严重得多。当国王被对手的钝矛刺中而摔下马时，他那匹全副武装的高头大马正好砸在他身上。5 天之后，安妮·博林从她舅舅诺福克公爵口中听到国王出事的消息，她因此事受惊而流产，失去了一个三个半月大的男胎。

更加巧合的是，两个月之后，一封来自罗马的报告中引用了法国国王的说法称亨利坠马，"已经有两个小时不曾言语"，很可能是受到了严重的脑震荡，或者可能更糟糕的是他的大脑皮层遭到了严重损伤。[54]尽管克伦威尔在 2 月时写给加德纳主教的信中仍表示"国王很愉快，身体也很健康"，但人们可以从这名一贯狡猾的大臣那颇具宽慰意味且模棱两可的话语中嗅到隐瞒的味道，这些说辞很有可能只是为了对外掩人耳目。随后在 3 月，蒙塔古勋爵很不明智地脱口说出那著名的预感国王可能会离世的推测，他为自己的草率言语付出了生命的代价——他因为预测国王的死亡而触犯了叛国罪。但随后便传来了真实消息：据说国王将于下个月"罕有地要到海外去（散心），因为他的腿疼令其十分苦恼"。[55]他腿部的静脉曲张性溃疡本来已经于 1527 年 8 月治愈，但这次坠马毫无疑问将溃疡创面再次压破，因此溃疡转成了需要随时释放脓液的慢性病。毫无疑问，王室医生会将伤口紧紧包扎。

也正是因此引发了国王身体变得虚弱且医疗状况频出等问题，这种痛苦不断地折磨着他，他一直到死去才得以解脱。1538 年 5 月 14 日，他腿上的一个瘘管闭合了——

> 约有 10~12 天，失去出口的体液所积聚的压力几乎使他窒息，因而他有时根本不讲话，脸色发黑，情况十分危急。[56]

按如今的现代医学术语来讲，国工的左腿静脉中形成了血栓，危险的是这种血凝块很有可能会从静脉处分离转移。他幸运地躲过了这种危险，即便是在医疗发达的 21 世纪，这种情况也是相当危险的。同年 11 月份，杰弗里·波尔爵士（Sir Geoffrey Pole）报告说亨利——

> 腿部疼痛异常，没有哪个可怜的人会为此感到愉悦，他不该为了上帝的权威而活得太久。[57]

1539 年的耶稣受难节这一天，国王的腿部情况有所好转，因为他已经能参加宗教改革前那个古怪的"画十字"礼拜仪式了。仪式包括对受难场景的崇拜，复活节坟墓被临时安置在教堂圣坛之处的北侧，在整个弥撒仪式过程中，人们自教堂大门处开始虔诚地缓缓膝行。[58]

但到了 9 月，他患上了严重的便秘。这种反复复发的私密问题对于今天的膳食营养师来说并非难题，但考虑到都铎时期宫廷内以及其他富裕家庭的菜单上满满都是各种不健康的大块肉食，这着实是个难题了。英格兰人一向以玩游戏吃大肉（想想"旧时英格兰的烤牛肉"）而出名，各种有蹄类或是羽毛动物，都被扔上那食客早已等得不耐烦且充满牢骚的宴会餐桌。宰杀鸟类作为食物既能满足数量需求又符合天主教教义，云雀、鹳、塘鹅（以及其他海鸥）、鹭、鹬、鸨、鹌鹑、鹧鸪、阉鸡、水鸭、鹤、雉鸡，这些全都是菜单上常见的肉类，而这份菜单会令如今致力于保护珍稀鸟类的皇家学会成员感到毛骨悚然。宫廷之中最受欢迎的菜肴是炖麻雀。据说国王的最爱是冻肉冷盘[59]、游戏派和哈吉斯——一种将羊内脏与燕麦粉混合煮成的食物。时至今日，哈吉斯仍是苏格兰的传统菜肴之一。[60]令人印象深刻的还有大量的腌制或熏制的鳕鱼与鲱鱼，新鲜三文鱼和鳗鱼则会在加热后食用。只要不是十分难以下咽，大部分的肉类与鱼类都会用香料来调味以掩盖长时间存放之后的不佳口感。小粗粮也会出现在餐桌之上，而新鲜的水果则会被撤下或尽量回避，因为当时人们认为生食水果会导致腹泻或是发烧。绿色蔬菜，如芜菁、胡萝卜及欧洲萝卜也要尽量避免出现在餐桌上，因为"它们会引起大风和郁闷心情"[61]，但是黄瓜、莴苣以及多汁的草类马齿苋[62]则会作为头盘健康沙拉被端上餐桌。黄油通常有腐臭味，因此主要在烹饪时添加使用。有位作家曾明智地提出亨利的大部分疾病很可能要归因于败血症，或称坏血病，而这是由于长期缺乏维生素造成的，我们现代健康膳食中的新鲜蔬菜与水果正是维生素的重要来源。[63]无论如何，他的暴饮暴食加重了他的病情，且经常对肠蠕动造成阻滞。

亨利的内科医生为他开出的便秘疗法是：

国王陛下应（尽早）上床休息，睡至凌晨两点钟。

然后陛下会在药片与睡前使用的华丽剂（灌肠剂）的作用下产生便意，随后便如医生们所记录下来的那般通畅排便，毫无疑问的是最糟糕的时刻终于过去了，在他们的不懈努力下并没有出现更危险的状况，也并未给亨利造成更大痛苦。

当天夜里的后半段直至早上 10 点钟国王都休息得很好，醒来时也感觉好多了，只是觉得身体有点酸痛。[64]

亨利枢密院侍厕男仆托马斯·赫尼奇在安特希尔写给克伦威尔的信中，有着这样一个龌龊的细节。毋庸置疑，国王的不适来自对猪膀胱灌肠法的过度狂热。

通常情况下亨利是每日三餐，很有可能还会在夜里加上一些小零食。他的每一天都是从小男仆在早上 7 点将枢密院内国王密室的灯火点亮开始，半个小时后亨利会起床在卧室内用早餐。[65] 随后国王便去参加弥撒，并于 10 点左右用"午餐"。晚饭大约在下午 4 点开始，在此之前国王的大部分时间可能都会用来打猎。国王会同秘书及密友一起处理国事文件——这项任务的难度很高，因为他们还要不时安抚国王的焦躁情绪——随后国王便去玩纸牌或掷骰子赌博，或是与朋友下棋来打发睡前时间。

1541 年 2 月下旬，由于腿部的瘘管增多，国王再次受到严重感染。国王本来计划要到南部海岸防御工事进行视察，并考虑重建某些地区的防御墙，尤其是多佛地区。然而，这次行程却因他在汉普敦宫遭遇的"一场病情"——轻度发烧——耽搁下来，随后国王便再次反复出现危险的感染症状。法国大使马里亚克向弗朗索瓦一世报告称：

> 他的一条腿，原先被打开创口且出于健康考虑一直保持
> 着创口开放状态。如今创口突然闭合导致情况十分危急，就如
> 同五六年前的那次一般，我们都认为他已经过世了。
>
> 这一次由于及时采取了医疗措施，国王现在的状况很
> 好，烧也退了下来。除了身体上的疾病，他还患有精神方面
> 的疾病。[66]

马里亚克的言辞是外交上的隐晦表达。事实上，亨利对此大
动肝火。他痛苦地躺在病床上，什么都无法使他高兴。他愤怒地
咆哮着抱怨一切人和事。大使详细地描述了国王的怒火：

> 有更为不幸的人来承接他的怒火，他可以立即让这些
> 人变得一无所有，因此他们都没有足够勇气或胆识去反驳
> 他……
>
> 枢密院的大部分成员都在假意为国王服务，他们只不过
> 是暂时逢迎国王以获取自己的利益，但国王能从众多曲意逢
> 迎者中分清哪些才是忠于自己的仆人，因此他发愿表示如果
> 上帝能庇佑自己得以康复，他是不会让某些人得偿所愿的。[67]

尽管被笼罩在死亡的阴影之下，一直在那种随时被死亡召唤
的无孔不入的恐惧感中痛苦挣扎，但亨利却抑制不住要去责骂自
己的侍臣们，让他们清楚地意识到国王对他们从王室资助中牟取

暴利的行为了如指掌。他甚至因克伦威尔的死而责骂他们——

> 以寻找光明为借口，用虚假的罪名诬陷他，是他们误导
> 自己处死了最忠实的仆人。[68]

尽管国王依旧狡诈，但他的确病得很严重，而且在简·西摩逝世之后他不断地暴饮暴食也对身体产生了严重影响。除了不断发作的怒火与暴力情绪之外，国王还出现了诸如频繁更改观点与决策等反复无常的举动。3月3日，马里亚克在一次派遣中谈道：

> 国王的情况的确不容乐观，尽管已经退烧，但他的腿伤
> 却是个棘手的问题，因为他本身体形硕大再加上令人瞠目结
> 舌的暴饮暴食，以至于人们可以很负责任地讲，国王总是会
> 在午饭后推翻自己早上刚刚提出的观点。[69]

忏悔节来临了，汉普敦宫内却异常平静，而亨利将自己隔离在他的密室之中不断地发脾气。生活平淡地度过，“没有任何娱乐，即使是如其他基督教君王（国王）一样曾经为其所钟爱的音乐也被抛诸脑后了”。国王的访客们都在门前止步并转身离去，马里亚克称宫廷内十分冷清，“宫廷之内更像是普通人家一般，而不再像国王那曾经整日呼啸的车队”。

3月14日，亨利仍然感觉“不适”，但却出人意料地迅速康复了，而且还精力充沛地到北部地区巡游以炫耀自己的新皇后凯瑟琳·霍华德。但到了12月底，他再次被交到医生们手中，因为

"感觉不太舒服"而不得不服下医生们开的处方药，这一切很有可能是他对凯瑟琳通奸行为的震惊与绝望所导致的。

亨利现在的体形可以称得上是硕大。1514年亨利尚处在青年时期，他的盔甲是为他量身打造的，根据尺寸记录他当时的身高是6英尺3英寸，装饰腰带长35英寸，胸围42英寸——完全是一个孔武有力的骑士形象。但如今那强健的体魄早已消失不见。到49岁时，亨利的腰围膨胀到54英寸，胸围则达到58英寸。而他容貌上的崩塌则更令人感到震惊。

曾经出现在宣传画像上的那个高贵形象消失不见了，可能距离那幅画像完成仅仅过去了5年。绘制肖像时国王40多岁[70]，画上那位有着宽阔胸膛的国王以最常见的四分之三侧身站法面向前方。这些肖像展示出的是一位君主正高傲地凝视着看向油画的我们，这使得那些正看着肖像的人在面对他勇敢坚毅的目光时不自觉地生出一种谦恭之心。他那傲慢的、来自一位君主的睥睨目光令人不由得向其屈膝致敬。肖像中的他显然是健康的、傲慢的，也是专横霸道的。这就是飞扬跋扈的亨利，是上帝在人世间的化身，肖像完全展现了他在巅峰时期的状态。[71]在这些肖像的创作时期，意大利大使尤斯塔斯·沙皮关于亨利曾写下这样一句引人注目的话："世间没有任何人可以令他感到尊重或是恐惧。"[72]国王对周围一切的蔑视都通过他眼中散发出的凶狠光芒表现出来。难怪亨利是英格兰历史上第一位采用"陛下"尊称的国王。

只不过10年左右，怎会发生如此大的变化！

亨利体形上的变化极富戏剧性。如今艺术家笔下的他变成了一个蠢笨可怜、体形臃肿的老男人。他因经年累月对身体的透支，外貌已经受到严重的影响。他那挂着肥肉、布满皱纹的脸上嵌着一双猪才有的小眼睛。他左手持着一柄沉重的浮雕权杖以为身体提供支撑。[73] 此时的他完全就是一个衰弱老人的形象。你甚至几乎可以闻到从画布上传来他腿部层层溃疡慢慢渗出的脓液的腐臭味，在他肿胀双腿上捆绑的绷带也被脓液染得变了颜色。沙皮将它们称为"世上最糟糕的双腿"。

亨利无法再充分享受自己曾经钟爱的那些对抗性娱乐活动：尽管还可以骑马，但已经无法在马鞍上坐得太久。取而代之的是，猎物会被其他人驱赶到他近前，方便他用十字弓进行射杀，或是他只能充当一名不耐烦的观众看着猎场管理员在他面前表演精心设计的猎杀游戏。

然而到了 1544 年 5 月，对于亨利来讲到了需要考验其出众智慧与体能的严峻时期，尽管他仍然持续忍受着疼痛以及肥硕体形所带来的行动不便，但他仍要亲自带兵最后一次出征法兰西，并要部署指挥保卫英格兰免遭入侵的全盘计划。[74] 他一旦下定决心要去领导、去有效指挥军队、去获得成功，那种气魄足以令人胆寒。

1544 年 3 月，亨利腿上的溃疡再次发作，这导致他再次因高热而卧床不起。王室医生劝他放弃亲自上阵，不要再去亲自指挥4.2 万人的英格兰大军与西班牙军队集结成英西联军共同入侵法国，他的大臣们也为此犹疑不决，他们害怕会再次激起国王的怒火。但对于亨利来说，此时情势十分明朗：他是国王，国王必须作为军队领袖出征。否则缺席如此重要的国际军事行动，无论是对他个人还是对于整个英格兰的威望来说都是一种耻辱。一向注重实际的现实主义者沙皮强烈建议自己的皇帝，希望他能够出于对亨利身体不适以及行动不便的考虑插手此事，劝诫亨利不要亲赴战场。帝国皇帝派来一名特殊使臣，但使臣"发现亨利对此次行程决心已定，因此没有足够的勇气来开口阻止他"。

亨利再一次以他那冷酷的刚毅精神成功从病痛中恢复了过来，并于 6 月上旬致信给自己的盟友，承诺他的身体状况完全可以起程去加来，"他将在那里决定是否继续前行"。在此次事件中，他穿越海峡抵达战场，但亨利是否近距离参与了战斗，尚有待商榷。仅仅是对布伦城全面包围并释放了一阵火炮，便足以使这位骄傲的老兵不仅仅是向他自己，也向正在盯着他看的全世界表明他的态度。

亨利八世在世期间最后阶段的另一位重要人物即将登场：国王的小丑或称弄臣威尔·萨默斯（Will Somers）。他在极其复杂的情形下仍能时刻保持着头脑清醒，既要面对自己那尽管年事已高却随时会爆发怒火的狡诈、冷血残暴且精神错乱的主人，还要周旋于宫廷之中不同派系在黑暗角落的阴谋计划间，这些人时刻准备在国王死后争取主动以防大权旁落。在所有王室成员中，这个驼背的小男人与他的宠物猴子居然能得到亨利的完全信任。他能使这位痛苦的老人开怀大笑，这种能力使他不仅敢对国王讲出别人都不敢讲的话语，还使他在最危险的君主以及其直系继承人身边都生活得如鱼得水。

罗伯特·阿明（Robert Armin）是伊丽莎白时期莎士比亚戏剧的主要演员之一，他在自己的作品《一窝傻了》中描绘了 1525 年萨默斯在格林尼治宫第一次觐见亨利的场景：[75]

　　一个确实面目清秀的傻瓜，稳重庄严地走过来：

　　这到底是谁？威尔·萨默斯！

　　国王不会因他的笑容而对他表示丝毫尊重；

　　他嗓音尖利，而看起来则像是中午才刚刚醒来。

　　出生于什罗普郡（Shropshire）的威尔·萨默斯，正如某些人所说的那样，在一个神圣的日子里被带到了格林尼治。

　　面见国王时，傻瓜提出请国王握住他的手，否则他会感到很难为情。

　　他身体倾斜、眼窝凹陷，而且就如同曾向国王报告的那般严重驼背；

　　然而在整个宫廷之中，却没有几人能胜过他在国王心里的位置，这个总是滑稽地唠叨不停的傻瓜与国王保持着亲密的关系。

　　在国王难过的时候，国王与他常常通过吟诵韵律诗《这样的威尔啊》来排遣忧伤。

　　人们普遍认为，北安普敦郡加来的一位食品商人理查德·弗默（Richard Fermer）雇用了萨默斯并将其举荐到宫廷。[76] 萨默斯接任老塞克斯顿成为首席王室傻瓜，他时常用自己那超乎寻常的幽默感与杂技手艺令亨利开怀。[77] 无论是亨利的内廷或是前朝之中的任何人，无论地位多高，都无法躲过萨默斯，都难免会沦为他的目标，成为他口中的玩笑。很快，国王便承诺可以满足威尔的一切愿望，当国王提出问题时，他会随机应变，这意味着他很清楚何时才是提要求的最佳时机。据说萨默斯曾这样说过：

"尽管我无法看到每个人的开始，但总有一天我会看到每个人的结局。"说完这句双关语之后，这位弄臣便离开王宫，"躺在狗群之中睡觉了"。[78]

关于他还有个故事，据说刚入宫不久，萨默斯曾厚着脸皮从亨利当时的首席大臣沃尔西处骗得了10英镑。故事很有可能是杜撰的，就如同其他与宫廷愚者相关的逸事一般，但由此却可以看出萨默斯的机智以及他可以随意接近主人身边的特权。据说，一次国王与枢机主教正在王室寓所私下商议国事，这位弄臣走了进来。萨默斯为自己打断谈话的行为致歉，并说外面有沃尔西的债主们要求他还钱。枢机主教傲慢地回复称他以自己的项上人头担保绝对不欠别人一个便士，但却给了萨默斯价值10英镑的金子让他交到应得之人手中。萨默斯便离开了，但稍后又返回来向沃尔西问道："你的灵魂属于谁？"回答是"属于上帝"。萨默斯随即又问道："那你的财富呢？""属于贫穷的人们。"枢机主教虔诚地答道。然后傻瓜很快说道，国王应该砍掉沃尔西的脑袋，"因为让我替他来向你讨债的那个穷人也认为这就是他应得的"。

这个笑话让亨利笑了很久，而枢机主教也只得装作开心的样子，但"失去10英镑却让他感觉很痛心"——这是一大笔钱，按购买力来说合如今的4000英镑还要多。很显然萨默斯对这位总是站在道德制高点的大臣实施过不止一次的恶作剧，这令枢机主教"再也无法忍受了"。[79]

托马斯·威尔逊（Thomas Wilson，他在30年之后成为伊丽莎白政府中的国务大臣）在他于1551年或1553年出版的《修辞术》一书中，引用了几个萨默斯与国王之间尖锐机敏的应答片段，当时的国王仍然急需大量现金。国王的弄臣告诉他，"您有如此多的查账员、这么多让与人，还有这么多欺诈者"——分别指代了"审计员""鉴定人"与"接管人"，这是多么巧妙的双关语啊，都铎王朝政府的这些管理者——"他们所做的一切都是往自己的口袋里装钱。"

　　萨默斯与亨利的关系十分亲密，他跟着亨利从一个地方到另一个地方，形影不离，还陪同亨利的孩子们一起玩耍。一位摆渡者的账单记录下，在亨利与其随行人员搬迁至汉普敦宫那年的平安夜里，萨默斯的马匹还曾乘船从朗伯斯区渡过泰晤士河到宫里去。[80]

　　君主与弄臣之间的这种奇怪的友好关系一直持续了 20 年之久（而许多其他人则因国王阴晴不定的喜好而在宫内浮浮沉沉），国王对萨默斯的喜爱之情十分明显，这一点从萨默斯的形象经常能出现在不同的王室肖像画以及当时的插画中便足以说明。在现存于巴塞尔艺术博物馆的一幅爱德华六世肖像中，6 岁的王子胖墩墩的，他的手中举着一只小猴子，这很有可能就是萨默斯的那只宠物猴。

　　最鲜活的例子则是，在现存于不列颠图书馆的《君王圣诗集》一书中，有一幅亨利的袖珍小像，而萨默斯就紧紧地挨在他旁边。[81] 这本 176 页的诗集是由约翰·马拉德（John Mallard）于 1540 年左右专门为亨利编纂的，诗集选用上等牛皮纸为材料，并以意大利花体字的形式书写而成，如今，曾用来捆扎装订的红色天鹅绒丝带在经年累月之后早已陈旧磨损。[82] 诗集中的大部分内容都与《圣经》故事《大卫与歌利亚》有关，而此书很明显地将国王与大卫相提并论。书中有许多国王手书的旁注，还有许多亨利绘制的微型画，例如其中一幅描绘了他坐在自己的大卧房内读书的场景。[83]有时国王的手书旁注十分清晰地表达了他的想法。例如在书中第17篇圣诗的第25节中——"我曾年轻但如今已年长"——亨利哀怨地在旁边写道"恶意诽谤"——"多么哀伤的语气啊"。

岁月正离国王远去，他自己也意识到命运之手正扼着自己的喉咙，留给他的时间不多了。他在一封信中写道，时间"即是一切失去的都再也无法挽回，无论以任何方式、代价甚至祈祷都是徒劳"。[84]

在《圣诗集中》，萨默斯的形象也出现在第52篇圣诗中，画中年长的亨利扮作大卫安坐中间，朝前弓着身子靠在一个小保险柜上，他双腿交叉，正在弹奏一把小竖琴。国王遍布皱纹的脸上表露出一副忧郁的若有所思的神情，或许是在追忆过去的美好时光。尽管他身着一件厚重的皮袍，但仍能明显看出他的背部有肉峰隆起（这种情况在第9章中会再次提及，且越发严重）。萨默斯手指交叉，面朝右侧，身处插图之外，很明显他是本不该出现在圣诗插图之中的。他身着一件绿色的连帽外套，身上挂着钱袋，还穿着一双蓝绿色的长筒袜，这件"绿色布料的……外套，有着同样颜色与质地的兜帽，衣服上还装饰有（羊毛刺绣的）白色流苏"，这或许就是那件亨利于1535年6月28日[85]特意命令大衣橱保管员温莎公爵通知国王的裁缝约翰·莫尔特（John Malt）为萨默斯定做的外套。

萨默斯还与亨利、凯瑟琳·帕尔以及王室子女爱德华、玛丽与伊丽莎白一起出现在了巨幅王室家族画像中，这幅画像绘制于

1545 年，绘者不明，现仍挂于威斯敏斯特宫中。[86] 主要人物的两
侧各有一座拱门，由此可以瞥见王室花园的华丽繁茂景色。萨默
斯站在右手边的拱门处，一只穿着衣服的猴子蹲坐在他的左肩上，
正不停抓挠着萨默斯的秃头。而左手边的拱门处站着一位女士，
她很有可能是玛丽公主的弄臣简。[87] 从绘画所表现出的布局来看，
这幅画像表象之下所要表达的潜在含义是在暗示都铎血脉继承人
的延续性以及合法性，也显示出了王朝的威望，同时还借此传达
了一个很人性化的信息：画作中描绘出的全部人物，无论是王室
成员还是谦卑的仆从，一定都在亨利的心中占有很重要的位置。[88]

　　亨利执政时期的最后 12 个月内的国王家庭账目内就包括萨默
斯的款项支出，包括对他的照顾与资助。在账单中有一笔 7 先令 4
便士的运输费用是将两个箱子从威斯敏斯特宫运送至温莎宫的报
酬，这笔账下面有一行秘书赖奥思利的备注："不要忘记萨默斯的
衬衫。"

　　随后，1546 年有一笔账是罗伯特·卡利纽德（Robert
Callyniuod）用于为弄臣洗衣和制备服装的，这也说明了弄臣的步调
与国王是一致的：

　　　　支付威尔·萨默斯的（衣服）清洗费用，送洗米迦勒节至
　　圣烛节期间的衣物，11 先令。
　　　　支付威尔·萨默斯剃须，4 便士。
　　　　支付一条搭配长靴穿着的紧身裤，8 便士。
　　　　支付威尔·萨默斯的两条黑色紧身裤 10 便士，以及两条
　　长筒袜，3 先令 4 便士，10 月 6 日于温莎堡。

两双万圣节用黑色紧身裤，10 先令。

两双黑色长筒袜，12 月 1 日于奥特兰，3 先令 4 便士。

两双庆祝圣诞节用的黑色长筒袜，于威斯敏斯特，10 便士；以及另外两双黑色长筒袜，1 月 24 日于威斯敏斯特，3 先令 4 便士。

收到威尔·萨默斯用于米迦勒节至圣烛节期间的 3 双衬鞋的 10 便士；7 双无衬里的鞋子 8 便士，两双夏靴 2 先令，一双冬靴 3 先令。[89]

自相矛盾的是，尽管亨利自身频繁患病，但他的臣民却坚定地认为国王有着治愈疾病的能力，他可以治愈长在脖子淋巴结上的结核与肺结核。[90]该治疗过程被称为"瘰疬症疗法"，患病者只需触摸这位圣人便可被他的神圣能力治愈。亨利逝世后留下的巨额财产之中就包括"一个黑色的天鹅绒包……里面有 3 枚戒指，其中一枚红宝石戒指是国王专为穷人治病时佩戴的"[91]，也是他经常在常规仪式中佩戴的。

1546 年春天，由于双腿肿胀严重使他行走都极其困难，亨利在行动上严重受限：国王成了半残之躯，不得不依靠其他方式才能在宫廷之内活动。同年 7 月，在一份得到精心保管的威斯敏斯特宫王室账目记录中记载着：

国王授命制造以下物件并授命……安东尼·丹尼进行运送：

项目：两把被称为 tram 的椅子，可以让陛下坐在上面在画室与枢密院之间活动，椅子上铺盖着茶色天鹅绒，两把椅子都有一半[92]是采用茶色丝绸以绗缝的针法进行缝制，椅子两边都各有两条椅腿，椅子的背面绣有装饰花纹，两边的扶手上各有一朵威尼斯玫瑰，玫瑰的周围饰以茶色的丝质流苏。

物件：另一把类似的椅子以赤褐色天鹅绒覆盖，上面同样以丝绸进行绗缝刺绣作为装饰，椅子的一半与椅腿同样垂有流苏作为装饰。[93]

维多利亚时期的历史学家有个观点，在亨利生命的最后时期很可能在宫廷之中存在着某种类似升降器或是电梯的机械装置，帮助国王在宫廷之中上下楼梯。该观点完全是基于诺福克公爵的情妇伊丽莎白夫人"贝丝"·霍兰[94]于 1547 年 1 月在对萨里伯爵（诺福克公爵）的审判中所提供的证词。早被一脚踢开、惨遭抛弃的诺福克公爵夫人在法庭上痛苦地朝她大喊着[95]"村夫的女儿"，而正是这个女人在法庭上坦白承认公爵曾对她说：

> 国王的体形太硕大，导致他已经无法自己上下楼梯了，只能依靠机械设备的辅助。而且陛下的身体很虚弱，很可能坚持不了多久。

这最后一句话成为公爵犯有叛国罪的确凿证据。

丹尼所做账目中提到的国王的活动椅很有可能与后来出现的一种名为软轿的椅子类似，即有一根水平横杆，并且需要 4 名随从在软轿的四角负责抬起轿子。事实上，西班牙大使范·德·代尔夫特在同年 10 月 7 日的一份书面报告中提到亨利"乘坐着他的特制椅经过",[96] 当时很有可能就在威斯敏斯特宫内。由于国王的体重太沉椅子上可能还装有轮子,在古英语里 tram 这个词并非如现代含义中所指的汽车,在当时是指两轴车、四轮马车或是小推车。它们被安置在国王的书房内,如今在威斯敏斯特宫财产名录中被称为"椅室"。王室账目中并未涉及有升降梯或是其他装置,也有可能是并不需要:国王的密室通常都是在一楼。

丹尼当时简明扼要的账目记述鲜活地描绘出了亨利的形象,一位长期遭受痛苦折磨的老人,需要时时去缓解腿部溃疡所带来的痛苦,而久站与长时间行走会使这种痛苦变得越来越频繁且越来越严重。同样在 1546 年 7 月,账目上显示还有一笔运送"包有紫色天鹅绒及丝绸流苏装饰的……木质双足凳"的支出,随后还频繁地出现"新制"椅子与紫色天鹅绒软垫以及额外 6 把与这些相配套的脚凳。[97] 而在一幅广为流传的肖像中,年迈的国王将腿搭在满脸同情怜悯之色的凯瑟琳王后膝上,这情形很有可能与事实相去甚远。

国王去世前订购的最后几个物件包括新的便椅,或称便桶。截至 1546 年 12 月 28 日,威廉·格林(William Green)的账单总额为 4 英镑 10 先令 6 便士,用于制作"国王陛下的便椅",便椅用黑色天鹅绒覆盖,并且在椅子重达 31 磅的臀部支撑面、扶手以及侧边共填充了 2000 磅的镀金钉子作为配重。11 月 28 日,伊丽莎白·司兰宁(Elizabeth Slanning)也向格林支付了 27 先令 6 便士用于购买装饰便椅的丝绸流苏及缎带,随后转交给安东尼·丹尼。[98] 在 12 月初,威廉·赫斯特韦特(William Hustwayt)也得到

5 先令去为国王在威斯敏斯特的便椅打造"一个大的白锡镴质的蓄水池"，以及另外 5 先令去为温莎宫的另一台国王贴身用具制备相似的配件。他还得到 2 先令的预付金用来修理旧的蓄水池。1547年 1 月 14 日，就在国王去世前的两周，他的枢密院还购买了一码半的黑色天鹅绒"用于制作两双新设计的大拖鞋"。[99]

　　但到此时，亨利的身体条件已经无法再享受这样的舒适了，对他来说已经没有什么意义了，太迟了。

第六章

新的权力杠杆

"内阁成员们应当秉持勤勉、正直与公正,每日上午十点及下午两点应到国王的餐室集合,这不仅仅是为了在国王心情愉快时与其进行交谈或是就某事进行商讨,而且是为了便于了解贫穷民众对于司法问题的抱怨以及各种事态的发展。"

——亨利的枢密院条例,1526 年 [1]

在宗教争端与政治争论的深渊之外,国王的枢密院俨然成了内阁成员的聚集地,如今已成为王国内真正的权力中心。这一小撮野心勃勃的人可以接近王室成员,他们不仅仅出现在国王的聆听与视野范围之内,还能暗中接触到亨利最隐秘的想法以及他那多变的情绪。此外,他们十分关注国王最私密的身体需要。因为这种对国王的了解通常会为他们带来权力。这类精英成员可以获得特权,可以经常接近亨利,因此他们从王室资助中获得了大笔资产。他们还负责为国王减轻行政负担,在满足自己权力欲望的同时也帮助众所周知对文书工作厌烦不已的亨利从中解脱出来,具有双重意义。

1536 年，这个需要经过仔细选拔才得以加入的小型组织由枢密院室的首席绅士兼侍厕男仆托马斯·赫尼奇爵士所领导，他为国王提供着最近距离的贴身服务。在此之前的 16 世纪 20 年代末期，当枢密院室尚处在枢机主教沃尔西领导之下时他便已经开始崭露头角。但真正为亨利"处理问题的人"，他在宫中的心腹，值得他信赖的信使以及真正的知己则是安东尼·丹尼，安东尼于 1544 年 9 月布伦城宣布投降之后在战场上受封为骑士。1546 年 10 月，赫尼奇出人意料地突然遭到解雇，被免去首席绅士一职，原因不明，但很有可能是宗教改革者们精心策划的宫廷政变所致。[2]

丹尼与国王之间的关系同国王对待他的宫廷弄臣那种喜欢完全不同，狡猾的威尔·萨默斯会在国王愈加频繁地沦陷在忧郁之中时分散国王的注意力，帮助国王开心起来。而丹尼的角色则是位稳重的参谋，国王可以放心地与他就敏感的国务问题进行探讨，这是那些满腹阴谋的枢密院特权阶级、有着稳固地位的绅士们，乃至亨利的政府官员们都无法做到的。丹尼的同僚威廉·赫伯特在国王死后曾证实，国王"经常会在秘书大人（佩吉特）离开之后将他们刚刚通过的议案告知我们"。这样忠诚的顾问令亨利对他越来越依赖，很快丹尼便成为潜藏在王座之后的真正权威，这一点是在近年来才被历史学家所确定的。[3] 他的天赋与特质在当时也获得了广泛认可。1549 年，威廉·塞西尔（Wiliam Cecil）爵士从伦敦发来的报告中提到"安东尼·丹尼去世了，失去这样一位诚实（且德行高尚）的人真是巨大损失"。[4]

1501 年 1 月，安东尼·丹尼出生于诺福克郡的豪威（Howe），是首席财务大臣埃德蒙德·丹尼（Edmund Denny）爵士幸存下来的第二个儿子，丹尼的母亲是来自赫特福德郡切森特（Cheshunt）的玛丽，她是爵士的第二任妻子。[5]丹尼曾就读于圣保罗学校，师从著名的人文主义思想者威廉·李利（William Lily），随后就读于剑桥的圣约翰学院，[6]毕业后便加入了当时最受宠的侍臣弗朗西斯·布赖恩麾下并成为布赖恩家庭中的一员。1536年布赖恩成为枢密院首席绅士，丹尼便随他一起为亨利提供服务。由此丹尼成为国王身边的提醒者与长袍侍从，随后于1537年9月他成了威斯敏斯特宫的负责人。

大约在1535年12月，国王亲自写信给诺福克郡以及萨福克郡的郡长，他在信中举荐丹尼作为繁荣的东海岸港口伊普斯维奇的代表参选议会议员。[7]1538年年末，随着克伦威尔对王室官员的大清洗活动，布赖恩遭到罢免，而丹尼则兴高采烈地取代了他的恩师成为新一任首席绅士。[8]

他在宫廷内有着良好的关系网络。[9]他最小的妹妹玛莎（Martha）嫁给了怀蒙德·卡鲁（Wymond Carew）爵士，卡鲁爵士曾是克里维斯的安妮的官方接待人，随后于1545年9月作为司库负责管理宫廷内的初年度收益与什一税[10]；丹尼的长兄托马斯的遗孀则于1542年4月再婚嫁给了大法官事务秘书[11]兼枢密院成员罗伯特·戴克斯（Robert Dacres）。[12]丹尼在新学问与学术方面也有着不错的口碑，他与作家罗杰·阿斯卡姆是亲密好友，罗杰不仅是伊丽莎白公主的导师，还在后来负责教导爱德华王子。丹尼明确地告诉阿斯卡姆："如果他的两位神祇不再命令他来提供服务（一位是指亨利，另一位则是指他的妻子），他无疑会（重新）回

到圣约翰（大学）继续学习。"[13]他富有魅力、头脑冷静，且总是
对亨利的诸多磨难报以同情。1540 年，对于国王同克里维斯的安
妮那场名存实亡的婚姻，丹尼安慰道：

> 君主们在婚姻问题上的情况远比普通穷人差得多。因为君
> 主们必须被迫接受别人带给他们的对象，但穷人则通常可以
> 按自己的意愿自由选择。[14]

人们可以理解为何国王如此喜爱他。国王与他在一起时不必
顾及外交使命或是礼仪上的严格要求，例如国王必须时常接见克
伦威尔及其他顾问以便听取他们的建议。约翰·奇克爵士曾说，
丹尼"具有重新塑造国王思想的能力，他能将好事表达得令人向
往，而将严重的事态与一些轻松小事一起穿插表述，并将大事化
小"。[15]尽管他具有操控国王的能力，但仍会对亨利那不确定何时
会爆发的脾气以及阴晴不定的情绪感到害怕，还有那些围绕在丹
尼身边的鬼祟阴谋，这些都令他在无数个夜里辗转反侧。

他生活在伦敦城东部边界的阿尔盖特（Aldgate），与小汉
斯·霍尔拜因住得很近，1541 年时这位画家给他的这位邻居绘制
了一幅肖像画。[16]画中描绘了一张时刻紧张又真挚的脸庞，画中的
丹尼蓄着胡须，在一顶颜色暗淡的帽子下有一双灵动且困惑的双
眼仿佛在凝视着你。[17]1538 年 2 月，丹尼迎娶了德文郡莫德伯里
（Modbury）菲利普·钱伯瑙恩（Philip Champernown）爵士的女
儿琼，这段婚姻很有可能是由国王撮合的，[18]并最终为他们带来了
12 个孩子。琼是位富有魅力又很聪慧的女士，并且还是宗教改革

的强烈拥护者。1540 年，在克里维斯的安妮刚刚抵达英格兰的时候她成为宫中侍女，随后又服侍了王后凯瑟琳·帕尔。

尽管丹尼煞费苦心地想要掩饰自己的宗教信仰，但他对宫廷之中的福音派信徒来说却是位极具影响力的支持者。他毫无疑问站在托马斯·克兰默一边。[19] 丹尼的势力在亨利的扶持下逐渐发展壮大，他积累了相当多的地产，还在政府内享有美差，这一切都来自一位怀有感激之情的君主对他的回报，包括：一份在伦敦港负责收取吨位费与手续费的收入不菲的工作（1541 年）；[20] 一笔解散赫特福德修道院的补助津贴（1537 年）；负责管理赫特福德郡的贝德韦尔庄园（manor of Bedwell）与小伯克姆斯特德庄园（manor of Little Berkhamsted），以及同一个郡的巴特威克庄园（manor of Butterwick）、大阿姆韦尔庄园（manor of Great Amwell）、切森特女子修道院（nunnery of Cheshunt）（1539）；拥有圣奥尔本修道院（the abbey of St Alban）的土地（1541）；管理东安格利亚（East Anglia）有着 6 所庄园的萨福克郡梅廷汉姆大学（Mettingham College，1542）；1544 年还获得了一份占地超过 2000 英亩的沃尔瑟姆修道院（Waltham Abbey）的为期 31 年的租约。丹尼还获准可以生活在威斯敏斯特宫附近名为"天堂、地狱与炼狱"的大宅内，这很可能是国王为了方便丹尼开展威斯敏斯特宫的宫廷管理工作而特意安排的，为此他每日可获得 6 便士作为薪酬。在丹尼死后，他所拥有的土地面积仅在赫特福德郡与埃塞克斯郡就高达 2 万英亩，而他的年收入约等于 750 英镑，约折合为现在的 22 万英镑。[21]

随着国王对其信赖与日俱增，丹尼在枢密院内也开始形成了自己的小行政团体。该团体由丹尼的内弟约翰·盖茨（John Gates）领导，从某种意义上来说约翰是名暴徒，是 16 世纪所独有的"埃塞克斯人"（一种贬义的说法，指保守的劳工阶层），他会在宫廷之中通过自己的强硬手段达到目的。

威廉·克拉克（William Clerk）则负责案头工作"干压印"，即制造一份亨利签名的副本。而尼古拉斯·布里斯托（Nicholas Bristow）则是负责审查国王的私库即国王私人银行账户支出的会计师。丹尼与盖茨惯于利用他们在国王身边处理某些事务的特殊权限帮一些人将相关诉讼压制下来。有两个例子可以很生动地说明这种援助方式：

> 1546 年 9 月 5 日。约翰·道奇（John Dodge）给盖茨爵士的信中称："尊敬的丹尼爵士的管事大人。肯特郡莱伯恩（Leyborne）的一位牧师，得到坎特伯雷大主教、他的资助人以及罗切斯特主教大人的许可……同意在法律允许的期限内将莱伯恩的一所小教堂免费租赁给我使用……但国王已经下令，大主教与主教不得在未经国王准许的情况下出租教堂。因此我恳求您能帮我获得国王的许可，并劳驾您尊贵的主人（丹尼）屈尊去获得一道国王对涉事主教的直接指令。"

> 1546 年 11 月 22 日。理查德·诺伦吉（Richard Norlegh）在一封收信人信息不详的信中写道："按我本意是不可能为了这 40 英镑答应此事的，因为诚信是最重要的品质，所以我绝不会背弃我的第一位客户，但由于您是我的主人盖茨爵士的朋友，我不得不勉为其难。但很明显我虽不会对您造成妨碍，但

也不会支持您的做法。如果您不是盖茨爵士的朋友，即便 100 英镑也无法堵住我的嘴，我会为我的第一位客户努力争辩。"[22]

大家都意识到丹尼的影响力与权势。英格兰驻威尼斯大使埃德蒙·哈维尔一直密切关注着丹尼的侄子约翰，他此时正在这座意大利属城邦之内从事研究工作。约翰似乎是个很容易受骗的年轻人，在这座国际化城市中极易受到干扰。1543 年 5 月，哈维尔在给丹尼的信中提到，丹尼的侄子"强迫自己"提高自身的道德品质，但是"其本性脆弱敏感，因此再给他施加超出其承受范围的压力是（毫无助益的）"。后来约翰自己写给丹尼的信表明，他祈祷上帝能激励自己去感受到叔叔对他的关爱。[23] 而当王室司库托马斯·切尼爵士打破了自己儿子与丹尼的侄女曾定下的婚约时，他收到警告称亨利最喜欢的朋友也是国王身边的近臣，而那人是不容被忽视或是愚弄的。

> 你将其推开的行为不只会失去友谊，还会招致不快。我建议你再考虑一下。[24]

丹尼负责管理国王私库，需要处理国王私人使用的大笔钱款，从不时支付国王欠下的高额赌债（亨利很热衷于打牌）[25] 到为国王的许多建筑项目结账都由他来负责。亨利执政时期的最后五年，丹尼共收到亨利所开销的总计为 243387 英镑 1 先令 6 便士的账目，以现今的货币价值计算约折合为 6100 万英镑，这些账目都是由国王口头承诺所欠下的。[26] 与他的父亲不同，这位都铎君主是个肆意挥霍的败家子，他将 1544 年与 1555 年这两年的国库财务状况表均拖成了赤字状态，最主要原因是与法国及苏格兰之间的战争产生了巨额开销。这两年的国库总收入一部分来自世俗人员与神职人员的税收以及货币的恶意贬值，另一部分则来自借口扩建宫廷剥夺传教士的原有土地并将其划归国有，以及类似情况所带来的收入。这两项分别产生了 594925 英镑（约折合为 2004 年时的 2.01 亿英镑）以及 620246 英镑（约折合为 2.1 亿英镑），这组数字反映了当时无法抑制的通货膨胀以及货币贬值所带来的影响。1544 年和 1545 年每一年战争成本都超过了 74 万英镑（约折合为 2.6 亿英镑与 2.42 亿英镑），再加上其他开销（国王的事务、外交使命、偿还富格尔银行家族的大型贷款以及其他项目），这两年各自比预计超支了 329706 英镑（约折合为 2004 年的 1.15 亿英镑）与 311451 英镑（约折合为 1.02 亿英镑）。[27] 1544 年 5 月，除了减少人们手中钱币的金、银含量比例之外，英格兰的货币不断贬值并推出了两种新货币形式：市值 1 英镑的索维林（以现今购买力计算约折合为 350 英镑）以及半索维林。通货膨胀率比过去 10 年都要严重，政府的开销与货币贬值加剧了事态发展，通货膨胀率达到了 100%。难怪枢密院以及亨利的财政管理者们都急于结束与法国的战争：英格兰已经破产了。

　　1546 年，国库财政状况在历经艰难之后终于有所缓和，当年账目上显示有 18 万英镑的盈余，而正如丹尼私库账目中所显示出的那般，财政状况的缓解也间接激励了国王的购物狂欢。国王喜欢被珍品围绕的感觉：[28] 13 件镀金银的碗、杯及酒壶——这些仅是当年 3 月国王从王室金器商摩根·沃尔夫（Morgan Wolf）处订购的。[29] 随后，同现代人一样，没有什么能比购物疗法更能帮助一个人摆脱烦恼与疾病的困扰。威斯敏斯特宫中的"退席厅"内还设有为国王存放备用现金的保险柜，金额足以满足国王最为迫切的需求：

4月1日：由托马斯·卡瓦登（Thomas Cawarden）爵士经手[30]，从退席厅内的保险柜中替陛下取现金，总计518英镑8先令4便士。

4月2日：遵照国王要求从保险柜中取出2000英镑……交付与商人用于购买他们所酿造的葡萄酒，总计1536英镑5先令8便士。

4月3日：国王亲自经手收到一笔款项，随后由埃德蒙德·佩卡姆爵士交由国王，[31] 总计2000英镑。

4月7日：由托马斯·卡瓦登爵士经手，从退席厅内的保险柜中替陛下取现金，总计57英镑6先令8便士。[32]

大宗账目的每一部分都要经尼古拉斯·布里斯托签字，并由安东尼·丹尼会签。

亨利的视力开始下降，从1544年之前的账目便可以看出亨利曾经从德意志购买眼镜，一次便购买了10副。[33] 这种眼镜可以挂在鼻子上，由于国王经常会将其遗失因此会重新采购多副。亨利的视力衰退，再加上他本就对签署正式文件感到厌烦，因此他在晚年时期创造出了一种新的、不大让他反感的方式，以此在枢密院呈上来等待行政处理的这些堆积如山的信件、急件、请愿书、授权书、账目及账单上面明确表示批准。

为解决这一问题，1545 年 9 月一种名为"干压印"的方式被用来代替王室亲笔签名或是"署名"。这种方法是用一块小雕花木块在文件上盖章——在木块上很可能还有一个特殊的手压装置[34]——以便在文件上留下亨利签名的干印副本。随后这块雕花木块便由御玺事务官威廉·克拉克上墨，他直接受命于安东尼·丹尼爵士以及丹尼同在枢密院的内弟约翰·盖茨，约翰负责监督这块署名印鉴的调度使用。干压印的每一次相关处理使用都会被特意记录在一个单独的本子上，国王[35]会经常性地对该记录进行审查以防印鉴被滥用或误用，国王要尽量避免这种危险情况的发生。起初，这块木块被存放在一个小黑皮匣内，由国王亲自保管。但几个月之后随着国王意志消沉，他将干压印转交给盖茨代为管理，这也意味着他将能控制身边之人的权力缰绳也一并转交到盖茨手中。[36]

当然通常情况下伪造王室签名是叛国罪行，所以为了确保整个程序不会触犯法律，在未来某段时间内使用干压印后，使用者们会回过头正式地以颁发许可的方式使其这种享用行政便利的行为得到特赦。因此在 1546 年 8 月，丹尼正式赦免了"所有自 9 月 20 日以来因伪造、盖印以及手写国王签名等行为而被判叛国罪的犯人"[37]，并且几乎在同一时间立即颁发了对威廉·克拉克以及约翰·盖茨的特赦令。除此之外，丹尼、盖茨与克拉克还于 1546 年 8 月 31 日获得汉普敦宫出具的书面文件许可，获准使用干压印，该权限直到 1547 年 5 月 10 日截止。他们被允许——

以国王的名义进行签署且在国王心情愉快的情况下由其亲自署名；授权证、账单、授权书、租契、赦免令、信件以及审判记录……均以如下形式签署，即他们中的两人在国王的授意下采用国王印鉴，即"干压印"，在文件上印下国王署名的印痕，随后由克拉克或是安东尼来对该印痕进行描黑，该方法可用于上文提到的授权证以及其他需登记造册的书面文件，或是每月需按时提交国王签署的文件。[38]

这些证明文件会经由财政部首席大臣亨利·布拉德肖（Henry Bradshaw）领导的执法人员进行检查，并由亨利·布拉德肖会签，同时还会有一众官员及赖奥思利领导的侍臣对文件进行审查。

现在掌握干压印的人等同于握住了国库的钥匙，拥有了王室庇护权，也控制了对政敌造成最终毁灭性打击的武器。随后的几个月里，这片土地上的几位大人物开始体会到这块小木块所带来的毁灭性影响，仅仅是在国务文件上轻轻一压，他们便要为亨利那迅速恶化的身体状况付出大笔金钱。

对于这位总是牢骚满腹的体形庞大的君主来说，他的时间之沙已所剩无几。亨利执政时期最后一件国家大事发生在 1546 年的 8 月，法国海军大臣克洛德·安内博带领着一支由 200 名贵族以及由统一着装的随从组成的耀眼队列来到伦敦，他们所乘坐的庞大的"扎迦利号"以及其余 14 艘战舰停靠在迪耶普港口，他们此行是来签订和平条约以结束英法战争。国王身体虚弱，因此由 8 岁的爱德华王子作为代表，8 月 23 日，王子一行骑马抵达米德尔塞克斯郡的豪恩斯洛（Hounslow）去迎接法国使者，陪同王子随行的有 700 名绅士与贵族，另有 80 名仆从负责护卫王子的安全。整个场面辉煌而耀眼。500 名英格兰仆从分成左右两列纵队，护送法国海军大臣及其随行人员从中间骑马行进，直至到达年轻王子的近前方才停下，王子高骑在马背上同余下的随从一起等候在那里，他们均身着华丽的天鹅绒外套。老成的爱德华以流利的拉丁语致欢迎词，充分地展示了他那"出色的智慧与胆识"，还有他那熟练的骑术，都给法国使者留下了深刻印象。[39] 后来，法国方面的一位莫雷蒂爵士对尼古拉斯·沃顿博士表示，他"对能觐见王子殿下感到十分欣喜，语言（远远）无法表达他对王子的赞美之情"。[40] 一行人抵达汉普敦宫，赖奥思利与枢密院高级官员都守候在那里准备迎接法国使团。他们一起打猎消遣愉快地度过了 4 天时间，而在此之前他们双方还是相互敌对的。在特意为此次条约签署而准备的两顶大帐篷内，每晚都会举行奢华的宴会与假面舞会，帐篷由木板墙以及彩绘牛角窗搭建，内部则用厚重的帷幔作为装饰，柜橱内填满了金盘子以及用各种"光芒四射的"珠宝和珍珠制成的奢华装饰。[41] 这些来访者被安置在宫廷花园中临时搭建起来的帐篷内，这些由金布搭建起来的帐篷在花园内形成了一个小村庄。[42]

　　在第一个晚上的宴会结束之后，亨利在大主教克兰默及海军大臣的搀扶下一瘸一拐地行走散步。出乎安内博意料的是，亨利突然提出一项影响深远的提议，即在英格兰与法国国内"建立真诚的宗教"。国王表示他们应当"在两国内都将弥撒改为（新教徒的）圣餐仪式"，在法王弗朗索瓦一世公开拒绝教皇的霸权统治之后，他应当与亨利一起要求帝国皇帝查理五世也采取同样的做法，"否则他们将与之决裂"。[43] 亨利此举是出于狡猾的挑衅，还是他真的准备完全信奉新教，并为几年之后自己儿子那短暂且打破常规的执政埋下伏笔？经常被利用来在王国内破坏弥撒仪式的亨利，如今终于下定决心颁布政策全面清除弥撒仪式了？而为了攫取宗教慈善财富而颁布的《教会法》，尽管很可能仅仅是为了财政需要而做出的临时决策，但却会被轻易解释为王国内公开向弥撒仪式发起攻击的第一枪。后来克兰默对这段谈话做了详细描述，自那时起便引起了对此话题的争辩，特别是当此提议（据说是）由一个如此激进的新教来源地所提出。确定无疑的是，福音派在宫廷之中的权势越来越大，也愈加得到亨利的关注。同时，对于国王而言这可能并非是一项慎重、理性的政策，却显示出宗教保守派在亨利秘密王室公寓那黑暗隐蔽的小世界中快速失势，不再具有影响力的征兆。

第七章

密谋烧死王后

> "他们每天都在背后诅咒和谩骂我,绞尽脑汁要伤害
> 我……他们紧盯着我迈出的每一步,时刻盘算着如何让我作
> 茧自缚……他们确实令我感到困扰,但我不会逃避。"
>
> ——凯瑟琳·帕尔,摘自《圣经》中的
> 赞美诗或是祈祷文,1544 年 5 月[1]

1545 年 12 月 24 日,在这个平安夜的早上,亨利在议会休会期间[2]做了可能是他此生的最后一次演讲,此后一直到来年的 11月 4 日前演讲通常都循例由大法官赖奥思利进行的。鉴于他的身体健康每况愈下,许多人认为这也可能是亨利最后一次在威斯敏斯特宫的上议院公开露面了。亨利从不曾是伟大的公众演说家,也远不像他女儿伊丽莎白那般是位雄辩的煽动者。但他在那个寒冷之日的演讲,尽管明显没有准备任何草稿或是笔记,但语言却出人意料地仔细慎重且扣人心弦。他所要传达信息的对象,不仅仅是他面前的这些议员,更是那些身处议会高墙之外的围观百姓。

他的全部臣民都在仔细聆听他的话语并衷心顺服。

国王的演讲以感谢议会能够通过用于筹集资金的《教会法》并将其写入法律作为开头——尽管此前该项议案在紧要关头时差一点儿就宣告无效。[3] 亨利还对议会中那些对他没收教会小教堂以及对大学计划有所怀疑的议员进行安抚。他郑重承诺，对于教堂神职人员的腐败、教育投入的缩水以及无视穷人所需等现象他绝不会容忍。他慷慨激昂地说，这个世界上没有哪位君主"如同我爱你们一般爱着他的臣民，也没有哪国的臣民或是民众能像我所感受到你们爱我这般地去热爱并拥护他们的君主"。

出于细节上的礼貌，国王只能在枢密院几位绅士的搀扶下痛苦地站着，他此行的真正目的是：就一直存在争议的宗教问题对上议院的神职人员、俗世之人以及平民清晰冷静地做一次发人深省的演讲。如同维多利亚时期那些脾气暴躁的教育家一般，国王要求虔诚的保守党与激进的福音派改革者们都要在愈演愈烈的辩论中保持（冷静）良好的秩序：

我挚爱的臣民们：

要去学习并努力修正那些已经明确的错误并找回已经失去的秩序，我强烈地意识到你们已经丢掉了宽容与和睦，取而代之的是随处可见的不和谐现象以及频繁争吵。

在你们之中，当一方对另一方高喊着异端分子、再洗礼派教徒，而对方则高喊天主教徒、伪善者和法利赛人（严守律法的古犹太教派成员）作为回应时，你们的慈爱与宽容在哪里？[4] 难道这些就是你们宽容的象征？这就是你们之间友爱的表示？

或许是由于国王已经对充斥在宫廷内的这种宗教派系之间永无休止的争吵，以及遍布整个王国之内的学说冲突与论战感到厌烦，他将目光投向了主教们：

> 我每日所看到和听到的就是你们这些教士在教化一个人如何去对付另一个人；教导（一人）如何反对另一人；在一人面前谩骂另一人，毫无宽容与理智可言……所有的人都是如此多变与不合，几乎不再有人忠实而诚挚地传布上帝的声音，而这才恰恰是你们的分内之责。唉！如果你们这些传教士在布道时就播下争论与分歧的种子，那么那些可怜的灵魂又该如何和谐共存呢？
>
> 他们来向你们寻求光明，而你们却给他们带去黑暗。
>
> 我奉劝你们，修正自己所犯下的错，通过真诚地布道、做良好的表率以传递上帝的旨意。

亨利还补充了一句极具暗示意味的"否则"——他毕竟是英格兰教会的最高首脑，无论何时何地都牢牢掌握着权力，而他永远也不会对冷酷无情地行使手中权力这件事感到畏惧。现在是时候坚定地提醒他们，这才是他们所生活的这个国家之中真正无法改变的现实：

> 我，由上帝指派在人间的代理人及最高统帅，将依据我的职责来见证这些分歧的消失以及那些滔天大罪将会得到悔改，否则我会被上帝视为无用的仆人或是失职的管理者。

世俗领主及议员们也被特别指出并受到类似的批评：

> 此时的你们心怀恶意与嫉妒，因而也并非干净毫无污点，你们指责主教、诽谤牧师们以及训斥奚落那些传教士的行为，也与良好秩序以及基督徒博爱的行为背道而驰。

> 如果确信某位主教或是传教士……宣扬了邪恶教义，那么你应当来通知议会或是我们这些被上帝授予最高权力的人，由我们来对这些理由与行为做出改正并维护正常秩序，而不应根据个人所臆想的观点以及毫无根据的论述来进行判断，因为你很容易误入歧途。

> 尽管你们获准阅读《圣经》，可以用你们的母语来宣讲上帝之言，但你们必须清楚知道赋予你们的权利仅仅是让你们表达自己的良心，让你们去指导自己的孩子与家庭，而并非让你们去争辩，或是如许多轻浮的人一样以《圣经》作为标杆去指责或是奚落牧师与传教士们。

国王对于人人都滥用上帝之言的行为深感震惊：

> 我很遗憾地得知，上帝之言，这最珍贵的瑰宝，被如此不敬地用来争辩、押韵，甚至是在酒馆或是客栈之类的嘈杂环境下被哼唱出来，这无论与真谛抑或是教义都是相悖的。

现在到了令议会与整个王国彻底摒弃宗教分歧的时候了：

　　对此我确信：你们之间的宽容从未如此微弱，你们摒弃了善良与虔诚的生活，摒弃了上帝，就连基督徒也不再对上帝有所尊崇、敬仰或是侍奉。

　　因此，正如我前面所说，你们要如同兄弟一般互相包容。赞美、敬畏并侍奉上帝（我以最高首脑及君主的身份来劝告并命令你们），这样我便可以确信友爱与团结……将永远不会在我们之间溶解破碎。[5]

　　即便是国王的官员们也被他的表达能力以及热情洋溢所震惊，据说很多人甚至被感动得流下了眼泪，尽管一些人还是对会议能在中午之前宣告结束感到安慰，因为这对于许多人来讲有了足够的时间可以骑马赶回家欢度圣诞节。前一年曾担任枢密院顾问及秘书一职的威廉·彼得爵士还就演讲一事满腔热情地给他的同僚，也就是亨利的另一位国务大臣威廉·佩吉特爵士写信，他此时正身在法国处理外交事务。彼得爵士在信中写道：

　　（国王的演讲）是如此有力、如此简洁、如此具有帝王风范，更确切地说是如同慈父一般，可能[6]对于早已习惯国王日常表达的您来讲感觉并非如此震撼……但是对于我们这些无法时常听到国王演说的人来说是如此的喜悦、惊奇、令人满足，我想这是我生命中最幸福的一天。

　　佩吉特谄媚地对他寄来这样一份"最虔诚、明智、高贵的演讲"副本表示感谢，他多么希望付出一切代价能亲自听到国王的演讲——即便是让他在整整一年的时间里每天吃鱼也在所不惜，因为那是他最厌恶的食物。[7] 如果他在现场也会被情绪所感染："我笃定，我的眼睛一定会表达出我的心声。"他补充道："我们的上帝拯救了他，我们的好国王，使他的臣民走上了正途。"一向公事公办的佩吉特在信件末尾直截了当地附言称："如果我们无法在短期之内回家，请务必帮助我们筹措更多现金。"

1546 年 1 月，亨利内阁中的保守派领袖温彻斯特主教加德纳在海外进行国事访问，此行旨在修复英格兰同帝国皇帝查理五世之间岌岌可危的关系。在与亨利进行讨论后，克兰默决定利用加德纳缺席的机会在未经变革的宗教中扫除残留的宗教仪式：四旬斋期间遮盖在教堂圣坛之上的巨大帷幕，受难节时爬向十字架的万众集会，以及万圣节守夜期间教堂的鸣钟活动。他为国王精心起草了一封准备送到加德纳手中的信件，信中对新政策进行了描述，并于某个下午的晚些时候由安东尼·托尼爵士在枢密院内读给亨利。国王突然厉声喝止："现在我要另行裁决。"随后亨利便草率地下令：

> 传我的话给坎特伯雷大主教，自从我和他就这些事交谈过后，我收到了温彻斯特大人的来信……他在信中直言不讳，如果我们在宗教或是仪式上做出任何改革、改变或是变化，那么（与西班牙）联盟都无法成功或是再有所进展。[8]

不可否认的是，亨利突然改变主意一事已成定局。尽管身在海外，但加德纳仍对内阁之中的一切了如指掌。他巧妙地打出了外交这张牌，并成功阻挠了克兰默，中止了克兰默的进一步改革。国王反复无常的决策（相当于）宣告了加德纳一党在争夺内阁最高权力的这场孤注一掷的斗争中占据了主动权，赢得了为期 6 个月的主导地位。

当宗教保守派在宫廷之中到达权力顶峰之时，他们开始有了一个大胆的计划，密谋打击国王世界中的核心：他心爱的妻子及伴侣，王后凯瑟琳·帕尔，她于 1546 年 1 月起便越来越倾向于新教。同年 7 月，范·德·代尔夫特在一份关于其与加德纳以及佩吉特对话的报告中提道：

> 我发现他们无论是在公共利益方面抑或是对于陛下（查理五世）的利益而言都是有利的。因为这些议员都是国王所青睐的，我确信他们可以帮助我们维持两国现存的友好关系，并阻止新教徒（原文如此）站稳脚跟或是获得支持。（主教与佩吉特）都满怀信心地对此做出了保证。[9]

王后的枢密院内聚集着口若悬河的女士们，她们口中不断涌出危险的属于福音派教徒的观点，这使她们成为阴谋打击的目标。这项阴谋计划很可能是由温彻斯特主教在背后策划指挥，而诺福克公爵、佩吉特以及赖奥思利也参与其中，他们甚至还安排了理查德·里奇爵士来作伪证。凯瑟琳身边的女士们一直是保守派们心中的一根刺。一向活泼且不受约束的萨福克公爵夫人凯瑟琳，即查尔斯·布兰登晚年的最后一任妻子，她甚至在宫廷之中豢养了一条宠物狗，并故意将之命名为"加德纳"，并利用它在公开场合肆无忌惮地取笑奚落。对于王后这位举止得体、行为毫无瑕疵的道德楷模来讲，不正当性行为这一罪名无法再成为陷害他的恰当理由。宗教异端看起来是最好的借口——而且作为可能的"备选方案"，他们甚至试图利用诺福克公爵的女儿里士满公爵夫人，希望将其作为另一个甜蜜诱饵去引诱国王获得他的青睐，使其远离凯瑟琳。但这些阴谋家们首先要做到的便是去软化他们的主要目标。

他们阴谋实施的第一步便是有计划地对亨利的配偶进行造谣诽谤。2月27日，范·德·代尔夫特在写给查理五世的信中提道：

> 我犹豫是否应当向您报告最近关于新王后的流言。一些人责备王后不孕，而另一些人则认为是由于现在正处于战争时期。
>
> 萨福克夫人很健谈也很招人喜欢，尽管听说王后对于流言十分气恼，但国王对王后的态度却一如既往。[10]

3月7日，亨利在安特卫普的财政代理人史蒂芬·沃恩（Stephen Vaughan）写信给赖奥思利与佩吉特，信中称：

> 这一天我所寄宿的住处来了一名高大的荷兰人，他是这个镇上的商人，他说曾与几个朋友共进晚餐，其中一位朋友与他打赌称国王陛下一定会再娶一位妻子，这位荷兰人恳求我能告诉他事实。

他发誓不会告诉那个与他打赌的人，我说："我从未听到过此类说法，也确信不会有这样的事情发生。"

民间许多人都在谈论此事，但此事从何而起我却不得而知。[11]

值得深思的是，正是那一天[12]，加德纳恰好结束同帝国皇帝在乌得勒支（Utrecht）的外交商讨，刚刚返回安特卫普。随后谣言便如野火般铺天盖地迅速蔓延。4月6日，帝国皇帝的一位议会成员利尼利厄斯·谢普鲁斯（Cornelius Sceppurus）于伦敦写信给佛兰德斯议会主席路易斯·斯霍勒（Louis Schore）博士，他在信中羞怯地提道：

我不敢写下如今在这里盛行的有关女性的性谣言。但我怀疑有些变动即将发生。[13]

凯瑟琳对于这种威胁的感受越来越强烈：2月时，她下令给她私人房间内的保险柜以及各种奁匣重新换锁，以防有人私自翻动她的文件。[14]对于那些存在争议的宗教书籍，她将其中一部分藏于她的私室（厕所）之内，另一部分则命人悄悄运出宫廷，送至位于北安普敦郡霍尔顿的叔叔家中由其代为保管。[15]她步步谨慎：这些阴谋家们正在她周围布下大网。后来一名新教徒称，那个夏天发生在宫廷之中的猎杀异教徒的行为"愈演愈烈。（由于宫廷之中有）许多男士及女士都深受宗教影响，因此将她们作为目标开始这种恐怖猎杀行为是最切实有效的"。[16]

诺福克公爵的第二个儿子，改革派的托马斯·霍华德勋爵成了首批落网之人。5月7日，他被拖至枢密院并被指控"在宫廷之中轻率地就《圣经》与其他年轻人发生争辩"[17]，他被告知，如果"坦白交代自己在去年四旬斋期间在宫廷之中对布道与劝诫所说的反驳之言，以及在王后内廷之中的其他谈话内容"，他就可以被施与怜悯。他保证遏止并改变自己的行为，因此逃过一劫。

1546年初夏，加德纳一党开始加快步伐，他们大肆散布关于王后即将倒台的谣言。内廷之中的托盘男侍理查德·沃利（Richard Worley）因"就《圣经》进行很不得体的争辩"而被送至监狱。6月，最受欢迎的传教士爱德华·克罗姆（Edward Crome）博士也被猎杀行动逼至绝境。两个月前，他在伦敦的布商公会教堂进行布道时否认炼狱的真实存在，因此被命令放弃保罗十字架。他对此表示拒绝但又承受着犹豫不决所带来的煎熬。伦敦商人奥特韦尔·约翰逊（Otwell Johnson）在写信给他身在加来的兄弟时，讽刺地写道：

> 我们这里的新闻（是）克罗姆博士的放弃、又放弃、重新放弃或者确切地说是再次放弃。[18]

威廉·胡克（William Huicke），很可能是亨利的医生罗伯特·胡克的亲属，因支持克罗姆而被捕，因同样理由被捕的还有枢密院的裁缝约翰·拉塞尔斯（John Lassels），五年前正是他向克兰默提供了凯瑟琳·霍华德少女时期堕落行为的证据，并导致凯瑟琳身败名裂。

亨利的好友之一，名气不大的诗人同时也是福音派教徒的乔治·布莱吉爵士（Sir George Blagge）也被扣押在新门监狱，在被休·卡弗利爵士（Sir Hugh Caverley）以及一个名叫利特尔顿（Littleton）的人指控为异端之后在市政厅内被判以火刑处死。但布莱吉却在愤怒的国王出手干预之下幸免于难。亨利警告赖奥思利的逮捕行动"离他太近了，甚至将他的枢密院也牵连进去"。随后大法官迅速赦免了布莱吉，国王曾给布莱吉起过一个名为"我的小猪"的绰号。当亨利再次见到他时，高声喊道："啊！我的小猪！你又安全啦？"布莱吉躬身施礼并回复道："是的，陛下。如果不是陛下您比大主教对我更好，您的小猪恐怕早就被烧熟啦。"[19]

6月18日，伦敦市长亨利·霍贝索恩（Henry Hobberthome）传讯安妮·阿斯丘（Anne Askew），或作安妮·阿斯考夫（Anne Ascough），就其宣称弥撒仪式中圣饼以及圣酒并非"真实存在"一事进行审问。

此前一年她就曾因同样问题在伦敦陷入麻烦，当时她还住在城西的一座修道院里。时任伦敦市长马丁·鲍斯（Martin Bowes）——他曾是一名郡治安官，于1540年卑劣地主持了罗伯特·巴恩斯（Robert Barnes）的处决仪式——对她进行了讯问，但却被她的智慧与学识蒙混了过去：

市长：你这愚蠢的妇人。你是否曾发表过牧师无法造就基督的圣体这一言论？

安妮·阿斯丘：我确实这样说了，大人，因为我读到《圣经》上说"上帝创造人"，但那个人也能创造出上帝这一点却从未读过，或者，我想，应该能读到的。

市长：献祭仪式后面的词语难道不是圣体吗？

阿斯丘：不，《圣经》上写的仅仅是神圣的面包或是圣典面包而已。

市长：如果在献祭仪式之后被老鼠吃掉了呢？老鼠会怎么样呢？你怎么说，你这愚蠢的妇人？照我说老鼠就是该死的！

阿斯丘：呜呼！可怜的老鼠啊！[20]

随后她被释放了，但在她所写的一封信遭到拦截之后，她又再次陷入了异端指控。[21]25 岁的安妮，一位"优雅美丽，又鲜有的兼具智慧"的女士，却被她那极不匹配的老丈夫托马斯·库迈（Thomas Kyme）从位于林肯郡的家中赶了出来，理由是她的嗓音以及她所持的异端宗教观。40 年后，耶稣会会士罗伯特·帕森斯（Robert Parsons）将她描述为"一个扭捏作态的女士，有着放荡淫乱的坏名声"：

整日到处闲逛，四处散布那些不合时宜的话语或闲聊。这便是她入狱之前所经历的几年动荡生活；但来到伦敦却使她异常欣喜，因为得以接近宫廷。[22]

6 月 29 日，在伦敦塔中，赖奥思利、里奇及如今的财政大臣约翰·贝克（John Baker）开始围绕王后凯瑟琳身边的侍女对安妮进行调查讯问。安妮在被偷偷送出监狱的文件中描述了审讯过程：

"他们向我问起（关于）萨福克夫人、苏塞克斯夫人[23]、赫特福德夫人[24]、丹尼夫人及菲茨威廉斯（Fitzwilliams）夫人。"[25]

他们进一步逼问她，问她在监狱里都有谁接济她，按他们的说法是有不同女士给她送来金钱，她承认"曾有一名身着蓝色外套的男子给我送来了 10 先令，据他所说是受赫特福德夫人所托，另一位身穿紫色外套的曾给我送来 8 先令，据说是受丹尼夫人委派而来"。

"是真是假，我无从分辨，因为我无法确定是谁送钱给我，只是那些男士说是如此。"

随后他们问道："是否曾有（任何）内廷（枢密院）之人在维护你？"而我的回答是"没有"。[26]

她或是巧妙地避开了他们的问题，或是勇敢地拒绝回答。在尝到深深的挫败感之后，赖奥思利与里奇命人叫来了伦敦塔中尉安东尼·尼维特爵士（Sir Anthony Knyvett），命令他对安妮上刑，务必使其痛苦不堪以便招认出事实。尼维特极不情愿地用皮带将安妮捆绑在机械装置上，只是命令手下"掐"她，并大声呵斥她说出全部事实。那些问题依然得不到答案，他被命令使用机器来拉伸她的身体使其更加痛苦。尼维特拒绝了，他笃定地坚持如此对待一位女士是违法的，即便是在亨利那残酷的律法条件下也是如此。

一怒之下，赖奥思利与里奇脱掉长袍亲自上阵去转动绞盘控制刑架上的绳索，刑具开始拉伸并撕扯着她的肌肉与肌腱使其与骨骼分离。在安妮自己的记录中对整个受刑过程的描述既生动又恐怖：

> 由于我坦诚交代的确不知道有任何夫人或是女士扶持我，他们就（上刑）折磨了我很久。因为我只是安静地躺着没有哭，大法官与市长里奇亲自动手来为我上刑，直至我几乎要死去。

尼维特坚称这位女士应当被释放。

> 我立即昏了过去，直到他们把我弄醒。在那之后，大法官和我一起坐在光秃秃的地板上，他开始用谄媚的言辞来劝说我放弃自己的观点。但我神圣的主却赐予我恩惠（希望）让我能坚持到最后。

这位伦敦塔中尉对她所受到的不公平对待极为反感，因此乘船去威斯敏斯特，将这位女士所受到的折磨一五一十地报告给了国王。"国王了解情况之后，似乎也对他们用如此极端的手段来折磨一位女士而感到不悦"并赦免了尼维特的擅离职守。[27]（然而耶稣会会士帕森斯后来则表示，国王自己也对安妮·阿斯丘施以刑罚，想让其说出是否曾与他的王后进行交谈并"腐化"了萨福克公爵夫人）。

亨利对神学很感兴趣，因此总是会与妻子探讨宗教问题。在6月底或是7月初的时候，王后在一次争辩中情绪失控未能很好地把握住自己，她的论点激怒了国王，国王对此感到郁闷情绪低落，甚至感到身体不适而未能参加弥撒或是如平日一般跛行着在威斯敏斯特宫的私人花园内散步。在王后宣布告退去睡觉之后，亨利宣召了最方便现身的加德纳，并向其厉声呵斥道：

> 当女士们都能成为文职人员（学者）时，将她们作为倾听对象的确是不错，但让我像以前那般被一个女人教导是绝对不可能的！[28]

这恰好成为主教打击王后的绝佳机会。他在国王耳边嗫嚅着王后的观点在法律上看来已属异端：

> 他与其他几位忠实的议员能在很短的时间内揭露出隐藏在异端邪说之下的叛国行为，以便让陛下能意识到胸中怀揣毒蛇是多么的危险。[29]

亨利本人肯定已经签署了凯瑟琳的逮捕令。大概在 7 月 4 日，针对王后的指控已经起草完毕。7 月 8 日，一项禁止私藏异端书籍的政令被颁布出来，为收紧猎捕王后的圈套做好提供法律依据的准备。随后国王狡诈的本性开始发挥作用。

他将逮捕计划的一些细节吐露给了他的医生，很有可能是托马斯·温迪。他还命其中一位议员刻意地将一份逮捕令随手丢弃在通往王后房间的走廊上。正卧病在床的凯瑟琳迅速得知了针对她的阴谋。

可以想象她当时所感受到的那种赤裸裸的恐惧。

她会不会重蹈安妮·博林与凯瑟琳·霍华德的覆辙，成为另一位被亨利诛杀的王后？只是这一次，她的结局很可能是自己走上柴堆被火烧死。当国王来看望她时——

> 她说出了她的悲伤，时刻担心陛下会责怪并彻底抛弃她。国王则如同一位满怀爱意的丈夫一般，用甜蜜温柔的话语来安抚她紧张的情绪，使其重新振作。[30]

尽管他说出令人感到慰藉的言语，但凯瑟琳在有了前任王后们致命的前车之鉴后十分清楚自己的处境，她的前任们曾盲目地将自己的命运寄托在亨利的怜悯之上却最终未能改变遭到处决的命运。如果卑微地对亨利道歉或是乞求得到他的宽容无疑是彻底坦白——承认自己的确触犯了法律。约在 7 月 13 日那天夜里，她在自己妹妹彭布罗克伯爵夫人安妮·赫伯特（Anne Herbert）的陪伴下来到国王的寝宫，9 岁的简·格雷女士则提着烛火走在前面。

亨利有意重新谈到宗教问题。而她则抓住了这次机会。王后表示她"只不过是一位愚蠢的妇人，有着性别所导致的与生俱来的缺点"。她的判断"无论是关于此事，抑或其他情况，都会服从于陛下您的智慧，您是我唯一的支柱、最高元首、人世间的统治者，是最接近神的依靠"。

亨利恶意地耍弄她。"以圣玛丽的名义，事实并非如此吧。"他尖刻地说道。"你已经可称得上是位博士了，凯特，应当是你来指导我们（我们来听从），而并非是你被我们指引或教导。"机敏的王后明白这对她来讲是最重要的考验。她的回答既奉承了亨利，又让自己表现得十分谦恭：

> 如果陛下是这样认为的，那您一定是错怪了我，因为我
> 一直认为一个女人去指导自己的主人是荒谬可笑的。如果我假
> 意与陛下在宗教问题上持不同观点，那么我就可以从您那里
> 获得更多信息来坚定我曾有所怀疑的那些美好观点。[31]

凯瑟琳解释称自己的行为：

> 不仅仅是希望能结束国王这段时间内因病痛折磨所带来
> 的悲伤，希望他能通过将注意力转移到对话上而使病痛暂时
> 缓解；同时也希望能借此听到陛下那博学的论述，也能使我
> 从中获益。

亨利臃肿的脸上挤出了一副似笑非笑的古怪表情。"（确实）
是这样吗，甜心？你的争辩没有其他更糟糕的目的吗？那么我们
如今可以称得上是完美的朋友了，甚至更胜从前。"[32] 说着他把她
拥在了怀里并温柔地亲吻了她。

她安全了。

但在这出剧情紧凑的人生小戏剧之中，还有最后一幕等待上
演。次日下午，亨利同凯瑟琳正坐在私人花园中，陪同他们的是
三位侍女——安妮·赫伯特、蒂里特（Tyrwhitt）夫人以及简·格
雷（Jane Grey）女士。国王表现得"很愉快，就好似以前生活中
从未有过的那般愉悦"，但直到他看到赖奥思利带领四十几名戟兵

出现在花园并朝王室聚会者走来时，他的情绪迅速发生变化。大法官在约定的时间来逮捕王后以及她身边的女士们。亨利将赖奥思利拉到一旁，赖奥思利向国王躬身施礼并提醒他先前曾表示同意此项安排。亨利愤怒地喊道："彻头彻尾的无赖！禽兽加傻瓜！"在后来的一些报告中还有记录表示他甚至用手打了大法官的头。随着亨利专横地大手一挥，他命令大法官"滚（出）我的视线"。随后国王扭过身去背对着完全搞不清状况的赖奥思利，赖奥思利只得尴尬地退场，而他的卫兵们则踏着稳健的步伐随他而去。凯瑟琳安心地看着这一幕，并去安抚发怒的国王。"啊，我的小可怜，"亨利对她说，"你不知道他有多邪恶，根本不值得你对他施以怜悯。哦，哎呀，甜心。他一直对你……简直就是个彻头彻尾的无赖，让他滚。"[33]

在接下来的后半年期间，为了表示对她，"他最爱的妻子"，始终如一地喜爱与重视并使其安心，亨利一直不停地给凯瑟琳赠送珠宝、毛皮及布料。

7月16日，安妮·阿斯丘在史密斯菲尔德（Smithfield）被处以极刑，一同被处死的还有拉塞尔斯（Lassels）、来自什罗普郡的一名牧师尼古拉斯·贝莱尼恩（Nicholas Belenian）以及裁缝约翰·亚当斯（John Adams），他们都被指控为异端。"非人的折磨……对她造成的痛苦"使安妮无法行走，因此她不得不坐在椅子上由两名法警抬上刑场。她只能坐在椅子上被捆绑到火刑柱上。有人安排在柴堆之内安放了一点儿黑火药，在点火之后引燃炸药以结束她的痛苦。

第八章

新教徒的崛起

"只要国王亨利还活着，就没人能伤害我。"

——摘自 1547 年 6 月时斯蒂芬·加德纳
写给萨默塞特公爵的信件 [1]

随着这次针对王后所计划的鲁莽阴谋宣告失败，亨利宫廷之中的保守派开始陷入混乱，而这只会让他们更容易受到来自王室的报复性打击。加德纳本人也很快尝到了令国王不悦的后果。亨利一向不信任这名自负却才华横溢的教会人士，如果不是亨利自己的生命正在快速流逝，他一定会"将这位主教的能力发挥到极致"。但亨利认为自己有能力控制这位脾气暴躁的主教大人，因为他掌握着一些秘密，有可能是会令其身败名裂的信息来使加德纳不得不表示顺从，或者更有可能是亨利可以随时以叛国罪来对其进行制裁。也许是为了能让自己安心，国王多次要求佩吉特"给这位主教大人去信要求他谨慎行事，并表示只要主教有所需要他便会全力支持"。[2] 人们猜想国王手中掌握的武器很有可能与色情相关，因为在相关文件中无法找到任何资料。

　　加德纳于1483年左右出生于萨福克郡的贝里圣埃德蒙兹（Bury St Edmunds），曾就职于剑桥大学的三一学院，随后在那里接受训练成为一名律师。最初他担任沃尔西的秘书一职，并由此开始了他在政府中漫长的职业生涯，后来随着枢机主教的垮台，他则凭借自己对国王的忠诚而在1534年获得晋升，随后被派遣至海外执行重要的外交任务。加德纳对亨利统治整个英格兰教会一事明确表示支持，尽管这对于他来说十分为难，但他仍于1535年编写了一篇冗长的演讲稿《真正的服从》，并以此来表示自己对一位俗世国王控制宗教的支持，但近来发生的福音派改革教义一事却令其与克伦威尔及克兰默之间产生了直接冲突，乃至后来与西摩一族、约翰·达德利及莱尔子爵之间冲突不断，这些都给他自己的悲惨命运埋下伏笔。

　　这位主教大人曾在靠近德比郡切斯特菲尔德的哈德威克庄园内绘制过一幅肖像，画中的男人有着双下巴和可以称得上是性感的丰厚双唇，双眸充满好奇地盯着画像之外。他一贯以其迅速爆发的愤怒（"残暴的脾气"）以及言辞刻薄和来势汹汹的怒火而恶名昭著。加德纳温彻斯特大主教一职的继任者，坚定的新教徒约翰·波内特（John Ponet）在1547年之前曾在克兰默手下担任附属教堂牧师，因此绝非加德纳的党羽，他口中的加德纳有着紧蹙的眉头、深邃的目光，有着"如同秃鹰一般的鹰钩鼻"以及"（魔鬼才有的）巨爪"。[3] 当然，在信奉天主教的玛丽执政期间，加德纳成为大法官之后，对那些无论是在政治还是宗教领域被他视作国家公敌的人都毫不留情。17世纪的神学家托马斯·富勒（Thomas Fuller）将加德纳描述成："他的恶意就如同……白色（火药）粉末，悄无声息地射出子弹，他所有的残忍行为都是秘密施展的。"信奉新教的托马斯·蒙泰尼（Thomas Mowntayne）是伦敦皇家圣米迦勒塔（St Michael Tower Royal）的首席牧师，他曾对一次玛丽执政期间加德纳在公开场合发怒的场景有所描述。1555 年 8 月 26 日，蒙泰尼见到加德纳陪同女王及她的丈夫腓力国王骑马行至齐普赛街，周围的一切都用红色装点得鲜艳辉煌，当加德纳经过的时候他会不时地对围观群众施以祝福：

> 他感觉受到了讥讽嘲笑。加德纳（被）触怒了……因为居然有人未向队伍前列的十字架脱帽行屈膝礼……
>
> （他吩咐）仆人："记住那间房子"，"把那个恶徒带来让他……"
>
> 他称自己从未见过如此胆大的异教徒，既不向我主基督的十字架表示敬畏，也不曾说出"上帝保佑国王与王后"。
>
> "（只要）我活着，就会教他把这两点都做到。"[4]

当天夜里，加德纳的一名密探向其报告称看到蒙泰尼曾出现在巡游现场监视着队列的一举一动。"他因此而大发雷霆，正如他的人所说，这对一位主教来讲是很不得体的行为，他还为此紧急招来了骑士元帅。"他一出现，加德纳就质问他在自己的办公室都做了些什么。"我不是给你送过一个叫蒙泰尼的人吗，他既是叛国者又是异教徒，不是应该为此被折磨致死吗？今天这个恶棍无赖就那样毫无廉耻地公然站在大街上，就那样看着国王（腓力）的

脸。我劝你今天夜里去找到他，对他进行仔细搜查，随后将结果
报告到议会。"

在加德纳主教于 1546 年首次出版的《洞察魔鬼的诡辩》一书
中，他驳斥那些对异端邪说抱有邪恶执着的再洗礼派教徒与圣礼
形式论者，以及他们那抵死的顽固，如果这可以作为证明他们观
点的论据，那么《圣经》的真理将会被混淆。

> 如果他们利用近来……出现许多遭受痛苦的象征……并以
> 此来宣扬他们的热情，这种宣传热情则并非出于对上帝之灵的
> 追求，而是源于对傲慢、假想乃至魔鬼之灵的渴望。[5]

加德纳在该书的最后回忆往昔，那时的王国生活在"信仰、
宽容以及奉献之中，那时的上帝之言就在人们的心中，不会经人
们的口舌随意说出"。而如今，主教语气轻蔑地谈到"弄臣、斥责
者、蹩脚诗人、演员、杂耍艺人、空想家甚至是只会傻笑的学舌
之人都能成为诠释上帝之言的管理者和官员"。随后我们可以看到
加德纳对那些演员们也早已不耐烦，但他的书却广泛流传"在那
些保守人士大量聚积的地区，人们对于该书的恭敬甚至超过了神
圣的《圣经》"。

后来在一封主教于 1554 年 2 月 11 日夜晚写给威廉·彼得爵
士的信中，他坚定地表明自己要毫不留情坚定地彻底铲除叛国者
的决心。也就在这个月，托马斯·怀亚特爵士起义推翻玛丽失败，
所导致的直接后果便是大批囚犯被捕并接受讯问。加德纳在索思
沃克时写下：

　　　　明天在伦敦塔要仔细审问那里的犯人小怀亚特（爱德
华·怀亚特）[6]，他会交代一切的。

　　　　他是个没有什么本事的私生子。

　　　　无论你是刑讯逼供或是承诺给他好的生活，女王陛下都
不会在意的。

　　这些话让任何人看到都会觉得脊背发凉。"刑讯逼供"一词足
以令人想象在伦敦塔下那黑暗的、使人汗水淋漓的房间内，加德
纳是如何对怀亚特逼供的。那冷冰冰的话语就如金属刑具掉落在
石板地面上发出的声音那般刺耳。

　　但是对于加德纳来说，生杀大权在握的那几年要等到玛丽将
英格兰国教重新改回天主教之后。而如今，他与其保守派党羽所
面临的则是随着亨利的生命渐渐消逝，改革派决定牢牢占据政治
制高点。

　　令他大为懊恼的是，1546 年 10 月，枢密院首席绅士兼侍厕男
仆托马斯·赫尼奇爵士被突然革职，赫尼奇在该职位上已任职 10
年之久，忠心耿耿地为国王服务也已经 20 年。丹尼接替了他的职
位，而王后的妹夫威廉·赫伯特（William Herbert）则坐上了枢密
院第二把交椅。如今改革派在宫廷之中紧握住了权力的杠杆。

　　加德纳本人突然从高处跌落的原因仅仅是在土地交换问题上
国王对主教的一次误解，而这恰好被他的敌人所利用，亨利一贯
热衷于得到最好的土地，因此他希望能扩充自己众多王室地产中
的一片，该提议却遭到加德纳的拒绝。在做出这项不甚明智的决
策之后，加德纳过分高估了自己对国王的了解，直到经历了突然

被拦在枢密院门口的境遇之后，他才后知后觉地嗅到了王室强烈的不悦气息。有个很可能是完全杜撰出来的故事，其中描述了国王在温莎堡发现加德纳正潜藏在议员同僚之间时做出的反应。

> 亨利一见到他便转头对赖奥思利（说：）"我难道没告诉过你不要让他再站在你们之中吗？"
>
> （大法官回复：）"温彻斯特大人是来替教士们向陛下捐税（自愿捐税）的。"

联想到现金流进保险箱的情形，国王平静下来并接受了捐税。[7]但是主教却仍然被宫廷拒之门外。1546 年 12 月 2 日，加德纳在伦敦恭敬地给国王写了一封信：

> 苦于无法当面向陛下表示我的谦卑，这种烦恼一直在脑海中困扰着我，因此我鼓起勇气打扰您并给您写了这封信。

加德纳希望得到"曾经的圣宠"，并表示自己一直珍视国王所恩赐的一切：

> 如果由于我不够慎重，导致我在这次土地事件中言行失当，那么我必须同时也愿意为自己的不当做法感到羞愧，也以最谦卑的姿态向您献上我的双膝，我渴望能得到陛下的原谅。
>
> 我从未说"不"……来使陛下不悦，只是……陛下曾施与我的恩惠令我鼓起勇气，为陛下的良善请愿。[8]

他补充道：

> 因我如今不得接近陛下，无法获悉关于此事的最新进展，
> 在此我忍不住要向陛下袒露我的真心，以最谦卑的姿态请求
> 陛下能在这件无足轻重的小事上原谅我，待我如初。

他怀疑这封信不可避免地会被枢密院内的改革派敌人所拦截，
因此他还另外写了一封信给佩吉特，恳求他亲自将这封信交到亨
利手中并为自己争取到进入宫廷亲自面见国王的机会，因为"我
被禁止踏入"枢密院。

> 我并未听说国王陛下在土地事件上对我抱有不满，可能
> 只是感觉我的行为欠妥，此外我对此事的过度关注使（我）感
> 到很抱歉，人们可能会认为我只想得到自由裁量权，因而忽
> 视了国王陛下曾施与我的仁慈，而正如你所知晓的那样，我
> 所敬仰的只有陛下，也正是这份敬仰奠定了我在尘世间的基
> 础。我恳求您帮我带去几句话。[9]

很明显，国王的确收到了加德纳的信件，但他的诚挚请求却
并未能带来好的结果。他不知道的是，他的昔日盟友佩吉特已然
倒戈。随后于 12 月 4 日，亨利在奥特兰（Otelands）当即无情地
回复了他：

> 假使你的行为……能与你第二封信上所写的恭维话一致，

那么你不用写这些借口，我也没必要做出回复。

　　但你在信中所提到你从未对要求土地一事说"不"，这一说法令我们感到讶异，因为我们的大法官（赖奥思利）、秘书（可能是彼得）及土地没收法院大法官［爱德华·诺斯（Edward North）］都可以从旁作证，你完全拒绝以任何形式服从，并且亲口说出即便是当着我的面也不会改口。[10]

　　亨利的计划居然受挫，居然发生在他这样一个不懈地敛产，并且危险又凶狠的君主身上。他直言不讳地说："我实在不清楚你还有什么理由再来骚扰我们。"这句话预示了可怕的结局。很明显，信件末尾是用干压印来署名的，并经由丹尼与盖茨共同见证，因此主教或多或少发现了他的政敌们搞的阴谋，因为这封信字里行间所表现出的态度是对他严厉坚决地表示拒绝。

　　但骄傲的加德纳不会让自己彻底离开威斯敏斯特宫。这样做相当于承认自己失去了国王的恩典。但令人感到羞愧的是，他整日痛苦地徘徊在紧临着国王密室的枢密院之外，时刻等待着国王的召唤，但却再也没有被传召。他无助地看着那些公务人员走来走去，而他只能站在一边听着人们的窃窃私语以及宫廷内的各种传言。他要求在离开宫廷的时候由受宠的廷臣们伴随他离开，他试图以这样可悲的要求来维护自己仍然拥有权力与影响的公众形象。主教不肯承认自己的确棋差一着，遭到了赫特福德与达德利的有效打击。

　　1546年，国王内阁中两大派系之间开始剑拔弩张，几周之后这种紧张局势终于爆发，在一次炎热的，空气中弥漫躁动情绪的枢密院会议中，[11] 达德利被激怒并动手打了加德纳的脸，而这一拳也给这位海军大臣招致来自国王的"麻烦与危险"，国王一向对发生在宫廷范围内的暴力行为表示谴责。[12] 然而，国王的喜好却发生了变化，达德利"如今依然被国王所接纳"。不久之后，"暴力与侮辱性言论"再次出现，只不过这一次不再是达德利与加德纳之间，而是赫特福德对赖奥思利。

如果能在可塑性更强的年轻王子继位之后代为摄政，随之而来的将是权力、地位及财富，因此那些试图拥戴新教继位者的人对于牢牢掌握权势的霍华德家族虎视眈眈，而霍华德家族的领导人正是加德纳的盟友诺福克公爵。他离轰然倒台的日子也不远了。

如同他的父亲一样，诺福克公爵的儿子萨里伯爵亨利·霍华德在现代人看来可能是个毫无吸引力的人。萨里伯爵傲慢、自负、冲动且易怒，他哪怕察觉出稍稍被怠慢便会大动肝火，最重要的是，他鄙视一切生活在或是来自社会底层的人。他有个著名的谬论：如果一位杰出、敏感、才华横溢的诗人，同时也是个粗暴的流氓与傲慢的纨绔子弟，那么他的自负行为与信仰很轻易便会激怒围绕在他身边的人。然而国王十分喜爱这个"（全）英格兰最愚蠢又骄傲的男孩"[13]，因为他在少年时期曾在温莎堡度过了两年快乐时光，他在那里陪伴国王的私生子即里士满公爵亨利·菲茨罗伊一同学习，后来亨利还迎娶了萨里的妹妹玛丽。[14] 在那时两位年轻人成了挚友，后来在法国共同深造期间，两人之间更是结成深厚友谊。萨里曾为他们之间的网球比赛作了首诗，比赛过程中，二人因有充满魅力的年轻女士从旁观看而思绪纷乱，以至于无法专心比赛：

> 这掌中游戏，[15] 使我在比赛中分神的
>
> 是那闪烁着爱意的目光，令我们眼花缭乱
>
> 令我们错过得分……[16]

这个急性子不可避免地会经常遇到麻烦，即便是在 1532 年他被安排与弗朗西丝·德·维尔（Frances de Vere）成婚之后亦是如此，弗朗西丝是牛津伯爵的女儿，婚后他们于 1536 年 3 月 10 日诞下一子名为托马斯。[17] 一年之后，这个 19 岁的年轻人被判在温莎堡监禁两周，因为他在宫廷范围内打了爱德华·西摩，即后来的比彻姆子爵的脸，起因是西摩鲁莽地声称萨里对于北部地区求恩巡礼的反叛初衷表示同情。克伦威尔阻止了宫廷法令对其做出更严重的处罚。然而，这却并未能遏制住这名坏脾气伯爵的越轨行为。1542 年 7 月，他鲁莽地向王室成员约翰·利爵士（Sir John Leigh）发起决斗挑战并再次入狱，这一次他被关押到了弗利特河畔的债案犯监狱，但是却获准带着两名随从，以便在狱中服侍他。他写信给枢密院：

> 近来，我命令我的仆人皮克林（Pickering）对你们每个人提出要求，希望你们能施以善行，迄今为止我所得到的完全是对我过去愚蠢行为的惩罚。但我再次声明更换（为）干净的新衣也是我的责任，因此我谦卑地恳求你们将此归咎于一位鲁莽的年轻人因怒火冲昏头脑而犯下的错误，而并非仅仅出于愚蠢的不甘心或是愿望未得到满足。[18]

他要求议员们帮助他重新恢复其在国王心中的位置，这样就可以——

> 走出这充满恶臭的监狱，这里致命的有毒气体无疑正在侵害着我的健康。如果你们这些善良的大人经过裁决认为我不必被处以极刑，而是尚可改造；那么请你们以我的名义向国王陛下请愿，至少如果他愿意容忍我的小疏忽并稍做惩罚（国王不会让他所喜爱的对象，尤其是我，过着如此活受罪的日子），那么他也许会愿意将我流放至乡下，让我无栖身之所，并按照他的意愿来限制我的自由，以示惩罚。[19]

萨里那圆滑的甜言蜜语使他在 8 月 7 日得到释放，但在获得释放前要先缴纳一笔高达 6666 英镑的巨额保证金，以保证他在今后行为良好（"控制住自己的意志"）——这笔保证金按如今的市值计算约合 240 万英镑。议会的"首脑"却并未被他那圆滑优雅的花言巧语所蒙蔽。他们也不该如此。在苏格兰服完兵役之后，萨里于 1543 年 2 月再次冲撞王室权威，他和一伙有钱的花花公子们，其中包括小托马斯·怀亚特[20]以及威廉·皮克林，参与了伦敦城内发生的一起"骚乱"。

他们酒醉之后用猎弩向房屋［包括理查德·格雷沃姆爵士（Sir Richard Gresham）的宅邸］与教堂窗子上投击砾石。他们沿着泰晤士河乘坐划艇，行至索思沃克破烂的河岸斜坡处时，将砾石投向那些站在妓院门口招揽生意的妓女并以此为乐。上帝，这多有趣啊！但正是这样一次有趣的事件再次让已经 26 岁的萨里吸引了枢密院的关注，由于伦敦市长的投诉，他们不得不努力找到了位于齐普赛街圣劳伦斯巷的米利森特·阿伦德尔（Millicent Arundell），她是萨里的情妇，发生骚乱的那天晚上萨里同其他人正是在她的家中过夜。据她供述：

> 萨里伯爵同其他年轻贵族经常到她家中，在四旬斋期间吃肉并且还有其他不正当行为。在圣烛节的晚上，他们会在夜里9点带着石弩出去，直到深夜后才会回来。第二天便会听到人们在街上喧闹，（称）昨天夜里许多房子与教堂的玻璃被打碎，还有许多路人也遭到袭击。而这些受害者的抱怨声皆是因为我的主人与其同伴……
>
> 在那个夜里，或是前一天的夜里，他们用石弩向泰晤士河岸投掷，而托马斯·克利尔（Thomas Clere）则告诉他们如何才能瞄准河岸斜坡上的那些荡妇（妓女）。[21]

因此4月1日，萨里被拖至圣詹姆士宫面对议会，他被指控在四旬斋期间食用肉食以及于周五晚间在街上"有猥琐不得体的行为"，随意发射石弩。在为自己辩护的过程中，萨里对他们说自己有一张特殊许可允许他在宗教斋戒期间食用肉食，但对第二项指控却快速认罪，他磕磕绊绊地为自己辩解，称只是打碎了那些天主教徒的窗子。此外，他表示自己对伦敦市民的放荡行为感到惊讶，就"仿佛在模仿教皇在他那腐化堕落的地盘上的所作所为一般"。当然，这种极其傲慢的大胆辩解无法打动枢密院。萨里发现自己又回到了弗利特河畔的债案犯监狱，他在那里被关押了很

长时间并在那里作了一首诗，名为《一首对伦敦市民的讽刺诗》，
他在诗中反复强调他的任性行为完全是出于对伦敦市民所犯罪行
的惩罚：

> 没有任何过失能躲过正义之仗
>
> 但所有的不当行为中
>
> 最寂静的莫过于下一次因病休息（睡眠）
>
> 在隐秘寂静的夜里
>
> 这唤醒我胸中鲁莽
>
> 以我手中之弩来唤醒你的懒惰
>
> 一道来自上帝的命令
>
> 你们罪孽的根源早已在《圣经》中显现
>
> 可怕的雷声轰鸣
>
> 乃是由我掌中火焰而起
>
> 你我皆知卵石无声
>
> 却暗示上帝将用死亡的瘟疫
>
> 来将你包围以示其怒火 [22]

到了 5 月，他再次获得释放。他的父亲诺福克公爵毫无疑问
希望他能不再碍手碍脚，同时还希望他能将精力放在更有用的事
情上，因此在 10 月的时候他被安排去欧洲战场，随英格兰军队一
同到低地国家去援助西班牙军队。神圣罗马帝国皇帝查理五世很
喜欢这位诗人士兵，并为此写信给亨利；

> 我们此信特为称赞我们兄弟诺福克公爵的儿子，他迫切渴望学习战争艺术，并且为你的人做出了优秀表率，因此并没有让你失望。
>
> 我们这里的所有人都对他个人……表示尊敬，而他也的确值得如此，父亲英勇善战，儿子也极具贵族风范。[23]

萨里在亨利对战法国期间的表现令人尊敬，1544 年[24]，英格兰军队包围蒙特勒伊期间，他在一次进攻中被炮火击中严重受伤，但随后在英格兰恢复伤势之后便于 1545 年 9 月接替他的父亲成为英格兰军队驻法国的陆、海军总指挥，同时还在被攻陷的布伦城担任指挥。他身处法国时过于乐观地向英格兰频繁递送急件给亨利留下了深刻印象，如今返回英格兰之后，在他的不断鼓动与支持之下，国王迫切希望能获得军事荣耀以及与法国一役的胜利。

但守住布伦城的代价十分高昂，国库资金迅速枯竭，而此时的伦敦城内，亨利那正承受着巨大压力的内阁成员正焦急地寻求一切方法来使国王在不损失颜面的情况下放弃布伦城，更确切地说，是尽量避免激怒那正追求荣耀的国王。诡计多端的诺福克警告自己的儿子：

> 你需要耐心等待（意识到），不要过于鼓动国王保留布伦城，因为你这样的做法最终不会带来任何好处。仔细检视你对我们内阁来信的回复。要确认这些计划未被包含在内。[25]

然而，萨里的军事声望是短暂的。1546 年 1 月 7 日，他在布

伦城附近的圣埃蒂安（St Etienne）拦截了一支 3000 步兵与 600 骑
兵组成的法国增援军队，但是却遭遇了全面溃败，这在很大程度
上要归咎于他的无能与冲动，他因此牺牲了 205 名英格兰军人，
其中还包括 14 名上尉（甚至还失去了他的副指挥），而最难堪的
则是丢失了大量战旗。[26] 他立即失去了亨利的宠信，两个月之后，
当他写信给妻子希望她能随军出征时，得到的答复却是盛气凌人
的“不”——国王指出，甚至是有些粗暴地表示“他的服务，会给
人带来烦恼与不安，（甚至）不如一个愚蠢的妇人，（如今）也该
结束了”。[27] 3 月 21 日，他被解除了陆军中将以及布伦城指挥的职
务，接替他的偏偏是赫特福德勋爵（前比彻姆子爵）。国王的秘书
威廉·佩吉特爵士善意地写信给萨里：

> 你来信的后半部分触碰到了敌人盘算的计划，我找到机
> 会才能写信给你，坦白来说，我的观点未必明智；希望阁下
> 能安好，而不至于如我所说的这般陷入危险境地。
>
> 如阁下所愿，陛下希望能有所行动，对敌人造成打击，
> 因此马上派遣部队并委任赫特福德大人作为陛下的中将……
> 因此我担心你的权威……将被触动。[28]

明智的佩吉特敦促萨里寻求另一项使命以重新获得亨利的
青睐：

> 在我看来，你应当尽力表现，以便使陛下委任你到其他
> 地方军队去任职，无论是在（军队）前方或是后方做个首领，

或是到其他类似可以为你带来荣誉的地方去，这样可以让你
增长见识。借此也可以帮助你在今后为陛下提供更好的服务，
还能……有机会做些引人注目的事来为你的人报仇雪恨，并
在最终与敌人再次短兵相接时抓住机会扬名四海。[29]

对于萨里来说，再没有什么比赫特福德被选定为新的军事领
导人更让其感到不幸的了。萨里一直对西摩家族抱有深深的怨
念，认为他们很难称得上拥有高贵血统，都是些大嗓门的暴发
户。这种鄙视却并未阻碍他早年莽撞地对安妮·斯坦诺普（Anne
Stanhope）展开追求，尽管遭到安妮的强烈反对，但安妮恰恰是
比彻姆子爵爱德华·西摩爵士的妻子，而爱德华即如今的赫特福
德伯爵，则是已逝王后的兄弟。正是这次事件导致了前文所提到
的那次发生在温莎堡内的有失体面的拳脚相加，这无异于是对萨
里内心本已熊熊燃烧的仇恨火上浇油，而随后在 1543 年萨里被拖
进枢密院为其在伦敦城大街小巷所做的夜间恶作剧受审时，赫特
福德的弟弟托马斯敦促议员们对其进行严惩的做法再次点燃了萨
里的仇恨之火。而最糟糕的是，在赫特福德接到任命在法国取代
萨里之后，他公开指控萨里在管理布伦城时存在腐败与滥用职权
的现象，并立即撤销了萨里曾做出的诸多任命。[30]“在布伦城时，”
萨里愤怒地拒绝承认该项指控，并写道：“有太多的见证者，亨利
国王的萨里永远不会为了个人利益而堕落，他的手永远不会伸向
贿赂。”所受到的忽视与偏见仍在萨里的心中占据着重要位置，因
此他拒绝了佩吉特所提供的善意建议，并于 1546 年怀揣报复之心
满腔怒火地返回家中。

但是西摩家族率先出击了。机不可失，在摆脱加德纳之后他们必须争取宫廷之中的绝对权力，并最终消除来自以诺福克公爵与萨里伯爵为首的保守派所带来的威胁。在亨利濒临死亡之际，正是伯爵那几乎无法抑制的野心为爱德华王子提供庇佑，并恢复了原本遭到新教徒压制的英格兰贵族阶级位于王权之侧的本来位置。

随着亨利病痛的加剧以及时日不多的结局越来越明朗，西摩家族是时候开展行动了，但他们仍然要对国王那逐渐衰落的权力以及他的冷酷无情加以利用。作为改革派，他们不太可能用宗教异端的指控来使萨里保持缄默。最终由理查德·索斯韦尔爵士（Sir Richard Southwell）想出办法，他是诺福克手下的一名议员，还曾是克伦威尔的密友，12月2日他告诉枢密院称他有关于萨里伯爵"能撼动其对国王忠诚的证据"。

亨利突然对萨里与诺福克下手，原因始终是个谜。17世纪的一位作家指出"使亨利声名狼藉的是，他不但撤销了一切他曾施与萨里的恩赐，而且还保证无论发现任何（关于萨里）的罪行，他都不会予以干预"。[31] 亨利开始热衷于毁掉萨里，尽管他的身体状况严重恶化，但在对付这对父子的整个过程中他却表现出强烈的个人兴趣（即使并非是直接下令指挥），即便有时他身处病榻之上，也仍对此兴趣盎然。他很有可能一方面考虑到霍华德家族的王室祖先血统很可能会对都铎王朝继承人构成潜在的威胁，另一方面也考虑到他死后霍华德家族会被指挥图谋成为王国摄政，这引起了亨利的疑心并唤醒了他的恐惧，他担心自己死后年幼的儿子登上王位时所面临的处境，这使他仔细凝神聆听着那些在他耳边嗫嚅的恶意之言，即便他时不时发烧，但仍旧如此。

已成定局的逮捕行动发生在几天之后。亨利"十分隐秘地"命令王室卫队队长安东尼·温菲尔德爵士（Sir Anthony Wingfield）在萨里来威斯敏斯特宫的路上将其逮捕：

> 翌日晚餐过后，当他（温菲尔德）走在楼下大厅时正好看见伯爵步入宫廷。
>
> 他命令 12 名戟兵在旁边的走廊等候，随即自己走向伯爵，说道："欢迎您，我的阁下，我需要您的帮助，我想请您帮我与您的父亲公爵大人在某件事上进行调解，如果您肯听我说。"
>
> 这样便将萨里引至走廊处，在那里等待的戟兵抓住了萨里，并在无人注意的情况下将其押上了船。[32]

萨里被送至赖奥思利位于城西霍尔本（Holborn）的宅邸伊利宫（Ely Place），准备在那里接受讯问，审讯最初是关于西班牙大使弗朗西斯·范·德·代尔夫特所提到的萨里所写的一封信件，他在这封写给一位绅士的信件中"言辞充满威胁"。索斯韦尔也在那里——暴躁的伯爵扬言因为他的无端指控而要"脱掉衣服"动手打他——随后萨里于 12 月 12 日星期日这一天在严密看守下被公开转移至伦敦塔。在这段痛苦的旅程中，他身边的护卫推开旁边的围观人群，据报告记载他"情绪十分低落"，这可以理解。萨里被捕时诺福克并不在伦敦，他匆忙地写信给威斯敏斯特宫以弄清儿子被羁押的原因。这些信件自然而然地被拦截下来，并经过严密审查以便成为扳倒他的证据。他等了没多久便弄清了个中缘由。

伦敦塔的墙上同时也张贴出一张针对他的死刑执行令，上面写得清楚明白。

诺福克公爵也于那个星期日的晚些时候被传唤至法庭，并被送至伦敦东部的阴冷要塞。在遭遇了被当众剥夺嘉德勋章、政府官职、议会权杖之臣及财政大臣等身份后，他经水路被押送走。颇为讽刺的是，他所遭受的耻辱与其6年前强加给克伦威尔的一模一样。公爵"在登上驳船与进入伦敦塔时"都公开宣称"与在他之前被带到伦敦塔的所有人相比，没有比他对（国王）更忠诚的仆人了，而且他仍会一如既往"。出于礼节，他的大声抗辩被记录下来，但很明显被忽略掉了。

霍华德家的倒台是经过精心谋划的，无论是在时间上还是在处决上。同样是在这个星期日的下午三四点之间，亨利信赖的廷臣——枢密院中粗野的约翰·盖茨和他的内弟怀蒙德·卡鲁爵士（Sir Wymond Carew），以及随后被释放的索斯韦尔，因诺福克一案而匆忙离开伦敦。他们的首要任务是找出给这对父子定罪的确凿证据，其次是仔细列出他们的财产名录并予以保护，便于国王进一步没收处理。在骑马行进80英里经过塞特福特之后，他们终于在星期二早上的拂晓时分抵达诺福克在肯宁霍尔（Kenninghall）那占地700英亩并配有鹿苑的奢华大宅。

他们如同盖世太保一般砸门，将尚在熟睡之中的人们唤醒并闯进屋内。他们于黎明时分出现并冲着人们严厉咆哮，这对于这里的居住者来说是极其可怕的打击：此时萨里被囚禁的消息尚未传到肯宁霍尔。当晚盖茨向亨利报告称：

在管家去召集所有人集合的时候，我们命令施赈人员按秩序分别把守住前后门，我们要求同里士满公爵夫人以及伊丽莎白·霍兰进行谈话，她们刚刚起床，但毫不延迟地来到了餐厅。

我们很容易便能联想到，当一群满身泥泞、全副武装的男人气喘吁吁地站在他们面前，准备在黎明突袭搜查犯罪证据时，萨里那刚醒来，还迷迷糊糊的妹妹以及诺福克公爵头发蓬乱、衣服邋遢的情妇对这一切所做出的反应只是惊恐。

在听明白所发生的一切之后，公爵夫人感到痛苦迷茫，颤抖着便要倒下，但随即恢复了过来，她恭敬地跪下乞求面见国王，她表示尽管自己受天性使然爱着自己的父亲……以及她的兄长，但她……也认为兄长是鲁莽之人，她绝不会有任何隐瞒，会把自己所能回忆起的一切都供述在纸上。

盖茨建议她陈述事实、坦白交代，不要有所隐瞒，也不必绝望。三人检查了她的保险柜与壁橱，"但却未发现任何值得送交之物，到处空空如也，她的珠宝都用来偿还债务了"。然而，诺福克交往已久的情妇情况却有所不同。

我们随后对伊丽莎白·霍兰进行搜查，并发现有腰带、珠子、金纽扣、珍珠以及镶嵌有各种宝石的戒指，他们为此还特意造册（入库）。

"可靠之人"被派往诺福克以及萨里家族所拥有的其他地产"以防止侵吞公款的现象出现"，并被特意叮嘱不要漏掉"伊丽莎白·霍兰那所新建的房子"。肯宁霍尔的管家与施赈人员负责统计所有的盘子以及"类似物品等最后余下的入账项目"。[33] 在下一封信中，盖茨向国王承诺，他将报告"该事件相关情况以及有关公爵及其领地情况的进一步发展"。都铎王朝的事件调查一向是彻底的全面搜查。

此时在伦敦塔警察房间内，自 12 月 13 日被捕以来，困惑、惊恐而又孤独的诺福克公爵正在给亨利写一封语气谦卑、言辞悲切的信件。他在信中诉苦：

> 一些险恶的敌人所告诉您的并非事实，上帝作证，他（诺福克）或是他的继承人从未对国王有过一丝一毫的不忠想法，他无法想象对自己的控告简直比当天夜里出生的婴孩还要多。

公爵尚不清楚自己究竟触怒了谁，"除非有人因我对其反对而怀恨在心，例如那些曾遭到指控的圣礼形式论者"（宗教激进分子）。在宗教问题上——

> 我已告知陛下及许多其他人，正因为知晓您的美德与学识，我遵守您制定的任何法律，尽管这会招致许多人对我的恶意，正如他们在海外针对我散布谣言一般。

很明显，他认为自己突然被捕是因为敌人要遏制他的保守党派宗教信仰。[34] 可悲的是，诺福克还在恳求亨利能恢复对他的好感，称国王可以拿走他的全部土地与财产，并希望得悉自己所面临的全部指控。

他早先的怀疑应该是在第一次审讯中得到了证实，即对他的指控主要侧重于政治和宗教问题。关于教皇方面，诺福克表示：

> 如果我有二十条生命，我宁愿全部浪费掉也不愿用它们来换取这个国家之中的权势……因为他已经成为国王的敌人，没有人能在心中或是语言上对国王表示反对，无论是在这里还是在法国，甚至许多苏格兰绅士都没有这个权利。[35]

克伦威尔的鬼魂以及他的悲惨命运令公爵感到惴惴不安，独坐在这座令人生畏的塔内："尊敬的阁下们，我相信众位一定会认同我与克伦威尔的所作所为是截然不同的……他是个虚伪的人，而无疑我才是一位真正可怜的绅士。"这是他写给内阁的信。一次又一次，诺福克绝望地重复着他的请求，他要求亲自面见这位他始终不得而知的原告并亲自挫败此人的阴谋，"因为我绝不会有任何隐瞒。试炼真金的最好方法就是（将其）投入火中或是水里，就如同我曾经历过的种种考验一般"。

在亨利执政以来便经历长期动荡的都铎王朝之内，他所遇到的所有敌人都在他忧郁的脑海中一一浮现。其中包括"14 年来一直（试图）摧毁我的"沃尔西。当然还包括他最伟大的对手克伦威尔；第三任白金汉公爵[36]爱德华，"如今活在世上的所有人中，

他是最憎恨我的"；他的妹夫威尔特郡伯爵托马斯·博林（Thomas
Boleyn）"承认会想尽各种方式将匕首插入我的胸膛"。然后便是
那些"因我的一个侄女和一个外甥女都得到陛下欢心并先后与其
结为夫妻而恶意中伤我的人"，而那些伦敦塔内有权有势的人中仍
有人保留着这份恶意。[37]

在一封匆忙潦草完成的信件中，他哀怨地申辩着自己曾经对
王权所付出的忠诚：

> 是谁揭穿了达西勋爵、[38] 罗伯特·康斯特布尔爵士（Sir
> Robert Constable）、[39] 约翰·布尔默爵士（Sir John Bulmer）、[40]
> 阿斯克（Aske）[41] 及其他许多人的谎言？只有我！
>
> 是谁向陛下通报自己的岳母[42] 犯有渎职罪而使其遭受处
> 罚？是我！
>
> 我在自己的国王面前是真实可信的人，而且我也因为这
> 些做法从陛下那里获得了诸多嘉奖。
>
> 谁能想到现在这一切又都成了错误呢？
>
> 我是如此可怜，我是他的近亲啊。以谁的名义能证明我的
> 不忠呢？[43]

这些胡乱写下的疯言疯语，完全是源自一个人在受惊状态下
因为对未知的恐惧而带来的麻木感。那么再次引出这个问题，他
究竟是以何种罪名受到指控？证据是什么？

此时诺福克还不知晓，并非异端问题导致了他的毁灭：对于
他那些坚定的敌人，即年轻王子爱德华的舅舅们——西摩家族来

说，叛国罪才是他们所选定的终极武器。就萨里而言，他仍然天真地丝毫没有意识到自己已经被扣上了共谋叛国的罪名。他在伦敦塔中书写并向枢密院送交了一封信，信中言辞激烈地辩称"我那年迈的父亲从未在我与索斯韦尔之间挑起任何矛盾"。对于诺福克公爵的被捕，他抱怨道："令我如此痛心疾首。"[44]

12 月 16 日，赖奥思利向范·德·代尔夫特送交了一份消息，而亨利对待诺福克的态度也变得清晰明朗起来，信中透露出诺福克与其子入狱的原因"是他们认为国王已经年迈，不再具有利用价值，因此他们计划以危险方式获得统治地位"，同时——

> 他们的目的是要以谋杀全部内阁成员并控制住王子（爱德华）的方式来篡权。[45]

政府的宣传机器则发挥了更大威力。英格兰驻法大使尼古拉斯·沃顿将诺福克与萨里父子二人的"最可恶最卑劣的意图与计划"告知了弗朗索瓦一世。弗朗索瓦平淡地回复道，如果能确切明白地证实他们的罪行，那他们都应该被处决。[46]整个欧洲宫廷都对他们被逮捕的消息感到震惊。12 月 25 日，正在查理五世的宫廷之中执行外交任务的温彻斯特主教托马斯·瑟尔比（Thomas Thirlby）写信给佩吉特：

> 诺福克公爵与他的儿子，这两个无礼又野蛮的非人类，[47]我承认我曾经对他们表示过爱戴，那是因为我一直认为他们是一心向主的忠仆。在上帝面前，我感到大为震惊。[48]

　　这期间还发生了一个浪漫的小插曲，这段故事仅在一处相关文献之中有所记载。萨里曾经试图从塔内越狱，他计划从窗口处逃跑，带着仆人马丁偷偷夹带给他的一把匕首爬到房间的窗子外，脚下便是泰晤士河，有一艘小船正停泊在圣凯瑟琳码头等着他。据该文献作者安东尼奥·德·瓜拉斯（Antonio de Guaras），即当时在伦敦的一位西班牙商人表示，伯爵对守卫的出现以及再次被捕惊诧不已。[49]

　　令萨里没落的法律程序已蓄势待发。[50]大法官赖奥思利曾是诺福克忠诚的盟友，但是如同佩吉特一样，在感到宫廷之中的政治风向转变之时，几乎一夜之间就摇身一变成了诺福克最坚定的敌人。大法官改变并掉转了公诉书的主攻方向，因为许多证据都是被零散地拼接在一起的，大部分都是道听途说而来，无法作为严谨的证据，但是仍存在大量的毁灭性证据被收集起来并进行评估。1543 年萨里酒后滋事行为的关键性人物，他的情妇阿伦德尔提到伯爵在她家中曾有过的一次谈话，如今看来那段谈话应当是有罪的：

　　　　曾经有一次，萨里大人买布的时候发生了不愉快，她在厨房对自己的女仆说他为此大为震怒，并补充道："我对他们居然胆敢嘲弄王子而感到十分惊奇。"

　　　　"为什么，"她的女仆爱丽丝问道，"他是王子？"

　　　　"是啊，所以要嫁给他，如果一切进展顺利的话，他的父亲就会登上国王之位。"

　　　　另一位女仆琼·惠特纳尔（Joan Whetnall）表示："说起

她的同伴曾摸到萨里大人的床上时，她说摸到那手臂简直就像是在触摸国王。"[51]

毫无疑问，这份证词自然是顺利地从枢密院文件中被提出，并作为新的证据被放在赖奥思利面前。

萨里那对他恨之入骨的妹妹也详细描述了他是如何诽谤西摩家族的，"这些得宠的新人根本毫无贵族血统，一旦上帝将国王召唤走，他们就会受到严惩"。诺福克的情妇"贝丝"·霍兰（"贝丝"是伊丽莎白的昵称）也讲述了她的情人如何抱怨枢密院的人"因没有他这样的高贵出身"而不欢迎他，而且他还预言了病中国王的死亡。加文·卡鲁爵士（Sir Gawen Carew）描述了一次萨里与其妹妹在威斯敏斯特宫长廊上所发生的一次公开争吵，萨里暴力反对自己的妹妹嫁给托马斯·西摩，理由是他认为西摩家族出身卑微。这位目击者表示，萨里建议他的妹妹应当进宫用自己的身体来"取悦国王"，这样她就可以如同法王的情妇德唐普（d'Estampes）控制弗朗索瓦一世那样控制住英格兰国王。

这不仅是在帮助她自己，而且她身边的所有人都能借此得到好处。因此她公然表示对兄长的反抗并说他们都应该下地狱，而她宁愿割断自己的喉咙也不会同意这样的邪恶行径。[52]

爱德华·罗杰斯（Edward Rogers）告诉调查者们发生在伯爵与他的朋友乔治·布拉吉（George Blagge）之间的一次争吵，乔治既是亨利的宠臣之一又是位著名的宗教改革者，他们争论的话题是在国王逝世之后该由谁来为年幼的爱德华王子摄政：

> 伯爵认为自己的父亲是不二人选，无论是从他一贯的忠心耿耿还是从财力来说都是最佳人选。
>
> 布拉吉则回答道，那么王子将会在魔鬼的教育下长大，并补充说道："如果真是如此，王子将落入你或是你父亲手里，那么我会不惜一切代价将匕首刺入你们的胸膛。"
>
> 伯爵则表示他实在是太过草率了。[53]

埃德蒙·尼维特爵士（Sir Edmund Knyvett）[54] 则是另一位热心的证人。他曾告诉萨里"因为你父亲与你的刻薄，我将远离家乡而居并在外等待，因为我再也无法忍受你们的阴谋了。"伯爵轻蔑地回答道："不，不，尼维特表弟，我的阴谋不会如此低下；我的阴谋有更高的目标——我的阴谋会越爬越高。"他再三强调："如果按照他的意愿，这些新提拔起来的人选将只会是贵族出身。"

萨里本人在伦敦塔中受审，他所面对的是枢密院的人放在他面前的一份写着多达 23 个尖锐问题的长长清单。狡猾的赖奥思利为此亲自起草"书面询问"，其中的内容显示这条"王室猎犬"坚定地循着他那倒霉的猎物所留下来的踪迹步步紧逼，而这一切都基于那早已搜集好的证据。这些问题包括："如果国王在王子年幼时逝世，你们是否曾计划控制王子进而操控整个王国？"这句问话是经过修改的，原文是"在王国之内，谁将作为王子年幼（未成年）时期的保护者与管理者"，更尖锐的问题是："你是否曾说过，在那样的情况下你或是你的父亲会管理或是控制他？或是有过类似的表述？"

　　另一个问题"你是否曾指使你的妹妹或是其他人去成为国王的情人"则被改为"你是否曾指使某人……意图赢得（国王的）欢心进而更好地实现自己的目的"。对萨里来说，在长期煎熬的日子里，这样的委婉言辞看起来是那样的格格不入。这些问题同样将其引至与"忏悔者"爱德华王室纹章之间千丝万缕的联系上来："你是否是圣爱德华的继任者或近亲属，如果是这样，你有何打算？"以及："你将圣爱德华纹章别在大衣内是何目的？"最终，审讯人员抛出了最后的"撒手锏"问题："你是否承认你自己是国王的实际控制者？"以及"你是否曾决定篡权谋国？"[55]当昔日仇敌口中反复逼问这一问题时，人们甚至可以听到萨里愤怒地否认与咆哮。

　　随着枢密院紧锣密鼓地搜集着证人证言，针对诺福克以及萨里的指控草案也已经拟定好并呈交到国王手中仔细阅读，尽管他的病情迅速恶化，但他仍坚持戴上眼镜阅读草案。他对此案抱有极大的个人兴趣："他在此事上考虑得十分深远与复杂。"据范·德·代尔夫特报告显示。

　　　　国王在假日与其他的一些日子里忙得脱不开身可以理解，而王后与全部侍臣都去了格林尼治，但此前王后从未像这些日子里在重大场合中不在国王身边。我不知该如何理解或者是否该对此有所怀疑。

　　　　国王"待在法庭一个隐蔽的角落，除了议员以及枢密院的三四名绅士之外，其余人全部禁止入内”。[56]

亨利在起诉书的空白处记录了大量笔记。他们所做的证据思路十分明确清晰，尽管国王的健康状况不佳，但他却必须表现出自己那严肃可怕的专注，他要看着拥有高贵血统的囚犯们被带进来受审。他的身体可能已经十分虚弱，但是他的冷血却--如往昔。国王所做的注释表明他将原本并非重罪的纹章问题做了加罪处理。

一些证据很可能触发了国王对往昔的痛苦回忆，并令这位老国王重新想起曾经的两段不幸婚姻。他写道：

> 如果一个男人想要达到自己控制王国的目的，并且在行动上要通过控制国王来实现，为此建议自己的女儿或是姊妹去做妓女，那么可以想象，即便一切顺利，同时控制了父亲与儿子，下一步会发生什么也便不言而喻了。简直是狼子野心！

随后，他将手指移向最关键的问题，亨利语气尖锐地问道：

> 如果一个男人口中说出："如果国王死了，那么除了我父亲或我之外还应当由谁来控制王子呢？"简直是狼子野心！[57]

多疑的范·德·代尔夫特强烈怀疑议员们之所以如此热衷于对此事的调查，其背后原因是要掩盖国王的健康状况再次恶化这一情况，他打发了一名手下去威斯敏斯特面见海军大臣约翰·达德利：

当其身在法庭并于当晚在法庭过夜之时，听一位朋友说起前一日还见到了穿戴整齐的国王，可国王的状况并不太好。[58]

这位精明狡猾的大使指出：

在 1546 年圣诞夜出访查理五世之前的四五个月里，举国上下正在大肆开展对异教徒及圣礼形式论者的调查与起诉，但自从赫特福德伯爵（西摩）与海军大臣回宫之后，这一切行动忽然全部中止了。因此公开的观点（是）这两位贵族具有影响国王决策的能力，他们可以根据自己的喜好对国王进行引导。[59]

范·德·代尔夫特在与某些重要议员进行交谈时曾警告他们"这些宗教所带来的罪恶与危险"，他们则建议他将自己的观点直接告诉亨利：

我如今发现了他们（议员们）的另一面，他们总是刻意去讨好和取悦伯爵及海军大臣……

至于宗教多面性的问题，大多数民众在很大程度上来说都与这些议员想法一致，绝大多数人都属于倒行逆施的教派，赞成抛弃主教。

他们希望看到温彻斯特主教与其他古代信仰拥护者们被送进伦敦塔与诺福克公爵为伴的场面，他们甚至对此想法毫不掩饰。[60]

1547 年 1 月 12 日，诺福克公爵于伦敦塔中认罪，他当然也签署了"未经任何胁迫或劝告"字样。尽管这毫无意义的免责条款十分荒谬，而这份供述也的确是由他的原告代其书写，每一个字母"i"处都以圆点标出，而每一个字母"t"则被画上十字：

> 我，诺福克公爵托马斯坦白承认自己冒犯了国王，我在不同时期向各类人等公开了国王的秘密决议，将陛下置于危险境地并令其失望。
>
> 我还替自己的儿子萨里伯爵亨利隐瞒下了已构成叛国罪名的错误行为，他佩戴了只有国王才有资格佩戴的"忏悔者"爱德华的纹章，而据说伯爵对此至今毫无悔意。
>
> 而且，自从先父过世之后，我本已无权在所持武器的第一节以及主节处装饰英格兰独有的三银标纹章，那本应是尊敬的王子殿下才配拥有的。
>
> 我承认我的罪行绝不仅限于叛国罪，尽管我甚至不配被称为叛国，我卑贱地乞求陛下能对我施以怜悯。我将每日向上帝祈祷希望您高贵的继承人能得享安康。[61]

在此情况之下，通常罪犯会在几位见证人的注视之下签署认罪书，他们是赖奥思利、枢密院议长圣约翰勋爵、掌礼大臣赫特福德伯爵、海军大臣达德利、秘书佩吉特以及国王的御马官安东尼·布朗爵士（Sir Anthony Browne）。此时奢望能得到亨利、西摩家族以及达德利的怜悯已经太迟了。

没有丝毫拖延，一切已成定局，转天在 1 月 13 日星期四这一天，萨里终于等来了自己在市政厅的审判，这一切都要归咎于他父亲那份语气懦弱且对他们极为不利的忏悔书。

尽管萨里先前曾有过无赖行径，但他在伦敦很受欢迎，他的垮台也无可挽回地毁掉了西摩家族在公众心目中一贯的认知形象。曾经对伯爵逃跑行为做过详细描述的西班牙商人德·瓜拉斯报道称，当萨里在伦敦塔守卫约翰·盖奇（John Gage）带领着 300 名戟兵安全护送下前往市政厅接受审讯时，"街上的围观者人数众多，看着令人不由得感到害怕"。[62] 一贯保持着花花公子形象的囚犯受审时还特意穿着一件新的色丁缎外套，这是新任伦敦塔中尉沃尔特·斯托纳（Walter Stonor）为了这个重大时刻特意帮他购买的。[63]

那卑躬屈膝的十二人陪审团主要由诺福克的骑士与侍从组成，还有几名精心挑选出来的诺福克的敌人也混杂其中。萨里就起诉书的内容进行"无罪"辩护，内容如下：

> 无论是谁，只要以语言、文字、印刷抑或是其他外在形式恶意危害到国王个人，或是借此机会扰乱国王及其继承人之间的王位继承，都应当被视为犯下叛国罪。[64]

> 亨利八世是英格兰真正的国王，而先王爱德华，普遍被称为"忏悔者"爱德华，其在英格兰王国内采用特定的纹章与旗帜作为权力象征，即在天蓝色底色的中间绘有一枚金色十字架，十字架的四个顶端为百合花纹样[65]，十字架周围还围绕着五只金色的小鸟[66]，这由爱德华国王以及他那些曾头戴英格兰王冠的祖先所享有，因此纹章与旗帜仅仅适用于国王而非其他人。

　　而如今的英格兰王子爱德华，国王的儿子及其继任者，自然有权享有……带有三银标[67]的三标纹章与旗帜。

　　然而，有位亨利·霍华德，肯宁霍尔的嘉德勋爵，即其他人口中的亨利·霍华德、萨里伯爵，却于1546年10月7日那天在肯宁霍尔，就在他的父亲诺福克公爵托马斯的宅邸之内，公然使用国王的三银标图案并将其融合在自己的纹章与旗帜之中，足以彰显其谋逆之心。[68]

　　伯爵站在被告席上顽强地面对着审判他的法官们，其中有三人是使其陷入如此境地的主谋：紧挨市长霍贝索恩（Hobberthornes）就座的赖奥思利、赫特福德及达德利。法官们还包括阿伦德尔伯爵与埃塞克斯伯爵，以及威廉·谢利爵士（Sir William Shelley）这样的职业法官，以示整个法律程序合法有效。佩吉特与安东尼·布朗爵士也作为委员出席。

　　国王的律师宣布了起诉状：

　　诸位大人，伯爵所犯下的任何一条罪状都足以被判处死刑。第一条是霸占王室纹章并逐渐上升到试图谋逆篡权的行为，其次是他的越狱行为足以证明他的确有罪。[69]

萨里"充满男子气概地"打断了他：

　　你这是污蔑，你为了金子甚至能出卖自己的父亲。我从未试图霸占国王纹章，众所周知正是我的祖先创造了这些纹章。

你到诺福克的教堂去，你到那里去亲眼看看，这些纹章在我
们手中已经超过了五百年。[70]

由于担心萨里的辩驳以及民众舆论影响会形成强势反击，佩
吉特大声对萨里喊道：

请安静，我的大人！你的目的就是叛国，因为国王年迈，
你想要自己成为国王。

伯爵厉声回复道：

你这个臭脚巡！这一切与你何干？你最好管住自己的舌
头，自从国王让你这样的卑劣鼠辈进了政府，整个王国就从
未有一天好日子。

萨里伯爵终于将他对暴发户们那难以抑制的蔑视彻底爆发出
来，这些人取代了正直贵族们应有的角色并获得了权力。"臭脚
巡"是当时对执法官称呼的街头俚语，萨里朝佩吉特喊出这一称
谓是对佩吉特的严重侮辱，因为佩吉特的父亲据说就曾是一名卑
微的巡警。无论关于他出身的传言是否为真，但佩吉特此时突然
缄默下来，"表情十分窘迫"。随后达德利便质问萨里为何要越狱。
萨里的回复是：

我试图逃走是要避免让自己陷入如今的境地，我的大人，

您很清楚，一个人只要来到这里便是欲加之罪何患无辞。[71]

这是一个绝望之人在面对可怕命运时所说出的残酷现实。萨里还被指控拥有一幅个人肖像——画中表现出了他的"恶毒思想"，以及被指控建议自己的父亲在亨利过世之后成为年幼国王的护国公之一。他的妹妹里士满公爵夫人同样签署了一份证词或称证人证言。她在丈夫死后成了不名一文的寡妇，她因自己所遭遇的贫穷痛苦的生活而对父兄怀有深深的怨念。如今她指证萨里是如何改变自己的纹章，并将其置于冠冕之上，[72] 而刻有"亨利王"（Henry Rex）的缩写"H.R."字样的王冠则在下方。当这些证词被当庭宣读之时，萨里大发雷霆："难道我还要受到一个可怜妇人的谴责吗？"[73]

在听了六个小时的证词之后，佩吉特匆匆忙忙地离开市政厅到威斯敏斯特去面见国王。当他将为萨里定罪的御令谨慎地塞进紧身上衣并匆忙赶回来时，陪审团已经尽职地完成了任务并暂时休息以考虑做出什么裁决。人们很想知道他们谈话的内容。稍事休息后——这里有个值得注意的细节——在他们落座之后由赫特福德起身作为代表进行总结发言。当被问及他们认为萨里有罪或是无罪时，赫特福德声音响亮地回答："有罪！"在短暂的停顿之后："他罪该万死！"[74]

在他的话还没说完之前，法庭内便爆发出一阵喧哗，"很长时间过后"法庭才重新恢复安静。

即便死神近在咫尺，萨里仍然难以抑制地爆发出带有偏见的言辞。这名犯人在被告席上大声质问：

你根据什么判我有罪？你根本就找不出任何法律依据！
可我知道，国王是要摆脱他身边所有血统纯正的贵族，只雇用那些贱民。[75]

赖奥思利只得提高声音来压过法庭下面那些激动的喧嚷，随即宣布了判决：萨里将被"带回伦敦塔，并从那里出发穿过伦敦城抵达泰伯恩刑场的绞刑架处，在那里被绞死并被掏出肠子"，他的尸身也将被肢解，这是叛国贼们都要经历的耻辱的死亡方式。他在重兵把守之下被带出市政厅时，行刑者斧子的方向突然转向他，这一凶兆预示了他会被定罪的命运。西班牙商人德·瓜拉斯对此评论称，"无论是他不断脱口而出的那些话语还是人们的悲伤，都令我感到震惊"。

1月18日星期二，诺福克与萨里一案因触犯《褫夺公权法案》而被提交议会，议会通过了他们的死刑，并没收他们的土地与财富，收回他们的荣誉，而判决日期则经倒推后填为1546年10月7日。但法案中并未涉及他们所犯叛国罪的任何细节。

威斯敏斯特的许多人都对霍华德家的巨额遗产投来炙热的目光，这些财产主要来源于遣散宗教机构所得。毫无疑问的是，秃鹫们早已在周围盘旋，它们迫不及待地等着在诺福克与萨里死后来分配他们那丰厚的利益。亨利向佩吉特表示，这些财产将会"慷慨地分配给他的那些忠仆"，而毋庸置疑，西摩家族将会是首批利益获得者。国王说已经拟好了一份受益人名单，并将其放在"睡衣口袋内"。颇为讽刺的是，尽管威斯敏斯特宫中那些追名逐利的人在国王逝世前的几个小时内就已经开始疯狂地大肆翻找，但直到国王逝世之后这份名单却依然不见踪影。这很可能是亨利最后一次嘲弄他的那些高级侍臣了。

　　萨里的垮台是基于纹章使用上的专门性，这一本就不甚明确的指控很可能是对手扳倒萨里的最佳理由。而他父亲的忏悔则是含糊其辞又虚无缥缈，其中大部分内容更是直接将自己的儿子推向了刀斧手。而真正摧毁霍华德父子的则是里士满公爵夫人——诺福克的女儿、萨里的妹妹，以及诺福克公爵的情妇"贝丝"·霍兰。家族内部产生了嫌隙。女性对家中某位或是其他男性成员心怀不满，甚至抱有怨恨，而正是这种不断积聚的内部紧张情绪，造成了英格兰最富足、最骄傲，甚至时而可以称得上是最具权势家族的最终毁灭。

　　1547 年 1 月 19 日，亨利慷慨地为他那"愚蠢的男孩"宣布减轻刑罚改为斩首，萨里在塔丘被处以极刑，死后被立即埋葬在靠近上泰晤士河街巴金地区的万圣教堂之内。[76] 在断头台之上"他说了很多话，但只为表明自己从未想过叛国。他们却不再让他多说话了"。[77]

　　仅仅一周之后，1 月 27 日，赖奥思利便召集英格兰议会上下两院召开联席会议，宣布国王已经御准《褫夺公权法案》，此时的亨利已经因病无法出席会议了。将那位父亲处以极刑的最后一道法律屏障也得以穿越。如今对于仍关押在塔中的诺福克来说，距离他最终迈向断头台只是个几小时或是几天的时间问题了。至少他现在还是相对舒适的，他目前暂住在狱警的房间之内。据伦敦塔中尉沃尔特·斯托纳的账目显示，从 12 月 12 日到 2 月 6 日，公爵与其随从共花费了 210 英镑（折合今天的 5.6 万英镑），其中还包括煤炭以及烛火的花销。[78]

在远离宫廷之中争夺权力与地位的紧张戏码之后，国王的健康状况正在逐渐恶化，因此要依靠其他家庭成员来维持王室在公众面前的常态。

1月10日，爱德华从赫特福德尽职尽责地给自己的父亲写信，对国王送来的新年礼物表示感谢，并承诺将以他作为"美德、智慧以及虔诚"的榜样。[79]

他还礼貌地写信给王后及玛丽公主，感谢她们给自己送来礼物——凯瑟琳送去了一幅国王与她的小型肖像画。她对——

> 他能欣赏自己的小……礼物而感到高兴，希望他能时时想起父亲的卓越事迹，爱德华很喜欢这张肖像，无论何时看到，他都会想起（亨利）那经常被忽略的美德。[80]

爱德华还在稍晚些时候（1月24日）写信给大主教克兰默，感谢他赠给自己的礼物杯子，它见证了"他那饱含爱意的教父希望他能度过无数快乐的日子"，在信中克兰默表示希望他能学习优良的、无疑是新教方面的文学，"这会在他成年之后大有用处"。[81]

第九章

神秘的王室遗嘱

"王子殿下……在上帝的授意之下降生，带着与生俱来的
头衔在这个毫无优势的国家成为继任者，王冠已离他越来越
近，毫无疑问地，就如同他的祖先，那些王国版图之内的前几
任君主一样，他也会在上帝的帮助下在自己离开之前为儿子铺
平道路，就如同他的父亲曾为他所做的一样——甚至更好。"

——摘自亨利八世写给诺福克公爵的一封信，1540 年 [1]

爱德华王子可能并没有意识到父亲的病情有多严重。自 1546
年以来，亨利的病情一直在不断恶化，因此他困在秘密公寓内的
时间也越来越久。同年 3 月，国王"经历了一次持续了 2 至 3 日
的低烧" [2]，在恢复期那段百无聊赖的日子里，他只能通过与达
德利及其他宫廷密友打牌来度过百无聊赖的日子。罗马帝国大使
范·德·代尔夫特在写给查理五世的报告中称："我不知道后面会
发生什么情况，因为国王的主治医生巴茨于（去年）冬季过世了，
我会坚持每日询问情况并向您做出报告。" [3] 3 个月之后，亨利再次

生病，而这一次是疝气发作，他服用了处方药。

他因感到沮丧而整日不动，腿部的疼痛则使他的脾气变得更为糟糕，而这一切又使他"更加顽固执拗"。他仍然能够骑马，只是比较困难。在 1546 年夏天那段日子，他花费大量时间在吉尔福德的乔巴姆（Chobham）或是萨里的其他地区打猎，而大部分猎物可能都是由国王的那些猎人事先安排好的。在位于萨里郡奥特兰兹（Otelands）地区亨利所拥有的一所宅邸之内，人们特意在庭院内修建了一处小斜坡方便他上马。[4] 然而到了 9 月，亨利由于身体上的疲劳而不得不减少这种追逐所带来的乐趣。亨利在王后的陪伴下起程前往温莎进行修养。

曾经有一次他又病倒了，但 9 月 17 日赖奥思利安慰性地表示国王"只是偶染风寒，现在已经痊愈"。[5] 但是范·德·代尔夫特听到的消息却并非如此，他认为亨利的确病得很严重——他的生命此时正处于危险之中，而他的医生们已经对康复放弃了希望。但是他却恢复了健康，而且在 3 周之内他便又重返狩猎场。11 月时国王返回伦敦"去参加他通常会在此季节才享受的沐浴活动"，随后又回到奥特兰兹。12 月 5 日，西班牙大使在那里觐见，亨利告诉他自己经历了一场"剧烈的高烧，情况一直持续了 30 个小时，但如今他又恢复健康了"。但是大使却抱有自己的疑虑："他的脸色并非如他所述的（这般），在我看起来他的身体大不如前。"[6] 12 月 7 日，亨利身体虚弱地最后一次出现在猎场之上。3 天后，他本应该接见法国使节奥代·德·赛尔夫（Odet de Selve），但却因患感冒而将此推迟。然而国王却在 12 月中旬期间 3 次面见苏格兰大使，并在当月 16 日之后，直至 17 日那一天才接见了德·赛尔夫与范·德·代尔夫特。

一些有关亨利病情以及治疗情况的重要线索均来自药剂师呈交的药物与药品清单，这些清单是经过亨利的医生乔治·欧文以托马斯·温迪所确认批准的。宫廷的首席药剂师托马斯·奥尔索普（Thomas Alsop）是 1546 年米迦勒节期间经一个名叫帕特里克·雷诺兹（Patrick Reynolds）的人引荐进入宫廷的。

据奥尔索普所列清单显示，在国王生命最后的 5 个月中随着他的职位升迁以及药品日益增多，账单金额也不断增加。从 8 月时的 5 英镑（约折合今天的 1247 英镑）增长到 12 月时的 25 英镑（6239 英镑）。但这并非完全出于亨利的医疗需要。奥尔索普还负责向宫廷内供应大量各种用途不同的物品，包括：甘草糖以及用来饲喂国王猎犬的麦芽糖；薄荷水、冰糖以及用来喂猎鹰的大黄；还有用来为王室房间与王室宴会增添气氛的香水与香氛。（国王的药剂师还要负责在枢密院召开会议期间提供一次性尿壶，每次 3 个，以防重要的会议过程被这种自然生理需求所打断。8 月时，仅仅是为汉普敦宫提供这项私密服务的账单金额就有两先令。）[7]

国王所需药物包括热辅料、华丽剂（灌肠泻药）、药膏、用来清洗腹部和肛门的海绵，以及洗眼用的小米草水。各种令人眼花缭乱的香膏与药水以不太标准的拉丁文记录下来，但这些却无法为现代药剂师提供更多线索以便弄清亨利是采用何种方式来减轻病痛折磨的，除了在后期越来越频繁出现的 ut patet（拉丁文，意为"明确"）一词，该词指一种新的处方或是方案，它还被复制成册便于宫廷官员检查。[8]

他的医生们开始感到绝望，并愿意尝试任何新的疗法来延长亨利的生命。国王不仅仅因双腿耗尽体力而无比沮丧，他还要承受潜在的病痛折磨。今天看来这种症状十分明显：国王那庞大的体形很可能是源于一种名为库欣综合征的内分泌异常性疾病，[9]这种疾病十分罕见，即便是在今天，每百万人中也有 10 到 15 人会遭受这种病痛折磨。

未经治疗的库欣综合征会表现出不同症状，但大部分患者都会表现出身体躯干严重肥胖、颈部周围脂肪增多以及可能在背部出现水牛背等症状。而面部肿胀，大量脂肪囤积在眼部下方，会形成"满月脸"的特征。病人的皮肤变薄且十分脆弱，不仅容易擦伤而且在发生创伤或是有过损伤后创口恢复缓慢不易愈合。皮肤会出现色素沉着的现象。患者骨骼脆弱，任何运动，哪怕仅仅是从椅子上站起来这样的简单活动也会引起背部的剧烈疼痛，甚至是肋骨骨折。臀部周围肌肉萎缩。血压与血糖水平升高。同时伴有轻微的糖尿病症状，导致病人频繁地感到口渴。还有 20% 的病例可能出现多发性易怒、抑郁性焦虑、失眠以及突然情绪波动等症状。患者也会变得精神错乱，临床表现为偏执狂，而这会使得他们对周围的一切事物以及身边人产生严重怀疑。他们有时会从情感上与曾经深爱的人或是亲近的人变得疏远。病人常常会遭受复发性头痛以及慢性疲劳的困扰，表现得急躁且爱与人争吵，经常不自觉地展示出好斗情绪。男性患者会出现生育能力下降以及性欲完全消失等症状。

当然，由于已经过去了将近五个多世纪，所以那些流传在亨利身边侍臣或是爱打探隐私的外国使节之间的逸事传闻无法为确切诊断提供依据；只有对亨利的骨骼进行现代法医检验才能得出准确结论，而这是根本不可能做到的。即便是可以通过病人身体的软组织结构找到大量迹象来加以佐证，经历了如此久远的年代之后这些软组织也早已消失不见了。然而库欣综合征的所有症状都同亨利最后五年间的病情描述十分吻合。他的躯干以及脸庞的下半部分异常肥胖；长久以来都遭受着抑郁及头痛的折磨。他有着精神错乱的迹象，常出现非理性的愤怒以及攻击行为。他有时甚至试图摆脱那些他曾钟爱的人或事——有证据显示他曾签署了克兰默以及王后凯瑟琳·帕尔的死刑令。他的确存在着情绪波动以及突然的心理变化，比如随后会亲口告知克兰默及王后他们曾面临的死亡威胁。他的后背隆起，出现水牛背的症状，正如他在《圣诗集》插图中所描绘的形象那般。双腿溃疡所带来的痛苦使其全身虚弱无力，你可以想象这位国王每日就如同痛苦地生活在炼狱之中。

这正是由于肾上腺（位于肾脏上方）长期异常分泌皮质激素，引起皮质醇增多而导致的疾病。激素的正常作用是帮助人体维持血压及心血管功能，并减少人体免疫系统的炎症反应。激素可以平衡胰岛素使其顺利地将糖分转化为能量，调节人体对蛋白质、脂肪以及碳水化合物的新陈代谢。同时还有助于舒缓压力。

如今，库欣综合征的治疗会采用激素抑制类药物，或者更彻底的方式，即放、化疗手段来进行治疗。在某些情况下，医生会通过手术切除肾上腺肿瘤。但这些对于身处16世纪中叶的亨利的医师团（温迪、克罗默、欧文），或是药剂师托马斯·奥尔索普来说都是不可能的，他们仅仅掌握最基础的医学科学知识。

因此，呈现在我们面前的是一个冷酷残忍的君主形象，他残暴狠戾地将权力牢牢地握在手心；无视朋友们以及臣民的性命；一意孤行；几乎总是以牺牲别人为代价贪婪地积累财富。他患有精神疾病，偏执而暴躁，在危机四伏的情况下享受着那种绝对权威。但如果他的确患有库欣综合征的话，或许我们可以发现在这个老怪物无比冷酷的心中仍存着一丝怜悯。

亨利的生命显然已经走向尽头，他身边的人已经开始描绘并图谋着他死后英格兰王国的统治与管理权。

如今改革派在宫廷之中已占有绝对优势，议会中的其余成员也纷纷开始向他们靠拢并重新结盟。1546 年 12 月，在范·德·代尔夫特的报告中提到，赫特福德与达德利完全得到了国王的喜爱与授权。

> 可以证明这一点的是，宫廷之中没有哪件事是未经他二人授意便可通过的，而且议会会议也大多都在赫特福德伯爵的家中举行。甚至有断言称王子的监护权以及王国的管理都被委托给他们，而降落在诺福克大宅上的不幸也应归咎于他们。[10]

临近 12 月末，亨利返回威斯敏斯特的途中经过其位于萨里郡尤厄尔地区附近庞大的新宫殿无双宫，此时他仍然遭受着"来自双腿的巨大苦痛"以及由此引起的发烧症状。如今的他，单凭自己的力量只能挪出几步远。[11]范·德·代尔夫特在圣诞夜写道：

> 考虑到国王的年纪以及肥胖所带来的不适，人们担心国王无法再一次经受住打击，就如同在温莎堡刚刚经历过的这

一次一般。愿上帝保佑他！如果他屈服了，那么能康复的机会就极其渺茫了。[12]

议会将大使觐见亨利的安排"以公务繁忙为借口向后推迟了两至三日，但是却说当他们有时间的时候会通知我"。王后也被放逐到格林尼治宫去过圣诞节。范·德·代尔夫特认为"分开庆祝节日对他们来说是一种创新"。

国王本人肯定也在怀疑自己是否大限将至。亨利希望王后能够暂时避开，以便自己能为年幼的儿子将来执政铺好道路。他已经被凯瑟琳总是试图劝告他进行宗教改革的做法激怒；他不愿让凯瑟琳在王子年幼的时候代为摄政。12月26日夜，他将自己如今最喜爱的侍臣及官员——赫特福德、达德利、佩吉特以及丹尼——召集到他的卧室。他命令安东尼·丹尼爵士去取来他遗嘱的最新副本，即1544年年初他征战法国之前所拟定的那一份。当佩吉特开始宣读条款的时候国王立即指出了这一严重错误："不是这一份，是这之后的另一份，由赖奥思利担任秘书手写的那份。"亨利躺在大床上沉甸甸的枕头之间声音尖锐地喊道。

最终正确的遗嘱被带至国王床边，亨利要对遗嘱执行人的名单进行修改，有些人"他要添进名单而另一些则要删掉"。佩吉特奉命对此进行修正，"将一些本不在其列的名字加了进去，将温彻斯特主教的名字除去……这个固执之人，既不会见到他的儿子，也再不会给（枢密）院带来任何麻烦了"。[13]

此时的加德纳仍然处于失宠状态。亨利将威斯敏斯特主教[14]托马斯·瑟尔比的名字也从名单之中划去，因为"他是温彻斯特主教一手教育提拔上来的"。[15]第二天，国王说自己感觉好多了，他计划召见法国大使奥代·德·塞尔夫，这位法国大使一直坚持要见国王。[16]然而这种病情上的缓解只是暂时性的。1547年1月9日，范·德·代尔夫特报告称他要求觐见亨利的要求仍然"以其身体不适为由"遭到回绝。[17]

几天之后，加德纳的盟友安东尼·布朗爵士[18]跪在国王的床边，犹豫谨慎地建议说遗嘱名单上可能错误地遗漏了主教的名字：

> 我想温彻斯特主教大人被您的遗嘱忽略掉了，他常年最为勤勉、忠诚地为陛下提供服务，如果不是他，恐怕没有人能承担起那些伟大而艰巨的任务。

尽管身体十分虚弱，而且可能正陷入痛苦的睡眠之中，亨利却断然喝道：

> 住口！我当然记得他，而且很庆幸把他赶了出去。
>
> 我确信，如果他出现在我的遗嘱名单之内，他将成为你们所有人的阻碍，而你们根本无法对其进行约束，他本来就是一个麻烦。
>
> 与其共事，我自己尚能以各种方式利用并约束他，因此一切看起来都很顺利——但你们是绝对无法做到这一点的。[19]

当布朗再次试图提起这一问题时，国王生气地对他说："如果你继续这样烦我，那么以上帝的名义起誓，我将把你的名字也从遗嘱中删掉。"加德纳最后的盟友也保持沉默了。

　　12 月 30 日，佩吉特已经完成了新遗嘱 [20]，并意味深长地将其交到了赫特福德手中。在这份文件中，亨利表达了自己的愿望，希望这份最终誓约能够被"上帝、基督以及所有位于天堂之上的伙伴们能接受，并能使世上所有正直的弟兄们都感到满意"。提到他所犯下的罪孽，不出所料的是，他认为作为上帝在人间的代言人，他的罪名几乎可以忽略不计，他仅仅对"旧日生活"做出忏悔并表示坚定意志决不回头。事实上，留给他的时间不多了，而且他也没有足够的体力再继续那些邪恶的行为了。然而，国王决定谦卑地将自己的灵魂交给上帝，而他的儿子"将继续留在这里进行教会斗争，并将他宝贵的身体与血肉贡献出来交与上帝"。他怀着那份对美好未来的自信，希望圣母以及神圣的天使能为他祈祷，无论是在他在世之时或是在他生命即将逝去的一刻都能祝福他"很快地获得永生"。

　　关于葬礼的指示是在温莎的圣乔治教堂举办葬礼，并将亨利埋葬在王后简·西摩的旁边，周围是亨利六世及爱德华四世的墓葬。他还划拨了 1000 马克 [21] 用于施舍给那些为他的灵魂祝祷的穷人（尽管并非指那些"普通乞丐"，这些人会尽可能地避免在葬礼中出现）。教会礼拜堂被遗赠了一块每年收入高达 600 英镑 [22] 的土地，以此用来支付两位教士在亨利八世的陵墓圣坛处为其举行弥撒仪式以及每年举办四次庄严的葬礼的费用，届时还会有一笔10 英镑的善款用于分赠给穷人。从有着悠久历史的老兵慈善机构"贫困的温莎骑士"中选取 13 人，每人每天可领到 12 便士，每年可领到一件新的白色长袍，全年支出共计 35 先令 8 英镑。[23]

　　遗嘱的实质性内容主要体现在以下几个方面。依据 1544 年的《继承法》，英格兰及爱尔兰王国的王位以及法国国王头衔继承权[24]，这些都将直接授予爱德华王子及其合法继承人。如果其出现失职，则由亨利的女儿玛丽及其合法继承人来承袭王位，但在爱德华依然于枢密院享有席位的情况下，"玛丽的婚姻必须经枢密院多数人投票同意并以书面文件形式密封留档"。如果玛丽在死前未能留下后裔，那么其王位将由伊丽莎白顺位继承，而伊丽莎白的婚姻也同玛丽一样需要经枢密院通过。最终，如果在以上情况都不适用或相关条件无法满足，王位将由亨利已故妹妹的长女弗朗西丝女士或弗朗西丝女士的妹妹埃莉诺女士进行顺位继承。

　　同王位一起，爱德华还继承了亨利所有的盘子、"家庭用品"、大炮以及其他军用品、船只、货币和珠宝——这的确是一笔十分可观的财产，当时其估价总值为 120 万英镑[25]，约折合为 2004 年的 3.25 亿英镑。亨利所拥有的军事装备异常可观：分布在王国海岸线以及边境沿线要塞之内总数高达 2250 门的大炮，以及存放在伦敦塔之内的 600 支火枪与 6500 支手枪。亨利苦心经营（花费巨资打造）多年的海军舰队，如今拥有多达 70 艘军舰，总吃水量共计 11620 吨，[26] 这支具有强大战斗力的舰队为 40 年后伊丽莎白打败西班牙不可一世的无敌舰队奠定了坚实基础。

　　亨利在遗嘱中共委任了 16 位遗嘱执行人：大主教克兰默；大法官赖奥思利；圣约翰勋爵（王室内务大臣）；赫特福德（当时的英格兰王室管家）；罗素勋爵（掌玺大臣）；莱尔子爵约翰·达德利（海军大臣）；卡斯伯特·滕斯托尔（Cuthbert Tunstall，达勒姆主教）；安东尼·布朗爵士（国王的御马官）；

爱德华·蒙塔古爵士（Sir Edward Montague，民事诉讼审判长）；
托马斯·布罗姆利爵士（Sir Thomas Bromley，王室法庭陪审法
官）；爱德华·诺斯（Edward North，土地没收大臣）；威廉·佩
吉特（首席秘书）；安东尼·丹尼爵士及威廉·赫伯特爵士（枢
密院首席绅士）；爱德华·沃顿爵士（加来司库）及他的兄弟尼
古拉斯·沃顿博士（约克学院院长、驻法大使）。

亨利下葬之后，他们亟待解决的首要问题便是债务——亨利对
其一无所知。所有亨利曾给出或是有所承诺但却未被兑现的补助
金以及款项都应得到尊重并慷慨兑现。但是出于对都铎王朝财富
的精心守护，亨利曾坚定地对遗嘱执行人们表示不得"擅动我的
珍宝"。

更为重要的是，这些"伟大而优秀的"成员将组建成新的枢
密院，并在爱德华年满 18 岁之前代为摄政。亨利十分了解他的这
些顾问之间存在着不睦倾向，因此严格规定："他们之中的任何人
都没有权力独立做出决定，必须获得大多数成员的书面同意。"

他遗赠给每位女儿 1 万英镑现金以及盘子作为她们的嫁妆，
"或是经遗嘱执行人自由裁量后给予更多物品"；他过世之后两个
女儿每人每年享有 3000 英镑的生活费用。他的妻子凯瑟琳则继承
包括盘子、珠宝以及家用物品等价值 3000 英镑的财物，并且可以
保留她所拥有的一切。除了这些之外，她还得到了一处地产用于
在国王去世之后安度余生，以及一笔 1000 英镑的现金。

随后亨利留下一系列的个人遗产赠予自己青睐有加的近臣：
500 马克（约 650 英镑）给克兰默；赖奥思利、圣约翰、罗素、赫
特福德及莱尔每人 500 英镑；丹尼、赫伯特、安东尼·布朗爵士、

佩吉特、爱德华·诺斯爵士、尼古拉斯·沃顿及其他四人每人300英镑。在最初草案中，佩吉特将这些金额填写处留作空白，随后才将数字填写上去，很有可能是在与国王进一步商讨之后才确定下来的。此外，还有一些较小的遗赠"用以表达国王对一众王室侍臣及仆从的特殊关爱与青睐"，其中包括托马斯·西摩爵士、约翰·盖茨及理查德·里奇爵士。他的医生们——温迪、欧文及"苏格兰人"克罗默——每人收到了100英镑，而药剂师托马斯·奥尔索普及帕特里克·雷诺兹（Patrick Reynolds）每人收到100马克（130英镑）。[27]

这11位见证人除了包括约翰·盖茨在内，按照王室惯例还有3位医生（温迪、欧文和胡克）在现场，或许他们是来证明国王是在心智健全的状态下拟定遗嘱的。遗嘱的最终签署者是无处不在的枢密院办事员威廉·克拉克。

遗嘱被写在一个小本子上，1546年"12月的第30天，在威斯敏斯特宫殿之内，我们每个人都在上面署名"。一切程序看起来都是清楚明确的。但事实却远非如此，在近5个世纪以来该份遗嘱的起草以及签署情况在历史学家之中存在着相当大的争议。[28]

实际上，亨利并没有签署遗嘱。

副本首页以及末页的签字皆采用了干压印的形式，同时由赫特福德、佩吉特、丹尼以及赫伯特盖章作为见证，"同时还有其他人在场作为见证人"。

威廉·克拉克在干压印每月记录中写道：

在我们的亲眼见证之下，陛下将遗嘱亲自交给赫特福德伯爵，这便是最终遗嘱，陛下将"曾经所立下的遗嘱与意愿"全部撤销作废。[29]

随后遗嘱被安放在一个上锁的"圆形盒子或是天鹅绒小袋之内"保存。

遗嘱的日期不详。遗嘱中提到托马斯·西摩时称其为枢密院议员，但他直到 1547 年 1 月 23 日才获议会认可。[30] 几年之后，达德利证实了西摩的名字出现在遗嘱之中这件事违背了国王的意愿。"临终之时的"亨利在听到西摩的名字时，尽管"他的呼吸已经减弱"但仍大声喊道："不，不！"这难道是出于亨利对妻子爱慕之人的嫉妒吗？

此外，在克拉克登记的 1547 年 1 月的所有干压印使用记录中，因签署遗嘱而使用的记录出现在倒数第二项。他一定是在 1 月的时候已经准备好了一切才将遗嘱备注以及关于霍华德被褫夺公民权利的相关文件也添加进遗嘱文件内。文件的最后还附有一张额外的羊皮纸，纸上内容全面地涵盖了遗嘱的相关权益人以及他们的权利，同时附有克拉克的署名。[31] 难道说遗嘱的实际签署（或者说采用干压印）日期仅仅是在亨利逝世前的几天，甚至是在他死前的几个小时，而并非是 12 月 30 日那一天？阴谋论者会认为，干压印的使用记录本应经过严格审查，但在 1 月末的时候国王的身体状况已经令其无法对此进行检查。事实上，他还没来得及检查便过世了。[32] 或者说，此事的发生仅仅是由于克拉克的疏忽——或者更坦白地说，是他的失职而并非阴谋？但这桩偶然事件的发生却在后世催生出大量相关的博士学位论文。

亨利的身边人还有一些其他问题希望能在他死前得到解决。佩吉特随后告知枢密院，国王——

在临终前想起曾向不同的人承诺过的伟大事业……他在遗嘱中提到他议会之中的任何一个明智之人都应替他继续履行承诺，继续完成他未竟之事。

这项遗嘱中所谓的"未能兑现的礼物"条款则引发了猜测，即这是否可能是在 1 月末遗嘱已经在干压印盖章生效之后才起草并添加进遗嘱之中的。[33] 的确，即使并非是怀疑论者，仅仅是一位明智审慎之人，也会得出这样的结论，即印鉴是在国王濒死之时甚至是在国王死后才盖上去的。当然，这也很有可能是出于亨利渴望能维持住朝臣们对自己的忠诚而有意拖延在遗嘱上签字的时间，直到他已无力再举起笔来或是已经无法写清字迹。为了维持国内政权的稳定，他的议员们很可能觉得有必要采用干压印的方式，并将遗嘱的日期倒填，使人们认为是亨利自己在身体条件尚可的情况下批准通过该遗嘱的。但有没有可能是在最后的时刻，通过遗嘱附件的最后一搏使他们结成统一战线？

佩吉特如今是赫特福德的忠实盟友，"相识于枢密院，并共同见证了遗嘱制定及整个执行过程"，他是唯一一位真正知道在那些令人焦急忧虑的日子里究竟发生了什么的人，而他将这个秘密带进了坟墓。

在亨利生命中的最后一个月，他仍凭借着强人的精神力量勇敢地同步步靠近的死亡不懈地做斗争。有些日子里，他变得更加沉默寡言，他的健康状况不断地遭遇挫折，慢慢地削弱了他强健的体魄，他恢复得也越来越差。关于他身体与精神状况的线索主要来自大使们所写的外交公文，这些大使经常在宫廷中打探消息，他们想了解国王枢密院那严密把守的大门之后究竟发生了什么。1月8日，奥代·德·塞尔夫告诉法国驻佛兰德斯大使：

> （亨利）在过去的15天里病得很严重，有传言称他已经过世。这里的许多人也都这样认为，自修正案颁布以来便很少有人能接近他的寝宫或是密室。[34]

两日之后，他写信给弗朗索瓦一世称：

> 他已从多方获悉国王的身体好多了……他看上去刚刚经历了一场大病，他的腿部问题导致病情十分危险，因此不得不采用烧灼消毒疗法。王后与玛丽女士都见不到他，我们也不清楚她们会怎么做。[35]

大使最后做出了预言：他"有充分的理由推测，无论国王的健康状况如何，都只会越来越糟而（他）撑不了多久了"。

可怜的亨利，如今他的腿经历了烧灼疗法，医生用烧热的铁来烙烫他的伤口。直到1月中旬的这段日子里，他至少看起来还是心智健全的。

尽管十分虚弱，但亨利可能仍然把持着国家事务。12月27日在伊利宫的枢密院内，国王收到了一个坏消息，英格兰对布伦城的行政管理极其失败，其中涉及许多细节问题，诸如守备军队力量、粮食储备以及现金严重不足等。国王"对他们居然忽视了如此重要的问题感到十分诧异，（因为）这三个月以来，他们并未（向伦敦）透露关于此事的任何细节"。两天之后，枢密院就北方问题向议会递交了一封信件，信中显示亨利已下令释放两名圣礼形式论者，"因为他们如今已决心悔过"。[36] 即便面对死亡，国王也强打精神随时留意着宫廷生活的细枝末节：可能在 1 月初的时候，有两份关于王室园丁的干压印文件记录，即神父约翰·德·列伊爵士（Sir John de Leu）从法国为国王的私人花园引进一批苹果树一事。[37] 亨利一直避免谈及自己的身后事，或许他仍然无法接受这一点。

　　1 月 17 日，亨利短暂接见了西班牙大使与法国大使，他们事先已得到警告不要用冗长的谈话来打扰国王。这是国王最后一次被外人见到，他看起来"状态不错"，他们谈到了外交及军事上的一些问题，尽管有时在某些细节问题上要由旁边细心的佩吉特代为提点。两天之后，据说国王要册封爱德华为威尔士亲王。

　　随着时间流逝，卧床不起的国王身体状况越来越糟糕。他的意识开始涣散。而他周围的人则将此看作在国王漫长统治的尾声最后一次致富或是得到升迁的机会。12 月 30 日，约翰·盖茨从土地没收法院获得了一笔补助——作为萨福克位于索思沃克大宅的管理员以及同一郡的圣玛丽奥克弗里土地的首席管家。[38] 在那痛苦煎熬而又迷茫朦胧的 1 月，威廉·克拉克总共使用干压印授权了 86 份文件，这些全部被尽职地记录在一份 4 页的羊皮卷之上。以上全部文件的压印授权，都是在安东尼·丹尼爵士以及约翰·盖茨的共同见证下进行的。

这些文件包括：

借助《议会法案》通过一条法令，以保证陛下能更好地
授予威廉·佩吉特爵士普通采邑权，爵士作为陛下两位机要
秘书中的首席秘书，对考文垂主教利奇菲尔德（Lichfield）以
及切斯特所提供给陛下的庄园及公园等享有特权。（优先考虑
秘书佩吉特。）

将北牛顿贝里克郡以及威尔特郡内的庄园、威尔顿修道
院及周边土地的普通采邑权赠予威廉·赫伯特爵士（枢密院绅
士），这些土地的年利润可达 119 英镑 4 先令 9 便士，威廉支
付给乔治·霍华德 800 英镑购得这片产业。

将国王手中由约翰·塞斯特爵士（Sir John Sewster）的
儿子与继承人威廉·塞斯特（William Sewster）负责监管的
位于阿普伍德教区的麦格纳·雷弗利（Magna Raveley）庄园
以及莫因斯（Moynes）庄园、亨廷顿郡雷弗利（Raveley）地
区附带小巷以及牧场的一处宅邸（带有外部建筑的一种住宅
形式）以及赫特福德郡阿什沃尔（Ashwell）地区名为戈尔丁
（Goldings）、猎场（Hunts）以及德雷珀斯（Drapers）的土地
转交至国王的仆从威廉·克拉克手中。

将（未提及未成年人姓名）监护权授予威廉·克拉克。

枢密院中特别存在的民兵约翰·罗伯茨则负责康沃尔的
法尔茅斯要塞，他曾在那里长期驻扎训练。[39]

赖奥思利、圣约翰勋爵及赫特福德还接受了一项特殊任务，

即传达国王同意依据《褫夺公权法令》对诺福克公爵托马斯以及萨里伯爵亨利做出判决的决议。文件上面的签署日期是 1 月，但具体日期处却留作空白。[40] 文件集内的最后一份文件是任命赫特福德"到议会正式宣布国王同意依据议会法令剥夺诺福克公爵的财产以及公民权"。

1 月 27 日星期四的中午，亨利从他的忏悔牧师［可能是约翰·布尔（John Boole）][41] 处接受圣餐，随后还意识清醒地同他的几位议员商讨国事。但随着时间的推移，人们可以明显看出他在与死神的斗争中迅速败下阵来。

身处寂静的威斯敏斯特宫中的所有人都很清楚，依据法律规定，预言国王的死亡是触犯叛国罪。一些人就因为很不明智地将自己的想法脱口而出而被残忍处决了。在国王寝室的门外，人们对即将发生的不可避免之事感到忧虑不安。是否有人敢于去向那位老人说出他的生命即将走到尽头？所有人仍然对国王的权力以及他那可怕的报复心理感到害怕；每一个人，甚至包括他的医生们在内，都在小心翼翼提防着国王的暴躁脾气。他们知道他不愿触及任何涉及死亡的话题。因此这项危险的任务毫无意外地落在了丹尼的身上。

那天晚上，他走进国王寂静的卧室，默默地在床边跪了下来。国王有意识地俯身凝视着他，他的侍臣竭力鼓起勇气将难言之事说出口。亨利的皮肤因病而泛着黄色，此时他可能已经很难做到平稳呼吸了。丹尼最终提醒亨利"按照人们的推断您可能命不久矣"，并由此劝说他为自己的死亡做好准备。房间内一片寂静。丹尼赶忙敦促国王要"如每一位良善的基督徒一般"记住自己曾犯下的罪孽。

　　国王说他相信"基督会宽恕我犯下的所有罪孽，是的，尽管它们实际上要严重得多"。丹尼巧妙地回避开请牧师进来为国王做临终忏悔，他只是问亨利是否愿意"见见某位饱学之士受其点拨并打开心扉"。国王点了点头，但仍旧避免谈到那最终决定："如果我有需要，就让克兰默博士来吧，但我想先睡一会儿。然后等我觉得是时候了，我会通知（你）。"[42] 这便是他所留下的最后几句话：不久之后，亨利便再没有力气讲话，可能随后不久他便陷入了尿毒症导致的昏迷状态。[43]

　　消息很快便由信使传到了大主教克兰默处，他此时正在自己的克罗伊登宫（Croydon）等待消息。那天夜里天气十分寒冷，结冰的路面拖延了他到达威斯敏斯特宫的时间。当他抵达时已经冻得喘不过气了，此时刚过午夜，亨利可能仍然不省人事。他的老朋友笨拙地爬上他的大床，凑到国王耳边，敦促他给出一些信号或是象征来表示他愿意相信我主基督的仁慈：点头、眨下眼皮或者做出一个小手势就可以了。已经濒临死亡的君主除了费力地呼吸之外完全没有任何回应。但克兰默抓住了国王的手，亨利"则尽力地握紧（克兰默的手）"。[44] 当时在场的所有人都认为，这便是国王仍坚定地忠诚于我主基督的确凿证据。

　　在这之后不久亨利便崩逝了，很可能是肾功能与肝功能衰竭，再加上肥胖对其所产生的严重影响所致。[45]

　　1月10日从格林尼治返回威斯敏斯特宫的王后凯瑟琳第三次守寡。她所有的珠宝都被送至伦敦塔，她又重新换上了丧服，佩戴上服丧期间的首饰，其中包括一枚刻有骷髅印记的黄金戒指。

第十章

"狗会舔舐他的鲜血"

"他对我们都太好了！"

——大主教托马斯·克兰默，在亨利八世逝世之后表示 [1]

　　这三日来，亨利的遗体就停放在威斯敏斯特宫中的秘密房间之内，而他议会中的政治掮客们正在为年轻的新国王爱德华六世组建新政府。他们就是否要处决诺福克一事做了长时间的深入探讨，诺福克此时无疑正焦急地徘徊在伦敦塔房间之内，每一分钟都在焦急等待中度过，时刻担心会听到敲门声，害怕有人来传唤自己走上最后一条通往断头台的路。官僚主义者们还需要数日才能完成国王繁复的葬礼安排，尽管国库紧张，尚待从1544年5月战争所引起的破产之中慢慢恢复，但葬礼仍要办得体面隆重。[2]

　　需要打造一辆精致的灵车——这并非现代意义上的交通工具，而是可以装上无数支蜡烛的临时结构——灵车下面放置着棺材，方便举行弥撒、唱挽歌 [3] 以及举办其他宗教仪式。亨利最后旅程的中途休息点共有三处，分别是在宫廷教堂之内、赛昂宫以及温莎堡的圣乔治教堂内。王室从伦敦城商人处共购买了将近 3.3 万码黑布与 8085 码黑色棉纱，总共花费了约 1.2 万英镑[4]，按如今的牌价计算远超过 320 万英镑——由于需求迫切且只是临时需求，因此被远超成本地漫天要价。这些数量众多的布匹被用来披挂在教堂之上和装饰游行队伍，还要用来为出席葬礼的送葬者及官方来宾制作连帽斗篷或其他衣物。

2 月 2 日晚间八九点举行圣烛节晚宴，而亨利笨重的大棺材则被运送至宫廷教堂，随行护送的人员有王室官员、负责给国王更衣的官员以及其他贵族和绅士，"无论是宗教或是世俗之人，都按照品级列队"，或是按照优先次序排列。棺材被安置在灵车下方，周围由 6 根柱子作为支撑，还装饰有 82 英尺长的方形蜡烛、纹章旗帜（小旗子）及盾形纹饰。灵车四角所立的锦缎旌旗上用细金线编织出圣徒们的形象，他们的形象还遍布在由厚重的金色布匹制成的巨大华盖之上。灵车装饰总共用了 1800 磅蜡。当时烛光所呈现出的景象一定十分华丽明亮且五彩纷呈，只有四处悬垂着黑布的教堂内廷令人感觉阴郁。一圈木质扶手将灵车环绕在内，灵车周围还为以第三代多塞特侯爵亨利·格雷为首的 12 位首席哀悼者设置了席位。在灵车下方——

有一方以黑色天鹅绒覆盖的祭坛，小礼拜室也用各式各样的盘子与珠宝装点，在其上方……弥撒仪式会一直持续，而在此期间国王的尸身也会一直停放在这里。[5]

第二天早上九十点钟，负责国王纹章的第三纹章官[6]吉尔伯特·德蒂克（Gilbert Dethicke）以传令官长官的身份身着华丽灿烂满布刺绣的厚重制服站在唱诗班门口，面对众人大声高喊：

> 尔等应出于内心的仁善，为世上最好的国王亨利八世的灵魂祈祷，为我们所失去的这位最仁善的国王和主人祈祷。[7]

由此开始了一系列昼夜不停的安魂弥撒仪式，焚香时产生的烟雾整日弥漫在教堂内的穹顶之上，每次仪式都分别由不同的3位主教来主持完成，共任命了9位主教，他们在仪式中都头戴豪华冠冕并身着主教圣衣。颇具讽刺意味的是，一向脾气暴躁且为人狡猾的加德纳，因最近刚刚触怒国王，亨利在最后一次大发雷霆时对他下了禁令，禁止他出现在威斯敏斯特宫附近，因此他只得以嘉德勋位高级教士的身份去组织其他活动。每天在弥撒、致晚悼词[8]以及挽歌仪式之前，第三纹章官都会重复演说已故国王的风采。

在哀悼期内的2月5日，就在为亨利举行国葬之前，加德纳找机会写了封信，信上言辞激烈地抱怨了约翰·德·维尔计划在索思沃克上演舞台剧一事，他甚至还邀请了牛津伯爵的演员们来参演——加德纳称这些人为"好色之徒"。主教虔诚地写道，第二天索思沃克教区居民"已经决定与我共同为过世的君主唱诵庄严的挽歌，而明天牛津勋爵大人将带着他的演员们，按他所说的，在索思沃克的另一边上演庄严的戏剧，以此来同我竞争看谁能吸引更多的人，他们是娱乐而我则是虔诚的"。

尽管在悲痛中，但我仍坚持我们共同的决定，直到将我们过世的主人下葬。而那些好色之徒则与我完全相反，我无法劝说也无力改变，因此只能写信给你……

我同治安官阿克顿（Acton）大人谈过此事，那些演员根本不尊重他并甩给他一个口气傲慢的回答，问他究竟敢不敢让他们演出。

不知为何他态度不明，对于表演既没有表示肯定也没有加以阻拦；但鉴于此次人们都会在镇上聚集，那么无论是在葬礼结束或是加冕礼完成之后他都不会再去请求这些演员，除非得到明确指令而不得不如此。

但他的"不"并未受到重视，而对于那些演员来说，我则更是人微言轻……[9]

演员们的计划在愤怒的主教眼中简直不可理喻，而且他认为众所周知，如今伦敦城内的道德沦丧都是那些新兴的福音传道者引起的。尽管他仍然不为枢密院所接受，但毫无疑问的是他们很快便发现他的建议十分真挚，因此演出被取消了。

2月7日，超过2.1万名贫苦的伦敦市民涌上利德霍尔街以及附近位于康希尔（Cornhill）的圣米迦勒教堂墓地，每个人都可以领到1格罗特，即一枚价值4便士的银币（以21世纪的购买力计算不到5英镑），以此作为施舍与救济来鼓励他们为国王的灵魂祈祷。当天给底层穷人派发布施的场面十分拥挤混乱，分别在两个门口从正午时分一直派发至晚6点左右。[10]次日夜里，他们得到履行承诺的机会：伦敦城内的每一所教区教堂都为过世君主唱起庄严挽歌，所有教堂都在同一时刻敲响丧钟，而每一次丧钟响起的次日英格兰所有教堂都会举行安魂弥撒仪式。

与此同时还要推进其他工作，如要准备用于运送亨利尸身到温莎的巨大镀金敞篷双轮马车，并且在穹顶之下的棺材顶盖上还要放一尊真人等身的国王雕像。雕像的脸部可能是由蜡制成的，但在为葬礼而特制的华丽长袍之下的躯体则如裁缝缝纫用的假人一般被填得满满当当。所选中的雕塑家很有可能是来自摩德纳一直为亨利打造陵寝的尼古拉斯·贝林（Nicholas Bellin），17 年前当死去时极不光彩的枢机主教沃尔西那宏伟的纪念碑被国王占用之后，尼古拉斯便已经在威斯敏斯特及温莎堡完成了一部分建造工作。佛罗伦萨高级画师安东尼奥·托托（Antonio Toto）则负责对国王的盾徽以及用于马车与灵车上的王室纹章做装饰，就如同他于 1537 年 12 月 12 日为简·西摩葬礼所做的一样。[11] 木匠、铁匠以及其他工匠们都在努力打造着这辆双轮马车、架设顶篷框架，并要在车身与车尾处制作 14 个用来安插旌旗的金属插座。[12]

在举行葬礼之前要先完成其他重要任务。其中一项命令是：

> 对威斯敏斯特宫与温莎堡之间的道路进行清理与修补：修剪掉道路两旁恼人的大树枝（以防）会挂到行进队列的方形旗、旌旗或葬旗。[13]
>
> 在道路狭窄处将道路两旁的篱笆打开（被砍掉）以便侍者们通行无阻，以免他们在行进中停下或是干扰行进秩序。[14]

沿途经过的桥梁也要进行检查确定是否需要修理。在游行队伍的终点站温莎堡，从城堡大桥向圣乔治教堂西门处的道路两旁设置了木栏杆将大批围观民众同游行队列隔开，木栏杆上挂着饰有国王纹章图案的黑布。国王的施赈人员伍斯特勋爵收到命令暂停在利德霍尔及威斯敏斯特宫给"贫困之人带来极大安慰的"每日布施救济的工作，而改为负责安排两辆满载绘有纹章图案木板的载货小车，将它们送至位于米德尔塞克斯郡、白金汉郡及伯克郡的 41 个教区之内，这些教区都是送葬队伍会沿途经过的或是靠近行进路线的。他的属下则负责将救济金与火把分发给每个教堂里的牧师们。

与此同时，爱德华的加冕典礼也在安排之中。2 月 8 日与 12 日，赫特福德将金块以及经过雕琢的宝石从亨利位于威斯敏斯特的秘密宝库中运出，用这些为年幼的国王打造了一顶新王冠。[15] 加冕典礼的仪式也被重新修改，"以免过于冗长乏味的仪式会令尚年幼的国王感到疲累"。[16]

2 月 13 日星期日，这一天共在国王的棺木之上举行了三场弥撒仪式，此时国王的棺木仍然停放在威斯敏斯特宫殿教堂的灵车之内。第一场是圣母弥撒，由两位身着白色法衣的主教来主持；第二场是三位一体弥撒，主教们身着蓝色教皇袍；第三场是安魂弥撒，由身着黑袍的加德纳亲自主持。自始至终，作为丧主出席的多塞特侯爵"与其他领主一起……（就位）并跪在灵车旁边，小教堂内所有人都保持安静"。最后，主教们以焚香仪式为国王的遗体慷慨赐福后便返回小礼拜堂，然后改由唱诗班唱颂《安息经》。

次日凌晨 5 点，所有身着黑色制服的人都在查令十字街集合，送葬队列的第一站是米德尔塞克斯郡泰晤士河边的赛昂宫。前往目的地是前布里吉特修会的一所房子，该地于1539年解散修道院运动中被弃用搁置。而出于亨利典型的高效率实用主义，这所废弃修道院的一部分在1545年英格兰与法国及苏格兰交战期间被用于制作弹药。[17]

整个队列花了一段时间才集结完毕，一旦行进起来整个队列可以绵延4英里，其中包括1000名骑兵以及徒步行进的数百人，这些人手中都高举着火把。如今已经完工的马车由8匹身披黑纱的高头大马在前面牵引拉动，[18]其中6匹背上还各驮着"一位荣誉之子"，他们共同执着一面绘有已逝国王纹章图案的旌旗，一同行进至教堂门口：

> 人们怀着崇敬的心情（护送着）国王的遗体从灵车……戴着主教冠的高级教士……按照顺序两人一排，吟诵着祷文；两旁燃着无数火把，国王的尸身（原文）由16名护卫扶灵，在他们的上方有一副坠有丝绸以及金丝流苏的厚重蓝色天鹅绒华盖……布尔盖文尼、科尼尔斯、拉蒂莫、菲茨沃特、布雷及克伦威尔六位勋爵分别持举着华盖的6根饰有金色（仗节）的蓝色执仗。[19]

亨利在能展示王权的服饰方面一直颇为虚荣、要求很高，这一点即便在他死后也得到了满足。他的棺木被放置在马车上，其上覆有厚重的金色盖棺布。棺材顶部则安置了一尊过世国王的葬礼雕像——"无论从哪方面看都与国王本人十分相似，雕像还以天鹅绒、金子及各种宝石盛装打扮"。据说一位曾见证整个葬礼过程的西班牙年代史编者写道:"雕像惟妙惟肖神似国王本人,看上去就仿佛他还活着。"[20] 在"人物"或称雕像的头部戴着一顶黑色色丁缎睡帽,睡帽之上则是"一项难以估算价值的王冠,雕像脖颈处戴着嘉德勋章项链,腿上还系着金色吊袜带"。[21] 脚上是一双特别定制的红色天鹅绒鞋子。[22] 两只镶嵌有珍珠与宝石的金手镯已经滑到了雕像的手腕处,一柄"巨大的佩剑"被安放在雕像的身侧,雕像的右手执权杖,左手托着"十字圣球"[23]。安东尼·丹尼爵士和威廉·赫伯特爵士爬上了马车,雕像是用丝带固定在马车上半部分的支柱或立柱之上的,因此他们分别坐在棺木的首尾两处来帮助稳固住雕像。

马车停滞等待了两个小时,直到传令官与典礼官确保每个人都已就位。

大约在 8 点钟,天气晴好,人们都迫切盼望着能见到这一盛景,贵族们骑在马上,伴着国王的遗体徐徐前行。[24]

国王的王室门童约翰·赫德(John Herd)与托马斯·默文(Thomas Mervyn)作为队伍头骑,他们手执黑仗扮演着"队列指挥"的角色,随时清理路上"可能会妨碍队列行进的车马或行人"。[25] 二人之后是步行前进的王室教堂唱诗班及教士们,他们在一个手执十字架人的指引下边走边吟唱着祭文与悼词。他们的身侧则是 250 名"受施者"——"这些穷人们身着丧礼长袍并戴着兜帽,每个人的左肩上都别有一枚徽章。徽章图案是太阳照耀着红白相间的十字,(在其)上方还有一项王冠"。每个人都高举着一枚燃烧的火把穿过城镇与乡村,伴随漫长的游行队列前行的还有两辆马车,上面满载着备用火把,以便在有火把燃尽时能够及时替换。

游行队伍的顺序是按照阶级与地位排列的。托马斯·布鲁日(Thomas Bruges)举着绘有象征欧文·都铎(Owen Tudor)的红龙旌旗跟在唱诗班歌手及受施者的后面;然后是尼古拉斯·斯特利爵士(Sir Nicholas Sturley)举着饰有象征兰开斯特家族的灰狗形象盾形徽章的旌旗,在他身后的是12名伦敦市议员,随后便是高举着亨利八世狮旗的温莎勋爵。在他后面跟随的是按两人一排形式排列的勋爵及主教们,他们都按照严格的等级秩序排列成队,随后便是"由与其官阶匹配的、热情的、通晓他们语言的勋爵相伴"的外国使臣。弗朗西斯·范·德·代尔夫特作为神圣罗马帝国的代表出席了葬礼,他被赋予特殊地位并由坎特伯雷大主教相伴。克兰默如今满脸胡须,此举是为了履行自己在亨利去世时做出的承诺,以蓄须的方式纪念亨利。有4名传令官被安排在这些达官显贵附近"维持秩序"。

塔尔博特勋爵手持饰有亨利盾形纹章的旌旗紧随其后,后面还跟着一队侍者,他们的手中捧着国王的头盔、盾牌与佩剑。他们之中的首领是嘉德纹章官克里斯托夫·巴克(Christopher Barker),手里捧着满布已逝国王"古怪盾形纹饰刺绣"的纹章。随后便是12幅国王在世时最青睐的姻亲家族与祖先们的"先辈旗帜",为首的两幅展示的是融合了国王纹章图样的王后简·西摩以及王后凯瑟琳·帕尔的纹章。

再后面便是搭载着棺木的马车，马车四角分别各有一位骑士手持绘有圣人与神明（圣爱德华、圣三位一体、圣母马利亚及圣乔治）的旌旗以示国王的虔诚。[26]棺木侧翼则是 6 名戴有兜帽的副官，骑兵之后便是丧主以及其他十二名送葬者，再后则是带着手下的加冕典礼护卫官以及安东尼·布朗爵士，爵士头上未戴帽子，他手里牵着亨利的坐骑，国王的爱马身披"一块垂至地面的金布"。之后是侍卫长安东尼·温菲尔德爵士（Sir Anthony Wingfield），他带着自己的卫兵，卫兵们身着黑衣分 3 排行进，他们肩上扛戟，戟尖向下。

其他位置都被亨利那数不胜数的家庭成员填满了——绅士、仆从、马夫以及来自面包房、餐具室、酒窖、食品室、甜食室、洗衣房、厨房、蒸煮室、家禽饲养场和堆木场的侍从们，他们全部身着黑色丧服。此外还有斟酒人、小号手、看门人和王室猎苑看守。在队列里的众多仆人之中能领取到高额王室薪俸的是国王的医务人员：4 名内科医生——尚布雷医生、欧文医生、克罗默医生和温迪医生，以及以约翰·艾利夫（John Ayliffe）为首的亨利的 5 名外科医生，还有两名药剂师，他们是奥尔索普与雷诺兹。在王后家眷的名单中还出现了亨利忠诚的弄臣，长期与他为伴的威尔·萨默斯。[27]

游行队列离开宫殿之后，"井然有序地"沿着查令十字街、剑桥、切尔西、肯辛顿（Kensington）、富勒姆、哈默史密斯（Hammersmith）、奇西克（Chiswick）、布伦特福德（Brentford）向赛昂宫缓缓前进，从威斯敏斯特出发前进约 9 英里之后便沿着如今的大西路 A4 路段前行，沿途吸引了"无数路人钦佩的目光"。

由于队伍在行进过程中会经过每一个乡村，村中的教士们纷纷尽职地走出教堂，身着他们最好的法衣为已逝的国王祝祷，并随着队列的移动虔诚地焚香和泼洒圣水。

离开布伦特福德之后不久，队列的前端便于下午两点左右抵达赛昂宫，伦敦市议员以及贵族们骑在马上分列在道路两侧，其余游行队伍则由中间穿过。马车被一路带至这座有着内长 260 英尺的双通道大教堂的西门处，棺木被滑至另一台灵车之内并被安置于搁板桌上。方形旗与旌旗插在了唱经楼的两侧。雕像也被庄重地移到了小礼拜室内。

在由伦敦主教们完成了进一步的弥撒仪式之后，布里斯托尔与格洛斯特（Gloucester）、波利特、王室管家等人遵照安排以"极高的崇敬与忠诚"彻夜守护国王的遗体。

关于此事还一直有个神秘的传说。据后世流传，当天夜里遗体因腐败而流出的液体渗出了棺木，这很明显应验了 1534 年时一位化缘修士在格林尼治向亨利布道时做出的预言："野狗会舔舐他的血液，就如同当年他们舔舐亚哈的鲜血一样。"[28] 真的有流浪狗闲晃着溜进教堂并舔舐起棺木下的尸液。而据另一个版本所说，棺木由于太过于沉重而直接跌到地面，导致外椁碎裂，内层的铅质人形内棺壳也开裂了。第三种说法是 19 世纪艾格尼斯·斯特里克兰（Agnes Strickland）援引"当代文献"所提出的，沉重的棺木——

在运输途中因为剧烈摇晃已经产生裂缝，（因而）送进教堂时地面上一路被亨利的鲜血浸湿。

早上工人们来焊接棺材，却突然看到他们的脚下有一条狗在慢慢靠近并舔舐起地上的血液。如果你问我是如何得知，我会答复你是威廉·格雷维尔（William Greville）告诉我的，他说怎么也无法将脚下的狗赶走，而焊接工人也这样说。[29]

很有可能是焊接接头突然崩开。当然国王的遗体在这段时间之内已经发生高度腐败，毕竟此时距他过世已经两周多了。如果这些描述属实，那么任何毁坏或是草率修理都可以被随意地掩藏在棺罩之下。

星期二早上六七点，在吹响三声小号之后，[30] 葬礼队列重新开始向温莎堡缓缓前行，队列经过教堂之时，教堂塔楼上便响起丧钟之声，他们于下午一点左右抵达王室区域。等待他们的是跪拜迎接的伊顿学者们，他们身着白色法衣，未戴帽子，手中举着细蜡烛，口里吟诵着圣歌。

市长与达官显贵站在桥头一侧，另一侧则是教士与书记员们，国王的遗体从他们中间经过直至进入城堡大门。[31]

在教堂之内，另一架彩绘镀金的灵车已经建造好，这架灵车分上下两层共 35 英尺高，周围饰有黑色流苏，还有 13 个用来插放蜡烛的立柱——蜡烛都是特意预制的，共耗费了 4000 磅质量最好的蜡。棺木被置于灵车之内，黑色的棺罩之上立着雕像。从上面向下看去，可以看到位于王后密室内的凯瑟琳·帕尔，王后身着一件有着薄绸内衬的蓝色天鹅绒长袍，"外裙"之外还套着一件为葬礼特制的紫色紧身胸衣。在王后的下首，大使们与其他贵族正注视着唱经楼那壮观华丽的景象，那里此时正在进行另一场弥撒与挽歌仪式。

次日即 2 月 16 日早上，在一系列弥撒仪式完成之后，加德纳在伊利主教托马斯·古德里奇（Thomas Goodrich）及伦敦主教埃德蒙·邦纳（Edmund Bonner）的辅助之下开始主持安魂弥撒。亨利的盾形纹章、盾牌、佩剑以及头盔都被恭敬地放置在圣坛之上。

> 同时手执武器之人基多克·波利特（Chidock Paulet）骑马至唱经楼之下，他除了未戴头盔身上全副（甲胄）武装，手中握着一杆长柄斧，斧尖向下。[32]

这把长柄斧也被放置在圣坛之上。在更换了另一件外袍之后，加德纳爬上了祭坛前方的讲坛，开始以"那些为主而逝之人是有福的"为题进行布道。这是经过变动之后的安排：原计划是由罗切斯特主教亨利·霍尔比奇（Henry Holbeach）进行布道。[33] 加德纳谈到了人性的脆弱，谈到无论富贵之人或是贫穷之人，也无论伟大之人或是渺小之人皆"共有的死亡结局"，人们都因这位仁慈国王的离世而经历这种"令人悲哀的损失"。但是他也安慰他们"有朝一日终会复活并劝告他们要对此感到欣喜，要感谢万能的上帝赐予我们一位与之如此相似的、道德高尚的君主来统治带领我们"。[34] 随着大主教与主教们在葬礼尾声唱起《格里高利圣咏》[35] 以及其他的葬礼圣歌，6 位骑士也将雕像移至小礼拜室内。

位于唱经楼底部的墓穴便是亨利要求的临时安葬之处，就在简·西摩的旁边，墓穴一直未经上盖。16 名"高大的侍卫仆从"

用 5 根粗壮的亚麻绳将国王的棺木缓缓地下放到墓穴之内，加德纳则站在墓穴上首的位置主持着葬礼，王室官员们都手持烛火围在他身旁。随着大主教向墓穴之内抛撒了一把土，并大声高喊"尘归尘，土归土"，[36] 佩吉特、司库托马斯·切尼爵士、审计员约翰·盖奇爵士、门廷侍卫埃德蒙·尼维特爵士，以及 4 位来宾引导员纷纷将他们的白色官方节仗举至头顶处掰断，将碎片扔进墓穴之内，他们"表情十分悲伤沉重，却并没有发出痛苦的叹息或是流下眼泪"。象征着亨利权力与威严的服饰也随他一起被埋进墓穴之中。

墓穴之上覆盖好木板，嘉德纹章官克里斯多夫·巴克身着华丽的传令官制服在其他传令官的簇拥下站在唱经楼中间属于他的位置上。他高声喊出：

> 万能的上帝以其无限仁慈，赐予至高无上的强大君主以美好的生活与长生，我们的君主国王爱德华六世，依照上帝的意愿，成为英格兰、法国及爱尔兰国王、信仰的守护者，同时也是世俗人间除上帝之外的英格兰与爱尔兰教会最高首领，是拥有最尊贵嘉德勋位的君主。[37]

然后他便大声喊道，"尊贵的爱德华王子万岁"，他身边的纹章官们伴以 3 声附和。而在他们上方，教堂之内的十字神龛之中传来了小号"优美的旋律，给在场的人们带来安慰"。[38]

葬礼所用的各项事物随后被作为礼物或是费用转交给官员们。其中包括象征身份的蓝色天鹅绒，它被赠给了枢密院的马夫，一把覆有紫色天鹅绒并饰有紫色丝绸流苏的铁椅，以及 3 个蓝色椅垫则交给了掌礼大臣赫特福德以抵相关费用。[39]

晚餐之后，枢密院议员们骑马赶回伦敦。老国王已逝。另一位年轻而又缺乏主见的男孩登上了王位，他正式进入首都的仪式被安排在了 2 月 16 日星期六这一天，正式的加冕礼则于次日忏悔节星期日在威斯敏斯特教堂之内举行。

焦虑之中的英格兰迎来了新的统治者。

尾声

"亨利八世在世之时，所有人都噤若寒蝉，尽管可能说出的话语之中并无犯忌之处。如今每个人都可以自由发言而再无危险。"

——摘自 1548 年 12 月 25 日威廉·佩吉特爵士
写给护国公萨默塞特公爵的信件 [1]

1547 年 1 月 31 日，爱德华已经公开宣布继任国王之位，他的侍臣们"因看到老国王之子承袭了他的王位而感到欣喜，进而又为他们故去的主人感到悲伤"。[2] 伦敦塔城墙墙垛上枪声齐鸣，尖锐的号角及小号声趾高气扬地一直鸣响至午后，这一定令尚在狱中的诺福克公爵大吃一惊，他正在牢墙之内胆战心惊地等着迎接自己残酷的命运结局。但那些枪鸣之声却意味着他的死刑得以暂缓执行，不过也存在着与之相反的报告。[3]

按计划诺福克本应于亨利逝世的那个早上被处以极刑。全部的法律程序都已准备就绪，仅仅需要赫特福德及其同僚将签署后的死刑执行令送至伦敦塔看守处。但该命令却未被发出，很可能是因为他们当时的注意力都集中在组织一个以护国公赫特福德为中心的新摄政政府的问题上。甚至即便是赫特福德也并未想好自己是否敢于执行对诺福克公爵的处决。结果，他错过了机会：在爱德华执政期间，诺福克公爵在狱中待了 6 年，直到 1553 年玛丽继位之后才被释放。

同年 8 月 3 日，曾依据《褫夺公权法令》对诺福克做出的判决也被推翻，他的财产及头衔均得以恢复。后来他作为英格兰纹章院院长主持了玛丽的加冕仪式 [4]，并于第二年以 81 岁高龄被委任政府军中将一职去肯特郡平息叛乱（怀亚特叛乱），该事件是因玛丽决定嫁给西班牙的腓力而引起的。可惜诺福克却未能用军事荣耀来重新装点自己，他出于恐慌而带着自己那一小股身着白衣的王室军队耻辱地撤退回伦敦。[5] 1554 年 8 月 25 日 [6] 诺福克在自己位于肯宁霍尔的大宅之中逝世，随后被葬在他位于萨福克郡弗拉姆灵厄姆（Framlingham）的一座新公墓教堂之中。他那雕刻精美的文艺复兴式墓碑则是在 5 年之后才被竖立起来的。[7]

时间回到 1547 年，法王弗朗索瓦一世特意为亨利在巴黎圣母院安排了一场庄严的弥撒仪式。[8] 而法国国王自己也于当年 3 月过世。1555 年，神圣罗马帝国皇帝查理五世宣布让位给儿子腓力，随后不久也故去了，在此之前他已经虔诚地过了 3 年的僧侣生活。曾主宰欧洲超过 30 年之久的 3 位君主在这 8 年内都相继离世。

登上英格兰王位的一周之后，仍住在戒备森严的伦敦塔之内的爱德华以自己略显生硬的拉丁文认真地给他的继母写了一封恭敬的慰问信。"尽管上帝似乎会对此很满意，最好最伟大的君主，我的父亲，您的配偶，这位最著名的国王如今已告别人世，但留给我们二人的却是同样的悲伤"，他的语气是如此自负，字里行间甚至流露出一种远远超出年龄的早熟口吻。他继续写道：

> 这确实让我们聊以安慰：他如今已身在天堂，（而且）他已经远离这痛苦人生（进入）到幸福的永恒极乐中去。
>
> 无论是谁在此过着幸福的生活，出色地统治着英联邦政府，正如我最为尊贵的（父亲）陛下所做到的一般，支持所有宗教信仰并驱逐一切迷信的愚民行为，此人都毫无疑问会升入天堂。
>
> 尽管出于父子天伦我很悲伤，为逝去之人流下泪水，然而《圣经》与智慧却提醒我要对自己的情绪加以抑制约束，以免我们看上去仿佛是对逝者的复活与永生失去希望。
>
> 鉴于殿下您曾如此频繁地施恩于我，我会满足您的需求并尽快赐予您我所能施与的益处。我会为殿下祈祷。再会，我尊敬的王后殿下。

这封信件的最后署名为："国王爱德华"。9

除确立赫特福德为摄政兼国王的监护人之外，爱德华议会通过的第一项举措便是授予议会成员们新的头衔以及慷慨的土地补助。赫特福德还被称为"伟大导师"，这是个带有偶像光环的头衔。

秘书佩吉特站在枢密院前对亨利未能实现的愿望进行宣誓，要"对这些尚未完成而承诺过的事项进行支付或执行"。据佩吉特所说，所有这些出于王室善意所做的计划都记录在一个小册子里，而这本小册子则一直被国王装在睡衣口袋里。不幸的是，这本小册子已经遗失，佩吉特庄重地表示"在（这些计划）实施之前，上帝就先我们一步将它取走了"。说来也奇怪，其他东西都没有遗失！[10] 如同所有高效率的文职人员一样，佩吉特当然拥有卓越的如照相机一般的记忆力，他那生动详细且完全信口胡诌的回忆还得到他主人的心腹知己安东尼·托尼爵士以及威廉·赫伯特爵士的全力支持——他们也是此事的受益者。

佩吉特作证称，老国王认为"这个王国之内的贵族阶级已经极度衰落，一些是被剥夺了财产及公民权利，一些是由于他们自身的管理不善以及疯狂的浪费行为，还有一些是出于疾病或其他各种各样的原因"。因此，即便在他面对可怕的死亡之时，亨利仍然同他的秘书探讨该如何为他的侍臣们授予"更高的荣誉地位"，而佩吉特则适时地记下了这些候选人的名单。

名单上罗列出的名字不难猜出。这场伟大斗争的胜利者与幸存者们会共同瓜分权力。赫特福德成了萨默塞特公爵及英格兰纹章院院长，而达德利则成为莱尔子爵、沃里克伯爵[11] 兼掌礼大臣。威廉·帕尔（William Parr）被提升为北安普敦侯爵，而罗素、赖奥思利及圣约翰勋爵也被授予伯爵称号。如今的海军大臣托马斯·西摩爵士以及声名狼藉永远随着政治风向摇摆的墙头草理查德·里奇爵士被加封为男爵。诺福克与萨里的地产收入也在分配之列。佩吉特说他曾向亨利建议，既然国王升迁了这些忠实可靠的仆人——

那么如果他们能取悦国王，国王的慷慨大方也会令他自己感到愉悦。为此，他授予我权力，希望我能告诉他这些大人们（应得的头衔）与赏赐。

　　但是他不想这样做，国王当着我的面叫来盖茨大人并命他取来记载有诺福克公爵及萨里伯爵地产的名册，大人也遵命照做。[12]

　　国王最初分配战利品的想法并不能令人满意。而秘书赫特福德毫无疑问考虑到这样的分配方案是无法满足需求的，以后还要再付出，因此他建议称这样的分配"太少了"，并为此和亨利进一步探讨。"他让我去同他们（国王慷慨赠予的受益者们）交谈以了解他们的想法，随后他再与我进行商讨。"一向忠诚能干的丹尼也并未被遗忘：

　　　　然后考虑到丹尼大人每日不辞劳苦地陪伴在他（国王）身边，也为丹尼爵士曾多次为我请愿的真诚所感动，而我却无以为报，为此我恳求陛下能对他施与仁慈将（萨福克郡）邦吉（Bungay）庄园赏赐给他，我听说这是他一直想要的。

　　　　陛下对我的恳求大为赞赏，并且表示他此前就曾考虑对丹尼施以恩惠，对（威廉·）赫伯特爵士以及盖茨爵士也是如此……[13]

　　一贯贪得无厌的亨利最终决定将诺福克的土地留在自己手中，只对位于苏塞克斯郡以及汉普郡的几处产业进行分配。

　　因此，通过这种可疑的操作手段，新政府成员们一下子变得富有。当你有了权力，为什么不炫耀呢？谁还会同他们去争论或是对此慷慨赠予产生怀疑呢？

　　赫特福德所得到的土地每年能为其带来 800 英镑，而随着"下一任主教土地的失效"每年还能额外为其带来 300 英镑收入。莱尔与赖奥思利每年各自获得 300 英镑收入，而托马斯·西摩爵士的土地则每年价值 500 英镑。里奇所获收入的数字相当精确，每年为 66 英镑 13 先令 4 便士。丹尼得到了邦吉庄园以及价值 200 英镑的土地，赫伯特得到价值 400 马克的土地（"此外还帮他摆脱了债务"），而盖茨得到了 100 马克。

　　佩吉特一本正经地发誓称，亨利"在临终之时记起"所有这一切，"他对不同的人曾许诺过的重要事件，他在遗嘱中提到的对他所承诺过的任何事，议会都要尽一切可能来实现"。[14]

　　赫伯特证实，亨利那份长长的慷慨赠予受益人名单之中少了一个名字——佩吉特自己。根据赫伯特的说法，他们向临终的国王指出了这一点，并赞扬了这位国务秘书的忠诚服务。是的，亨利说，他对此记得很清楚，而且"佩吉特也一定需要获得帮助"。[15] 因此，佩吉特也得到了每年收益价值 400 马克的土地。

　　赫特福德，即如今的萨默塞特公爵，与他的议会同僚们一致认为这些慷慨赠予的礼物是由"我们已故君主所决定的"，因此在其过世之后，"部分出于我们对自身正直的保护，更重要的则是出于对我们如今君主荣誉的考虑并作为忠诚服务的保证，因此（我们）接受荣誉地位并要出席参与"有关爱德华六世的"重大事件，为其提供服务"。此外，他们认为"如果我们想要对所得到的一切或是所承诺的一切进行偿还（报答），我们将无法在上帝与全世界面前推托我们的责任了"。[16] 那么，就如此吧。从道德角度上可以理所应当地接受伟大的荣誉及财富，生活中再没有什么能比这更让人感到惬意的了。

佩吉特充分地表达了自己的观点：这并不仅仅是一份令人生疑的遗嘱，而且还见利忘义地将王室恩赏分配给了那些帮助萨默塞特密谋夺取绝对权力的人。只有赖奥思利对萨默塞特的政变表示抗议，但他很快便为此付出代价。他被指控非法使用王国御玺以私人名义委任 4 名同僚到其法庭之上参与庭审。3 月 6 日，赖奥思利被罢免大法官一职，他被赶出枢密院并被罚款 4000 英镑，之后被幽禁在伦敦 [17] 以防他有任何机会再回到汉普郡家中引起动乱。到 1548 年的某个时候，他又重新得到议会的接纳，但是在两年之后的一场自相残杀的权力斗争之中他再次受到冲击，在阴谋推翻政府领导人的计划破产之后他被逐出宫廷。据传说他因被逐出宫廷一事而过度悲伤并于 1550 年 7 月 30 日过世。

萨默塞特是位出色的士兵，但也是位糟糕透顶的管理者。他傲慢自大、刚愎自用又冲动鲁莽，并且还会受他那专横的第二任妻子安妮·斯坦诺普的摆布。佩吉特迫切希望他既能更妥善地处理议会之内存在的不同观点，又能在政务实施方面更灵活一些：

近来，但凡遇到与您脑中想法相悖之事，大人便会轻易发怒。

身处伟大的权力之下，正如大人您如今的处境一般，这样继续下去将会带来极大危险，不但是整个英联邦，即便是您个人也将陷于危险境地。

我恳求您：当整个议会试图动摇您或是在某件事上给您

意见的时候……请您遵从他们并适时压制您的个人想法。[18]

无怪乎后来佩吉特在 1549 年 7 月 7 日写信给这位摄政护国公：

> 不要忘记国王临终之前你曾在威斯敏斯特走廊之上向我做的承诺……
>
> 不要忘记你后来满口答应在你所任职的领域要与我共同商议计划，你着手任何事项都要优先考虑我的建议，然后再考虑其他人的。[19]

随后，佩吉特还认为很有必要在善政实践方面给萨默塞特提供一些明智的建议，因此于 1549 年 1 月写信给摄政护国公表明他的"宣言"："我恳请大人能够欣然接受这份保证，正是大人那善举中所体现出的热忱的爱以及认真仔细使我感动并致信（给您），由衷盼您一切安好。"他一如既往地提出建议：

> 对所有事都要慎重考虑。
>
> 深思熟虑之后迅速执行。
>
> 秉公执法。[20]
>
> 让那些自大又古板的明智之人臣服于你。让大臣们各司其职。
>
> 惩罚那些反抗者，让他们受到应有的惩罚。
>
> 对待国王出色的仆人要大方并立即施以奖励。划清你自己与国王之间的界限。

对于请愿之人迅速处理。亲贤臣远奸佞。

遵从议会的建议。

只从国王处领取费用或是奖赏。

保证你的大臣们也能做到刚正不阿。

佩吉特补充道："如此，上帝才会助您成功，国王会厚待于您，而所有人也都会敬爱您。"[21] 这些建议相当中肯，即便是现在的某些政府也无法做到上述这些要求。

而凯瑟琳呢，如今这位王太后又如何了？亨利在遗嘱中对凯瑟琳的忠心侍奉以及她对自己子女的陪伴做出回报，亨利为奖励她那"伟大的爱，顺从、忠贞的言行和智慧"的美德而给她留下了大笔遗产。[22]

她对于自己被剥夺了摄政身份一事感到十分气恼并向新政府进行申辩，但却无人在意。至少她不会被饿死。亨利留给她的现金与礼物如果按今天的价格来计算总价值超过 100 万英镑，这笔数目虽算不上过于慷慨，但如果将嫁妆以及理应由妻子继承的财产都计算在一起，那么凯瑟琳的确十分富有。她的收入以及她略显丰腴的美貌，足够吸引那些胆大之人来对国王的遗孀展开追求。

仅仅在亨利死后的一个月，她那个旧情人无赖的托马斯·西摩便再次展开强烈追求攻势。他们在 17 个月内共交换了 9 封情书，而这些信件至今仍保存在不同的私人或公立档案馆之中。1547 年 3 月，凯瑟琳很有可能接受了海军大臣的求婚，但是由于亨利的原因，他们在筹备婚礼之前必须先要举止得体地度过公众悼念期。

在一封信中，西摩以戏谑的口吻提及了一次与自己的妹妹安妮·赫伯特及妹夫威廉爵士（后来的彭布罗克伯爵）共进晚餐的情形。

　　她想要进一步试探我同殿下在切尔西的住处，被我拒绝了……但事实上，当我在前往伦敦主教宅邸途中从花园中穿过时，和她站在那里聊了很久。

　　直到最后，她告诉我她有其他信物作证，这令我大变颜色，她就如那狡猾的乡下姑娘一般人赃并获地拿住了我。

　　随后我想起她的身份，以及您是如何的信任她，并检查那些东西是否来自于殿下您这里抑或是仅仅出于借口。她回答称那些皆出自于殿下所赠……为此我向殿下献上我最谦卑以及最衷心的谢意。

　　您不在的时候幸好有她的陪伴，我将提早几周离开这里，在这之前我已经比那些骤然来至（只挂有闲职）切尔西的人多待了四天之久。[23]

　　他写道，凯瑟琳"对我的好，表现在我们最终能住在一起"并要求得到她的回信，哪怕只是"您写给我寥寥三行即可"[24]，并希望她能寄给自己"一张您的小像，如果您还有的话，在家兄对此表示沉默期间，[25] 您的小像让我更加期盼着要求得到满足的那天的愉悦欢呼"。

　　赫伯特夫妇为这对恋人谨慎地充当着信使，但这对恋人之间存在的最大问题便是新国王，更不必说还有摄政护国公从中作梗，新国王可能会认为亨利刚刚过世不久他们就计划结婚过于着急了。

凯瑟琳在她位于切尔西的宫殿之中写信给西摩，希望他能努力尝试去赢得其兄长的支持：

> 我的大人，我收到了您托付我的兄长赫伯特交给我的信件，您似乎对于如何获得那位大人、您的兄长（摄政大人）对您的支持一事有些胆怯。否定您的请求只会让他的愚蠢在世人面前更加明显，相对于他的沉默，您的胆怯更令我伤心。
>
> 如果他无法在第一时间真诚地予以祝福，我也不希望您再继续苦苦求得他的青睐……
>
> 我希望您能获得来自国王的支持信件，并获得来自议会最尊贵成员方面的援助与进展……如此你的兄长和亲爱的妹妹将会为此感到羞愧。[26]

很显然西摩急于安排一场婚礼，而这也让她感到很不安：

> 我的大人，尽管您发誓对我负责，而这誓言也由我亲手写下，但要将两年的计划改在两个月内执行，我想您并未在我手中写下这样的誓言。
>
> 我不清楚您是否会考虑更改计划。
>
> 如果您在该领域学识渊博，那么您完全可能用一个词来表达一整句话的含义；然而笔者的本意却并非随时都能更改，正如您对我的文字所阐述的那般。

凯瑟琳热衷于保持自己良好的形象，避免出现丑闻：

如果您乐于来此弥补我们的关系，那么请您勉为其难在清晨时分早早前来，到 7 点左右便要离去，这样您才可以不被猜疑（怀疑）。

我请您在午夜时分给我确切消息，告诉我您会在何时到来，以便我安排女门房在门口等您。

她自己署名为："她希望在她的一生中能成为您谦逊、真诚且爱您的妻子，王后凯瑟琳。"

在她的另一封信中则试图寻求来自爱人的安慰，她担心自己回信太慢会触怒他，"因我曾许诺每两星期一次"。信中还显露出凯瑟琳同她未来的大伯，也就是摄政护国公和他那位脾气暴躁的妻子之间存在不合的一些端倪。身为王太后，凯瑟琳觉得自己受到怠慢，她正在慢慢地远离宫廷且不再是众人眼中的焦点：

我的大人，您的兄长对于我所提出的要求一直拖延着不予答复，直到他来这里才说要等到上任之后方可生效。

这已不是我从他口中得到的第一个无法兑现的承诺。

我想我身边的女官已经教训了他：因为这位女士便惯于向其朋友许诺却从不履行诺言。我相信在更重要的事情上，她的言行也会更为谨慎周到。[27]

西摩在圣詹姆士宫中用他那细长、纤弱、如同蜘蛛一样潦草的字迹匆忙回复道：

昨天早上，我在给殿下的信中提到在我来切尔西的时候遇到侯爵大人（凯瑟琳的兄长，北安普敦公爵威廉·帕尔）的一个下人，这个我不认识的下人告诉尼古拉斯·思罗格莫顿（Nicholas Throgmorton）[28] 称我在切尔西领地附近有其他目的，因此才在那里一直闲晃逗留。

那封已经完成的信件……我记得您曾命令[29] 我将其焚毁，因为那能让您高兴并有望打破您如今的困局，您的要求与愿望我都十分在意，我也渴望殿下能对我抱有同样的谢意……

至于我兄长做出的承诺，我希望你们能结成友谊，我向您保证我会像任何一个男人一样安静等待，慢慢获得他的支持以使我们的计划顺利进行。

星期五的晚间，萨默塞特夫人对我说起她转天要出发去希恩并于星期二返回，到时她将去拜见殿下您，但我认为她很可能星期三才会去您那里，因为明日那位大人要在星室法庭待一天而脱不开身。[30]

他补充道："我并未在誓言写下之后对其做过分解读，（因此）如果存在任何错误我恳求您的谅解。"

凯瑟琳收到了由西摩妹妹的仆人送来的另一封信。她事先已经回信，信中表示她下定决心要写信给萨默塞特，如此——

他能更加清楚明确地知晓我是多么渴望能嫁给你，而不是其他人。

尽管我下定决心不再成婚，一旦立下誓言便不会反悔，哪怕我只能再活两年。我想在这个星期的某一天去觐见国王陛下，到那时我想我会很高兴能见到您，尽管我可能不敢开口与您交谈。

她答应每三天给他写一封信而且——

匆忙送去一幅画家为我绘制的小像，它同您所见过的其他作品一样完美。信的末尾我授予自己……萨福克夫人的称号。

凯瑟琳哀怨地补充道：

我不敢见您，怕会引起怀疑。我希望全世界都能对我们的意图感到高兴抱有善意，就如同我从不怀疑上帝的仁慈一般，但这个世界却是如此不堪，无法接纳美好的事物。[31]

对这段婚姻来说，无论是官方许可或是家族许可都是必要的。在同西摩有过书信接触之后，玛丽公主于 6 月 3 日表示坚决拒绝参与此事：

（我已经）收到您的来信，（我想）我知悉了一个奇怪的消息，即您所申诉的要同王后携手走入婚姻一事。

阁下……考虑到王太后殿下最后一任丈夫的身份，而我又如此人微言轻，因此即便没有我的参与，也不会对你们有任何影响。

　　此外，如果是她授意您对此进行恳求，那么恐怕我的信件很难令你们感到满意了。另一方面，如果她对国王陛下也就是我父亲（上帝所宽恕的灵魂）记忆尤深因此并不接受您的恳求，那么我也无法劝说她去忘记她所失去的，毕竟他在我的记忆中还深深存在着。

　　因此，尽管我拒绝参与此事，但我仍以最诚挚的心来恳求您不要将我想象得过于刻薄（即便不涉及求婚一事，我也只是国王的侍女，而并非狡诈之徒）。[32]

　　随后西摩便到年幼的国王那里去碰运气。他请了枢密院成员约翰·福勒（John Fowler）去充当说客，向爱德华建议由他的舅舅迎娶自己的继母。在一系列令人尴尬的误会之后——其中包括国王那活泼却让事情变得麻烦的想法，他误认为西摩想要迎娶克里维斯的安妮——6月25日，爱德华写信给凯瑟琳表示对这场结合的祝福：

　　　　那么继续您的美好未来。继续爱我的父亲并如以往我曾感受到的那般施与我厚爱。

　　　　不要停止去爱，也不要停止阅读《圣经》，要一直坚持不懈地读下去。[33]

　　在亨利逝世34天后，这对夫妇便签署了书面婚约并交换了戒指。因为推迟了几周，他们直到6月初才在切尔西举行婚礼，范·德·代尔夫特在 1547 年 7 月 10 日的报告中称：

> 王后（王太后）于几日前嫁给了海军大臣，摄政护国公的弟弟，根据这里的习俗她仍然以王后之礼出嫁。
>
> 然而，当她稍后到新丈夫家中用晚餐的时候却已经不再按照王室礼仪被服侍，由此可以推测她最终还是按照她的新身份继续生活。[34]

萨默塞特对于这桩婚事极为不满，并因亨利遗赠给王太后的珠宝权属问题与其发生口角。凯瑟琳因萨默塞特对她的傲慢无礼而向新丈夫发泄她的怒火：

> 大人：
>
> 您有必要知道今天下午您的兄长大人对我的所作所为。
>
> 幸好我们之间相距甚远，否则我肯定会过去咬他。
>
> 他们有什么理由害怕（你）娶我这样的妻子？他们只有一直祈祷着才不会让自己早下地狱。
>
> 明天或是星期六下午三点钟的时候，我会去觐见国王，如果您不反对的话，我要将您那位兄长大人的所作所为告诉国王，因为我不愿做任何可能会对您成为阻碍的事。
>
> 我会告诉您我们的这位大人是如何在福斯特恩（Fausteme）[35] 一事上利用我的，在我那样维护他的利益之后我所想要的仅仅是谦卑地希望能得到他的答复……我的大人，我恳求您能明确地告诉我，我该如何与这位新兄长相处。[36]

对她来说这无疑是场考验，而随后萨默塞特的妻子迫使法庭认可她的优先顺位在凯瑟琳之前的做法，无疑使事态更加恶化。凯瑟琳写信给西摩：

> 这就是我们的婚姻所带给您的，您的嫂子完全不顾我的感受，居然妄想居于我之上。
>
> 我绝不会允许这样的事情发生，因为我是王后，至死都是王后，我向您保证如果她胆敢再如昨天那样冒犯我，我会让她自食其果。[37]

萨默塞特则冷漠无情。他在给西摩的信上写道："兄弟，你难道不是我的弟弟吗？而我难道不是摄政吗？你难道不知道你的妻子在嫁给国王之前，地位远不如我的妻子吗？"

第二天，在威斯敏斯特宫或是圣詹姆士宫殿的小教堂内，摄政王的妻子"直接走了进来并坐在王后的位置上。王后一看到便忍不住过去一把抓住她的胳膊，说道：'我以王后的身份屈尊嫁给一位海军大臣真是活该受到如此待遇。'在场的其他女士无法眼睁睁看着这场争吵进一步升级发展"。

公爵夫人对于凯瑟琳的行为恼怒不已，拒绝接受她的教训并向在场的所有人表达自己对于这位太后的蔑视：

> 亨利八世难道不是因为他早年的好色残忍，导致身边略微重视名誉的女子都不愿嫁给他，才在他老眼昏花的时候迎娶了凯瑟琳·帕尔吗？

难道我还要让位给这么个女人，她曾以拉蒂莫遗孀身份得到地产，如今又欣然投入我们年轻兄弟的怀抱。

如果上将大人无法教会妻子懂得礼仪，那么我愿意来代劳。[38]

抛开来自宫廷之中的嫉妒目光以及被夺走自己珠宝的优先权不谈，凯瑟琳仍然尽职尽责地照顾着她的继子女们。1547 年的某个时候，伊丽莎白自赫特福德郡切森特给凯瑟琳写了一封信，亲切地同王太后谈到她们之间的友谊：

我离开您的时候充满悲伤，特别是因健康问题而离开您。尽管我很少回复，但当您提到您只要察觉我身边有邪恶行为存在就会及时提点我的时候，我则考虑得更为深远。

因为如果并非出于对我的善意，您不会对我如此友善，因为在所有人看来我都不值得被如此对待。

但是我除了感谢上帝恩赐我这些贴心朋友们之外还能再说些什么呢；希望上帝能施恩于我使我的朋友们都能长寿并（施与）恩泽令我从心底感激所得到的一切，而这种开心愉悦的感觉远比我所写下的还要深刻。

尽管我仍存在很多问题，但这一次先暂做保留，因为我知道您如今也很难有机会能安静地阅读。[39]

如今已经 13 岁的伊丽莎白在亨利去世之后不久便搬到切尔西与凯瑟琳同住，同她的继母以及继母的新婚丈夫一同生活了 17 个月。这其中隐藏着重大危机：喜爱热闹的西摩喜欢同公主一起找乐子或是玩游戏，而公主在这青春萌动时期也享受着他的调情。她的保姆凯瑟琳·阿什利随后证实：

> 在切尔西，同王后成婚之后，他曾多次在早上伊丽莎白小姐尚未准备好之前便闯进了她的卧室，有时甚至她都还没有起床。如果看见伊丽莎白已经起床，他会喊一声早安，问问她怎么样，然后便亲密地拍拍她的背甚至是臀部……
>
> 如果她还躺在床上，他则会过来拉开窗帘，随后假装要走到她近前，而某个清晨他甚至忘情地在床上吻她。
>
> 在汉沃思的一个早上，王后同他一起过来，她同海军大臣两个人一起在床上搔伊丽莎白小姐的痒。
>
> 另外一次在汉沃思，他同伊丽莎白在花园嬉笑打闹，并将她的黑布长袍剪成了上百块的碎布，而当这位目击者过去责备伊丽莎白的时候，她却答道她对此无能为力，因为王后抱着她而海军大臣则趁机剪她的衣服。[40]

有证据表明，凯瑟琳对这种调情开始感到心神不安和愤怒："海军大臣有时会独自前来（凯瑟琳的卧室），因为王后对此已经不悦。"[41] 1548 年圣灵降临节之后不久，王后决定果断采取行动，她命人将伊丽莎白送回了切森特。

随后，令人惊讶的是，王太后在 35 岁左右的年纪居然怀孕了。由于瘟疫的盛行，她离开切尔西回到她位于米德尔塞克斯郡的汉沃思庄园。她在那里于 1548 年 6 月 9 日这一天所写的一封信件中，谈及她那尚在娘胎之中萌芽的婴儿：

> 我替您给您的小无赖送上祝福，他就如同那些正直勤勉的人一般总是动个不停。玛丽·奥德尔（Mary Odell）同我躺在一起时，她将手放在我的腹部之上也能感受到胎动。
>
> 这三天来，每天早晚胎儿都会活动，因此我相信等您来此的时候，您可以将这作为消遣。
>
> 我就此停笔，请求我的爱人、我亲爱的丈夫能有比我更好的胃口。[42]

凯瑟琳原本希望西摩能护送她从汉沃思到他们位于格洛斯特郡温什科姆附近的休德利城堡的家中，她计划在那里待产分娩。但苏塞克斯郡的佩文西城堡忽然遭遇法国军舰的威胁性攻击，因此海军大臣有责任随时待命。"我对法国人进攻的消息感到十分遗憾，"她在写给他的信中表示，"我向上帝祈祷这不会对我们的旅途（造成阻碍）。我好心的阁下，您一旦知晓这些法国人的意图，请您一定要写信告知我，不然我的内心无法平静。"

她的丈夫当天便于威斯敏斯特给她回复道，她的来信使他精神振奋"部分原因在于我发觉您极富耐心"，但"最重要的是听说我的小人儿已经会摇动他的小脑袋了"，鉴于是未出生婴儿的动作，因此很可能是头部在动。西摩已经同摄政谈过申请暂时休假的问题：

> 我对他说起您已经于星期三动身出发了，他对此感到很

遗憾，因为明天一整天我还需留在这里弄清法国人的意图。

　　但我想等到星期一的晚餐时分我们便能团聚了。至于法国人方面，我毫不怀疑他们会允许我同您一起继续我们的旅程，同殿下一起前往（休德利）。[43]

他补充道："我请求殿下能为了我们那瘦小脆弱的小无赖而保持良好的饮食习惯并适当散步，不然的话他很可能会因为太小而偷偷地从老鼠洞中溜出来。"西摩带着他的妻子以及多塞特侯爵年轻的女儿，同时也是西摩的被监护人简·格雷女士于 6 月 13 日抵达休德利，此时的凯瑟琳已到了孕期的最后三个月。她显然度过了一段难熬的时光。伊丽莎白在凯瑟琳即将临盆之时写信给她：

　　　尽管近来未能收到殿下那最能令我愉快的信件，但我想您此时正遭受着的痛苦使您无法动笔。您怀有身孕是多么伟大，但也令您体弱多病……

　　　我为您的健康感到高兴，在那令人愉悦的乡村，我以谦卑的感谢之情盼望着能与您在一起……（西摩）经常不时地写信告诉我，他那淘气的孩子是如何整日不停地活动，如果我能在那里见证他的出生，那么毫无疑问，我也会一直陪伴在那里，看着小家伙因为给你惹麻烦而挨打的场面。

　　　（安东尼·）丹尼大人及我的夫人（他的妻子琼）以谦卑的姿态感谢您，并全心全意地为您祈祷，祈求万能的上帝能赐予您最为幸运的解脱……

　　　时间仓促，寥寥几笔书于 7 月的最后一天。

> 您谦卑的女儿，伊丽莎白[44]

玛丽也于 8 月 9 日写了一封信件，但言辞生硬：

> 我听到可靠消息称夫人那伟大的腹部带来巨大的成功，同时也更渴望能听到您很健康，我会一直向万能的上帝祈祷期望您能一直这样健康下去，也正如您心中所渴望的那样希望借此使上帝感到满意。[45]

在亨利原来的宫廷医生罗伯特·胡克的照顾下，凯瑟琳于 8 月 30 日这一天诞下了一名健康的女婴。以自己的公主姐姐命名为玛丽。西摩的摄政兄长也于 9 月 1 日从赛昂宫来信表示祝贺：

> 我们很高兴能从你的信中得知，你的亲密伴侣王后经过一段愉快时光摆脱了所有危险并诞下一名漂亮的女儿，使你荣升人父。
>
> 尽管（如果这样能令上帝感到愉悦）对我们来说，正如我曾建议你的那样，如果第一胎是个男孩将会更加快乐，也更使人欣慰，然而凯瑟琳能脱离危险才是万幸，并如你在来信中所说这也很好地预示了我们有希望能够多子多福，我们都相信这一定会实现。[46]

但一切并不顺利。如同简·西摩一样，凯瑟琳出现了感染甚至昏迷的现象。1548 年 9 月 5 日凌晨两三点，她也因产褥热而故去。

伊丽莎白·蒂里特（Elizabeth Tyrwhit）夫人称，在去世的前两天凯瑟琳告诉她"她对自己如今的状况感到害怕"，而且"她确信自己命不久矣"。凯瑟琳握住西摩的手，对他说："蒂里特夫人，我未能得到妥善照顾，因为我身边的人都对我漠不关心，他们只会站在一边嘲笑我的悲痛，而我对他们越友善，他们越会欺凌我。"海军大臣回答道："亲爱的，为什么这么说呢，我永远也不会做伤害你的事。"但她却回复："不，我的大人，我并不这样认为。"随即在他的耳边低声说道："我的大人，您恰恰精明地给了我许多嘲讽。"她继续说道："我的大人，在我第一天被交给胡克的时候，我便已掌握有确凿的证据，但是我不敢（害怕）令你不快。"[47]

尽管听起来充满阴谋，但这些很可能是一个女人在神智昏迷情况下的谵妄之言。她恢复神智后口述了遗嘱，"她已相信自己濒临死亡"，将自己的一切都留给她的丈夫。尽管未被签署，但已经过她的医生胡克和她的牧师约翰·帕克赫斯特（John Parkhurst）见证，遗嘱是她真实意愿的表达。

西摩受到严重打击。他告诉多塞特侯爵"他对自己的巨大损失感到震惊不已"，以至于他要毁掉并散尽"我的整个家业"。[48]但没过多久他便停止悲伤，而他的野心却仍然存在。1549年1月，他的仆人皮戈特（Pigott）告诉自己的妹妹，他曾无意中听到上将表示"他会守丧一年，然后便会再找一位妻子"。[49]

1782年，凯瑟琳的墓穴重见天日，它是在18世纪时游客们的一次古怪聚会中被发现的，这些游客中有一部分人是一日游的旅行者，另一部分则是古物研究者，他们总是对此有着一种近乎病态的好奇心。一些女士们还对休德利城堡中被毁掉的圣玛丽教堂做了检查，[50]这里曾一度被用来饲养家兔，在仔细检查过后，她们发现北墙上有一大块石膏板有修补过的痕迹，于是她们开始在不远处的地面上进行挖掘：

> 在挖掘了一英尺多深之后，她们发现了一个铅质外壳[51]，她们于脸部及胸口的位置将其打开，发现里面有一具包裹在裹尸布之内的尸体。
>
> 在除去面部的遮盖物之后，她们发现死者的面部特征，尤其是眼部保存完好。
>
> 出于对眼前景象以及裹尸布所散发气味的恐惧，她们将尸体留在原地便立即有序地退了出去，但不甚明智的是，她们在离开之前却并未将原有的裹尸布以及铅盖重新盖回尸体的面部。[52]

在铅质棺材外壳上有一块小铭牌，上面的文字表明了这具遗体的身份：凯瑟琳——"亨利八世的妻子以及英格兰海军大臣、国王爱德华六世的舅舅休德利勋爵的妻子"。两年之后，又有另一拨人来打扰她并发现遗体已经出现腐烂现象，"脸部出现骨化"。1786年，出于文物研究与保护角度，人们从她尸体身着的衣物上取下样本用于进一步的研究与恢复工作，而在休德利城堡中至今仍保留着她的头发以及一颗牙齿。1863年，这位王后被重新安葬在新的纪念碑之下，墓葬整体都是由建筑师乔治·吉尔伯特·斯科特爵士（Sir George Gilbert Scott）按照维多利亚时代的哥特式风格设计建造的，并为她制作了与身体大小相同的雕像。[53]

凯瑟琳的女儿玛丽则同她母亲的旧友兼侍女萨福克公爵夫人凯瑟琳一同生活，但她在不到两岁的时候也夭折了。

在凯瑟琳葬礼的一个月之后[54]，曾在葬礼上以丧主身份出席的简·格雷女士尽管在那时也不过是个 11 岁的孩子，却认真地给海军大臣写了一封信：

> 考虑到我自己与您的紧密联系，以及您对我经常施以善举，我无以为报，为此我用这些粗鄙的文字给大人您写下这封信，以此表明在我心中您曾施与我的恩惠是多么重要，仅仅道谢二字远不足以表达我对您的感激之情。
>
> 为此我写信向您作证，您对于我就如同一位慈爱善良的父亲一般，因此我已做好准备随时遵从您的正直建议与良好指引，使我能在您这样有着诸多美德之人的庇佑下生活。[55]

托马斯·西摩一向妒忌自己的摄政兄长，因此长久以来一直在谋划着夺取权力并控制国王。他试图通过给爱德华赠送礼物和零用钱的方式来对国王施以影响。除此之外，他在其他方面也对萨默塞特公爵满腹牢骚。这位海军大臣曾向他的姐夫北安普敦伯爵威廉·帕尔说起，"摄政霸占王后仆从、珠宝及一些他已明确告知自己兄长所有权属于王后的物品，并由此引起诉讼纷争"。[56]自从亨利死后，王后的权利都被剥夺了。他也曾试图迎娶两位公主中的一个，但这个念头却被枢密院成员们坚决否定了。最终因存在诸多过于明显的证据，他于 1549 年 1 月 17 日因触犯叛国罪被逮捕。所发生的这一切在伦敦城之内迅速传开。西班牙大使范·德·代尔夫特在 1 月 27 日写给自己帝国主人的信中提道：

> 陛下，我听闻英格兰海军大臣在宫廷之中一些人的协助下，试图在夜间对年轻的国王施以暴行并因此被带至伦敦塔内。
>
> 睡在国王寝宫之内的绅士发出警报，他被一直躺在国王门口的狗忽然发出的吠叫声吵醒，随即便高声呼喊："救命！有刺客！"
>
> 每个人都冲了进来，但发现只有一条早已断气的狗躺在那里。
>
> 所有疑点都指向了海军大臣，因为当晚他用一些零散的差事将值夜看守们遣散开，而且还有人注意到他正进行着一些秘密的谋划，希望能迎娶……同样十分可疑的伊丽莎白小姐。[57]

枢密院男仆约翰·福勒告诉议会，一天清晨西摩来到圣詹姆士宫发现那里缺乏守卫之后十分惊讶。他说那里"国王的身边只有那么几个人"——当时客厅之内一个人都没有，"整所房子里面的人加起来都不足十二个。如果现在有人贸然闯进便能悄悄地将国王带走，因为我身边的随从都比整所房子内的人要多"。[58]

后来佩吉特对范·德·代尔夫特讲："他（西摩）是阴险狡诈之人。"[59]这句话很适合作为他的墓志铭。萨默塞特亲手签署了自己弟弟的死刑执行令，1549 年 3 月 20 日，海军大臣被处以极刑。

伊丽莎白无意中被卷进了西摩的阴谋，如今身处尴尬境地。

她小心谨慎地向萨默塞特写信表示，"除非是获得议会的许可"否则她绝对不会考虑婚姻问题。此外，她听说：

> 海外正流传着关于我的谣言，那些谣言玷污了我的名誉与贞洁，而这两点恰恰是我最为看重的，他们盛传我身在伦敦塔中，还怀有海军大臣的孩子。

伊丽莎白在信件结尾处写道：

> 尊敬的阁下，这些完全是可耻的诽谤，因此我强烈要求面见国王陛下，我衷心希望在得到大人您的确认之后进入宫廷，这样我便可以亲自出现说明一切。1月28日，仓促书于哈特菲尔德。您值得信赖却人微言轻的朋友，伊丽莎白。[60]

在与他的老盟友沃里克伯爵约翰·达德利当众大吵一架之后，萨默塞特自己也被推下神坛。在自己的弟弟犯下这般耻辱的罪行之后，他自己的影响力以及权威也受到极大损害。1549年爆发了一场政治危机，安格利亚西部与东部地区以及英格兰中部的内陆地区爆发叛乱，威胁无处不在，而萨默塞特却一直表现得犹豫又无能。10月6日，他出于安全考虑将国王转移至温莎堡，但14日他在伦敦议会的同僚们便将其逮捕，10月24日他坦白承认了所列的29项指控。1550年2月他被释放并得到赦免，同年4月10日他重新恢复了枢密院成员的身份，但仅仅到了1551年10月他便再次被捕，并被扣以莫须有的叛国罪及重罪。1552 年 1 月 22 日，他最终因犯重罪（煽动叛乱）而被宣判有罪，其他罪行却只字未提，随后他便被处决。在国王的个人编年史中，关于他舅舅的死只记录了："萨默塞特公爵于早上八九点之间在塔丘被斩首。"

精力充沛的沃里克后来成为诺森伯兰公爵，他在争取国王以及王国控制权的斗争之中获胜，并成为爱德华的枢密院大臣。1553 年初夏国王病倒了，很可能是感染了肺结核，可能会由坚定的天主教徒玛丽继位的阴云渐渐笼罩在国王自己以及其他新教徒的头上。4 月初的某个时候，国王起草了一份继任计划，他将自己两个有一半血缘关系的姐姐排除在外，而她们在亨利当政时期都是以第三顺位继承人的身份存在的。爱德华的安排则开创了另一条全新的继承支脉，即以亨利最小的妹妹玛丽的女儿即萨福克公爵夫人弗朗西丝的男性继承人作为开端，随后则是弗朗西丝的女儿们简·格雷、凯瑟琳·格雷以及玛丽·格雷所诞下的男性继承人。在爱德华写下"继任计划"时，他所要面临的最主要的问题便是尚无男性继承人存在。[61] 枢密院的解决方案则很简单：为了使继任计划更加切实可行，可直接指定简·格雷女士及其男性后嗣作为继承人。这场改变发生得光明正大：由王座庭庭长蒙塔古率领的一众法官们被要求就可能存在的争议进行探讨，并用他们的法律头脑想出解决办法。不出所料的是，他们拒绝卷入"危险的叛国行为之中"，而诺森伯兰公爵——

> 大发雷霆，当着所有议会成员的面前喊（蒙塔古）为叛徒，他说为了这件事他可以与任何人动手打架。[62]

6 月 15 日，爱德华将法官们召集到自己近前，"以尖锐的话语及愤怒的表情"十分明确地告诉他们，让他们帮助自己草拟王室遗嘱。法律上存在的反对已经土崩瓦解，他们下发了特权许可，宣布国王的继承计划生效，并在几天之内完成了继承计划的起草工作。

7 月 6 日，16 岁的爱德华崩逝，临死之时十分"瘦弱憔悴"。简·格雷女士被正式指定为他的继承人，并于 1553 年 7 月 10 日在伦敦被正式宣布成为英格兰女王。玛丽公主逃亡至东安格利亚，她在那里召集了一支忠于她及天主教信仰的军队并率军直至首都，因此仅仅相隔九日之后议会便宣布她为新女王。而嫁给了诺森伯兰公爵达德利一个儿子的简则于 1554 年 2 月 12 日被斩首，死时年仅 17 岁。诺森伯兰公爵也注定难逃一死。在对他进行的审判中，他质疑自己所做的一切全部是经过王国国玺授权的，这是否能称得上是叛国，但他的审判法官告诉他，那位女王本身便是不合法的，简·格雷女士不过是个被逼无奈的不幸的篡位者，[63] 因此她的印鉴授权都是无效的。1553 年 8 月 22 日，达德利在塔丘的断头台上为自己的行为付出了代价。

因简·格雷女士继承王位失败而受到牵连的另一人则是无处不在的约翰·盖茨。他无疑是宗教改革派成员，在爱德华执政时期他受个人野心与贪婪的驱使努力向上爬。然而他却是臭名昭著的狂热的教堂掠夺者。当他还是埃塞克斯的一名普通警员时，他便受命执行 1550 年强制摧毁"迷信的祭坛"的活动。埃塞克斯历史学家菲利普·莫兰特（Philip Morant）后来关于他曾写道：

这个贪婪之徒为了钱财居然将（切姆斯福德教堂）高坛推倒，全然不顾许多贵族已经将那里作为自己的安息之所，其中包括白金汉公爵汉弗莱·斯塔福德（Humfrey Stafford）、他的妻子安妮以及他们的三个儿子，还有迎娶了亨利八世的祖母里士满公爵夫人玛格丽特的亨利爵士。[64]

1550 年 7 月，盖茨还曾试图在玛丽公主逃往安特卫普的路上进行拦截。1551 年 4 月，他成为副宫务大臣以及国王的侍卫长，在枢密院享有席位并获得年收益 120 英镑的土地[65]。1552 年 7 月 7 日，他成为兰开斯特领地大臣。但在玛丽宣誓继位后不久，他便于 1553 年 8 月 22 日因叛国罪而被处决，行刑者连砍了三次才残忍地将他的头颅砍下。[66]

1549 年，安东尼·丹尼随威廉·帕尔的远征军出发去镇压发生在诺福克地区的凯特（Kett）叛乱，但却于同年 9 月，很有可能是在 10 日，在他位于赫特福德郡切森特地区的家中逝世。[67]

佩吉特于 1549 年受封为博德瑟特（Beaudesert）地区的男爵，并对他那令人厌烦的上司萨默塞特公爵忠心耿耿。在摄政王垮台之后，佩吉特也于 1551 年因涉嫌密谋反对达德利而被捕，转年他从嘉德勋位上被降级，并因被指控利用职务之便以权谋私而被处以 6000 英镑的罚金。在爱德华过世之后，他加入了简女王的议会但很快便改变立场宣布玛丽女王的合法身份。为此佩吉特被委任为枢密院成员，并于 1556 年成为女王的掌玺大臣。在伊丽莎白继任之后，他辞去所有职务并于 1563 年过世。

史蒂芬·加德纳很快便因触犯爱德华六世新教政府的教义改

革而失势，并于 1547 年 9 月被送至弗利特河畔的债案犯监狱，在那里"他一直住得很好并将那里当作自己的房子"。[68] 在他承诺表示归顺新教之后获得释放——

　　　但随后便忘记了自己的承诺重新挑起冲突与纷争，并将自己所有的仆人都悄悄地武装[69]起来，并对那些议会派到他的教区进行布道的牧师们进行公开侮辱。

　　　在某些地区，为了羞辱他们，加德纳会在他们进行布道时公开走到他们的讲坛之前，警告人们要小心这些教士的言论，不要接受他们的教义，只需接受自己曾教导他们的内容即可。

经过一次在爱德华面前的"煽动性"布道之后，他被软禁在其位于索思沃克的家中，随后被带至伦敦塔并且"他的房门被封了起来"。1551 年 4 月，他被剥夺主教教区，但是在 1553 年天主教信徒玛丽·都铎宣布即位之后，他很快便在爱德华葬礼之后的第二天 8 月 9 日获得释放，随后在四天后他被授予英格兰国玺并出任大法官一职。但是他辉煌的日子十分短暂：1555 年 11 月 13 日，他于正午至 1 点左右在威斯敏斯特宫中过世。[70]

至于克兰默，那本以优美灵动的英文词藻所编写的《英格兰国教祈祷书》便足以成为他不朽的丰碑。[71] 该书的第一版于 1549 年首次问世，随后于 1552 年又出版了修订版。他的这些新教观点在玛丽女王的眼中似乎并非罪大恶极，但他被迫签署了指定简·格雷女士为女王的文件，随即，在玛丽继位之后很快便以叛国罪及煽动言论罪被关进伦敦塔之中。他被带至牛津面临异端指控。面对死亡之时，这位老人的决心开始动摇，他签署大量的文件承认教皇至高无上的地位及天主教义的真实性。但最终，他却否认自己改变观点，决心忠于自己的新教信仰，并 1556 年 3 月 21 日被烧死在火刑柱上。

1557 年，克里维斯的安妮过世了，她被安葬在威斯敏斯特教堂南面祭坛的一处墓穴之内，如今就连那祭坛也很难分辨出来。至少在死后，她得享哀荣被按照王后的标准下葬，而这恰恰是终其一生而未能得到的。

最后，还有国王的弄臣威尔·萨默斯。在老国王过世之后，他光荣地退休并在汉普敦宫的公寓内安享晚年，他偶尔也会出现在爱德华宫廷内组织的戏剧、假面舞会及娱乐表演等场合。在这些颇受欢迎的嘉宾客串表演中，有一次是在 1551 年圣诞节期间在格林尼治宫内，他穿着用纸板制成的铠甲同年轻的国王进行模拟战斗。国王还为他支付了 5 先令用来制作其他服装，"有着白色条纹的蓝色丝绸锦缎，以红色色丁缎饰边（包边）"以及"用饰有金色条纹的茶色丝绸制成的长袍，领口还以皮毛作为装饰"。[72] 他曾出现在玛丽"幕间休息"之时，还出席了 1559 年 1 月的伊丽莎白加冕礼。他于 1560 年 6 月 15 日去世[73]，他那笑声以及机智有趣的嘲弄最终归于沉寂，他被安葬在伦敦肖尔迪奇区的圣伦纳德教堂之内。

续篇

"废弃的黄铜墓"

"我们的遗体将被安葬在温莎学院的唱经堂之内，就在正厅与祭坛正中间的位置，那里将修建打造……一座体面的墓穴来安放我们的骸骨，墓穴已经在建造中而且几乎已经完成，因此准备好那舒适的一席之地……还要将我那忠诚仁爱的妻子简王后安置于我的身旁。"

——摘自 1546 年 12 月 30 日亨利的遗嘱[1]

在 16 世纪，除了单纯地为子孙后代标记棺木位置外，建造陵墓还有两个非常重要的动机。第一个是视觉冲击。纪念碑通常反映出逝者的权势、地位及财富，无论是真实的或是想象的。第二，在宗教改革之前，陵墓的作用延续了中世纪宗教信仰的需求，以此鼓励信徒们和路人们为逝者困在炼狱之中的灵魂进行祈祷。有时，陵墓的建造过程可能会伴随着被纪念者的一生，不仅是在时刻殷切地提醒着人们死亡无法避免，更是要确保他们的愿望以及品味能被准确地体现，这也很好地说明"如果你想做好某事，那么你就要亲力亲为"。因此对于亨利八世来说，他希望能永远展示出都铎王朝的地位与威望，以及他自己作为一位文艺复兴时期的国王在整个欧洲舞台之上所扮演的重要角色。

除此之外，尽管与罗马教廷决裂并被逐出教会，而且还曾出于政治原因戏弄德意志路德宗教会，但他在骨子里仍然是一名虔诚又热忱的天主教徒，对神圣的天主教会有着传统的信仰。

可事与愿违的是，尽管亨利全力投入并仔细规划这份虚荣，但历史却对他的死后哀荣带来一系列残酷打击。关于这位英格兰最伟大君主的纪念碑还有个令人悲伤的故事，故事中有贪婪、吝啬，以及该受天谴的亵渎与怠慢。我们如今仅仅能通过国王宏伟的计划知晓那应该是具高大壮观的黑色大理石石棺，石材无疑是亨利从其他人的墓穴中强占而来的，但讽刺中的讽刺则是，他的棺椁也被再次利用。就在 260 年之后，吝啬的乔治王政府为了纪念阵亡的英格兰海军大臣纳尔逊勋爵，在将其下葬于伦敦圣保罗大教堂的地下室时重新采用了亨利石棺的材料。

亨利要打造宏伟纪念碑的计划看起来从一开始便命运多舛。陵寝的修建工作始于 1518 年——距亨利登上王位仅仅过去 9 年，当时是为国王与其第一任妻子阿拉贡的凯瑟琳共同修建的，那时他正处在精力充沛的 27 岁，他所面对的也是充实积极的人生。为了建造这座宏伟的丰碑，亨利同出色的佛罗伦萨雕刻家彼埃特罗·托利贾尼（Pietro Torrigiano）签署了一份合约，此人曾在 3 年前为国王的父母亨利七世与他的妻子（约克的伊丽莎白）在威斯敏斯特教堂之内完成了一座气势恢宏的文艺复兴式陵寝，共花费 1500 英镑，按照 2004 年市值计算约合 80.5 万英镑。[2] 如同老国王那座纪念碑的材料一样，新的纪念碑也将采用白色大理石及黑色试金石为材料，只不过"在第四部分要再大一些（扩大约四分之一）"。[3] 陵墓应当"（建造得）充分、精巧并赏心悦目"并且"在建造与完成上要兼顾完美、可行性、成本及装饰性"。陵墓的修建成本应当不超过 2000 英镑，并保证在 4 年内完工。[4] 首先要在一段特定时期之内完成模型，但这个问题却一直没有得到解决。

为了表示该工程的重要性，国王的首席大臣托马斯·沃尔西被派来负责此事，而陵寝的最终地点则由亨利自己来选择。他显然已经有所决定：在 1517 年格林尼治宫召开的一次嘉德勋位会议上，国王宣布"当至高无上的上帝召唤他离开这个世界时，他希望自己的尸身能安葬在温莎堡之内，而不是其他地方"。[5] 会议上还就支付问题展开了讨论——或许是出于对亨利货币价值的不信任，托利贾尼希望能用可兑换的佛罗伦萨商人债券来进行支付，而不是用英格兰现金支付，但是协议却一直未能执行。而这名意大利人也在 1519 年 6 月的某个日子里，在未经官方许可的情况下愤恨地离开了英格兰。

亨利并没有因这项计划刚开始便宣告失败而感到灰心。他有理由相信以后总会遇到新设计。1527 年，有报告称英格兰国王正考虑任命威尼斯建筑师兼雕刻家雅各布·圣索维诺（Jacopo Sansovino）进行一项尚未确定但却规模宏大的项目，而该项目的费用令人瞠目结舌，高达 7.5 万达克特[6]，相当于 18750 英镑。[7] 有人争辩称，[8] 该项目是根据兰开斯特先驱尼古拉斯·查尔斯（Nicholas Charles）所拥有的一幅草图设计并建造陵墓，一个世纪之后，约翰·斯皮德（John Speed）所作《英格兰史》[9] 一书中对此做了描述，认为这很可能是基于巴乔·班迪内利（Baccio Bandinelli）为利奥十世（Leo X，1521 年 12 月逝世）所创作的作品为原型。

这座纪念碑高 28 英尺长 15 英尺，其顶部国王骑在马背上的形象则是按照意大利文艺复兴时期风格设计的。在高高的穹顶之下躺着国王与王后的雕像。这种规模完全是被故意夸大，刻意要胜过欧洲所有教堂及修道院中任何一座教皇或是君主的纪念碑。在将近 3 个世纪之后，著名雕塑家约翰·弗拉克斯曼（John Flaxman）满怀热情地说，这座陵墓可能是"人们所能设想的最为高大宏伟的墓葬纪念碑，它远远超过现代世界中的任何一座类似建筑"。[10] 但这项设计也并未实现。

屠夫的儿子沃尔西也是那个时代的产物，渴望着能有一座同样令人印象深刻的纪念碑来让人们记住他，并能滔滔不绝地讲出他作为政治家的成就。这位枢机主教雇用了另一位意大利雕塑家贝内代托·德·罗浮匝诺（Benedetto da Rovezzano）[11] 来为自己设计并建造一座陵墓，地点就选在温莎堡圣乔治皇家教堂东侧由爱德华四世修建的附属教堂之内。[12] 这项工作从 1524 年开始，共持续了 5 年。这是座令人叹为观止的建筑物，在这具由黑色大理石制成的 7 英尺长 4 英尺宽的石棺之上竖立着由镀金青铜制成的枢机主教的巨大雕像，雕像的脚边还卧着两只狮鹫。人像及墓盖石，包括枢机主教帽子的仿制品在内，都被安置在一座黑色大理石平台上，4 个角落处还分别立有一根 9 英寸高的铜柱。每个铜柱之上各有一位身高超过 3 英尺的天使，每位天使的手中还各握有一枚烛台。还有 12 幅圣人小像、一枚十字架、两根象征枢机主教及教皇权威的铜柱，以及两面饰有沃尔西纹饰的护盾，也称盾形纹饰。

项目成本内仅镀金这一项就共计花费 800 英镑，值得注意的是，威斯敏斯特宫内亨利七世的陵墓镀金支出也仅仅为 200 英镑。切尔伯里（Cherbury）的赫伯特勋爵在其 1622 年出版的《沃尔西的一生》一书中指出这座陵墓的"设计……太辉煌了，以至于远远超过亨利七世陵墓的规模"。虚空的虚空：沃尔西始终清楚地知道自己的地位，因此即使无法在陵墓规模上超过王室，如今也要将自己同王权相提并论。但亨利八世在这一点上却并未迷失。

这座陵墓也未能完成。1529 年沃尔西忽然失去王室青睐，他因未能帮助亨利同阿拉贡的凯瑟琳离婚而遭到安妮·博林的憎恶，并使亨利暴怒。面对因健康问题引起的跛足以及叛国罪的指控，这名备感耻辱的枢机主教可怜地乞求着亨利能开恩将他的雕像赐还于他，以便他能在约克郡另找一处新的墓穴。他的要求遭到断然拒绝。[13]

亨利贪婪成性且十分享受攫取的痛快滋味，这一点毋庸置疑，因此他将沃尔西的陵墓直接占为己用，他继续雇用罗浮匝诺及其助手乔瓦尼·德·米亚诺（Giovanni de Maiano）[14]按照王室陵墓的规格对设计进行修改并继续完成建造工作。沃尔西的青铜雕像遭到丢弃（很可能被屈辱地投进了熔炉），而石棺则为亨利所用。

在新的设计中，一个真人大小的青铜国王雕像躺在石棺之上。沃尔西的墓台被加高了 5 英寸，青铜雕带则直接嵌入到墙壁之内。枢机主教原有的 4 根立柱由更高的 8 根或是 10 根立柱所取代，柱顶上则立有圣徒——圣马修、圣马克、圣卢克以及圣约翰 4 人的雕像。每两根铜柱之间有一根 9 英寸高的青铜烛台。[15]这些可能脱胎于托利贾尼的原始设计，正如罗浮匝诺所谈到的：

> 4 根铜柱……无法有效……支撑起祭坛的重量，彼埃特罗·托利贾尼大师认为这些立柱承载了国王那最高尚的恩泽。[16]

祭坛被安放在墓室东侧，祭坛顶部为穹顶结构，周围有 4 座跪姿天使雕像，祭坛下部有 4 根立柱"勉强支撑着"，柱身饰有人像。基座处有 16 座孩童雕像，每个孩子手里都举着烛台。[17]墓室与祭坛周围被一圈 4 英尺高的青铜及黑色大理石包围，在附属教堂内形成一块独立区域便于牧师们在此为王室成员的灵魂祷告。

克伦威尔很快便向众多意大利以及英格兰金匠们支付了费用，他们曾在 1530 年至 1536 年间 [18]作为陵墓建造的助手提供各种"劳力及开销"，最后一笔钱款的支付时间是 1536 年的 8 月。随后发生的北方叛乱，即"求恩巡礼"事件，可能分散了亨利与克伦威尔的注意力。此外，众所周知罗浮匝诺身体状况不佳还患有眼疾，这很有可能是由于要用金属加热铜与青铜使之熔化来为陵墓铸件，金属加热后产生的令人窒息的化学烟雾对他的身体造成了侵蚀，因此他不得不于 1543 年左右返回意大利 [19]，但在离开之前国王的雕像已经完工且已经抛光。工作被转交到另一名意大利人乔瓦尼·波尔蒂纳里（Giovanni Portinari）手中，他是一名工程师，而且他很可能是克伦威尔在遣散修道院期间为了快速无情地拆毁刘易斯修道院而雇用的那个人。1543 年 12 月，波尔蒂纳里领到 37 英镑 9 先令 2 便士用于支付他当月花在陵墓铜料以及其他方面的费用。[20]

在国王执政的最后十几年内，陵墓的建造工作已经大量减少，仅有一些零星进展，这很有可能是由于英格兰在与法国及苏格兰对战中不断地对政府施压导致王室财政陷入赤字造成的。直到亨利立下遗嘱的时候，他的陵墓依旧没有完工，他在遗嘱中要求：

> 在我死后，由遗嘱执行人来继续负责墓穴的建造与支付，并尽快使这一高贵体面的墓穴建造完工。陵墓的建造工作一直顺利进行且即将竣工，我们的骸骨将被安放在特意准备好的墓穴之内……我将在此与我那忠诚仁爱的妻子王后简相伴长眠。[21]

圣乔治教堂内安放着亨利七世与爱德华四世的墓穴，它们分别位于祭坛的左右两侧，亨利立志要在未来几年内完成爱德华四世的目标，即将温莎打造成王室陵寝——国王的安息之地，因而亨利对他们二人的墓穴也进行了装饰并使它们变得"更加尊贵也更加符合身份"。当提及他自己的纪念碑时，他也说过"如果未能在我们有生之年完工"，此处或许意味着整体完工。亨利一定已经充分意识到自己已经濒临死亡，因此他意识到在如此短暂的时间跨度之内完成墓穴建造是不现实的，毕竟中间耽搁太久。他的言语之中还暗示出他对枢密院绅士们在实际工作进展方面存在着误解，他们可能不愿让这位老人对即将见到自己的先人一事过于忧虑。此外，国王的表达中还流露出对于死亡这一话题无论是想到或是谈到都很厌恶的迹象，这一点众人皆知。在爱德华四世附属教堂之内已经用围栏与铜杆圈出亨利墓穴的位置，其上镶嵌着一块刻有荣耀文字的铜牌：

英格兰国王亨利八世

暨爱尔兰统治者 [22]

亨利过世之后，这就成为他的儿子爱德华六世的责任，他要完成父母陵寝的建造工作。1547 年 3 月 [23] 波尔蒂纳里继续受到雇用，但很明显他只是奉命完成一些工作而已。1551 年，另一位意大利人被引荐来参与纪念碑的建造，他是来自摩德纳的画家、雕塑家兼铸工尼古拉斯·贝林（Nicholas Bellin）[24]。他寄住在威斯敏斯特教堂附近一处名为"墓庐"的地方，[25] 那里仍然保留着亨利纪念碑的部分组件。1551 年 8 月 2 日，爱德华的枢密院写信给威斯敏斯特的主教和全体教士，批准他们对"其所属先王陵墓附近房屋及摩德纳人所居住的房屋"进行修缮，并在"不妨碍陵墓建造及摩德纳人居住"的前提下拆除部分结构。[26] 生活在教堂之内的雕塑家一定对自己的生活十分担忧，因为他已经与教堂的主教及教士们发生了龃龉。1551 年 10 月 5 日，枢密院写信给土地没收官员理查德·萨克维尔爵士（Sir Richard Sackville），[27] 敦促他确保摩德纳人"先前被威斯敏斯特教士们驱逐出去的房产已经得到归还"。此外，爵士还奉命"对摩德纳人所报告的国王亨利七世（原文所述）陵墓遭到破坏，破坏价值高达 900 克朗"一事进行调查：此事随后也成为这位意大利雕塑家同主教及教士们愤怒决裂的导火索。[28]

但不到两年，爱德华便崩逝了。尽管在其秘书威廉·彼得为国王代书的遗嘱中提到"要将先王、我父亲的陵墓建造完工"的要求，但最终却未能做到。摩德纳人的雕刻技能被迫用于完成更为紧急的任务，给爱德华六世制作用于安放在石棺顶部的蜡像。[29]
仅仅一年之后，就连小教堂的牧师们想为亨利及简·西摩的灵魂
做祷告这一要求都被爱德华的新教政府回绝。[30]

他同父异母的姐姐玛丽即位后也曾试图完成父亲墓穴的建
造，但据说"因为担心自己作为天主教徒，这样做可能会被认为
是在缅怀曾与罗马教廷决裂之人，因而犹豫不决"。[31] 因此她并未
采取行动。又或者她的确做过些什么？据一份耐人寻味的报告记
录，枢密院的一位成员弗朗西斯·恩格尔菲尔德爵士（Sir Francis
Englefield）曾见证亨利曾经的死敌枢机主教雷金纳德·波尔
（Reginald Pole），[32] 也就是如今玛丽女王的坎特伯雷大主教打开亨
利的墓穴。据报告记载，在女王的授意下，国王的尸身被拖出来
并且极不光彩地遭到焚烧。[33] 这是否是天主教徒们的宣传抑或仅仅
是他们一厢情愿的想法却不得而知了。但是，正如我们所知，亨
利的遗体如今仍然安然躺在他的墓穴之中。

5 年之后伊丽莎白成为女王，她的良知激励着她要完成父
亲墓穴的建造工程。她的财政大臣温彻斯特侯爵威廉·波利特
（William Paolet）在切尔西就亨利纪念碑一事写信给威廉·塞西尔
爵士，他在信中列出工程尚需完成的部分[34]，该结论是在对威斯敏
斯特教堂以及温莎堡中所存放的纪念碑组件进行详细调查之后得
出的。[35] 清单中包括 3 座均为 4.5 英尺高的青铜人像、2 根铜柱、8
根铜饰带、用于安置在铜柱之上的 25 座小雕像，以及墓穴拱圈的
4 扇金属大门。

此外还缺少一些小部件，例如树叶、小型龙、狮以及其他

　　　野兽等各种不同装饰品，数量之多恐怕要令阁下费心了……

　　然而，信中也证实亨利的雕像已经完成并安放于石棺之上，雕像共计耗费 8 英担（约 418 千克）[36] 的镀金青铜，总重量达到 20 英担（约 1 吨）[37]。

　　很显然波利特以已经完工的组件部分为基础对设计草图进行了修改，他增加了支撑柱的数目，期望得到女王的批准。出于经济因素的考虑，这位财政大臣认为伊丽莎白会喜欢他的设计，因为依此方案可免于从欧洲聘请昂贵的"工匠"或是雕塑家来重新设计新的版本。

　　但女王并不喜欢。两年之后，1565 年理查德·罗兰兹（Richard Rowlands）[38] 准备出一份新的设计方案并花费 13 英镑 6 先令 8 便士制作出一个陵墓模型。[39] 女王的工程勘测员刘易斯·斯托基特（Lewis Stockett）将其余部件从威斯敏斯特教堂及温莎堡处运来，并在圣乔治教堂的东侧纪念堂的正中间位置重新开始纪念碑的建造工作。关于纪念碑的最终设计还有许多细节有待商榷，然而 1567 年波利特又将更多计划交到塞西尔手中，王室本力主紧缩开支的，此举无疑引起了更多争辩。[40]1573 年 4 月，荷兰的新教避难者雕塑家科尼利厄斯·丘尔（Cornelius Cure）被召唤进宫以 4 英镑的酬劳为纪念碑制定了另一个方案，而罗兰兹也被雇来雕刻人物塑像，他很可能是负责基座部分的雕像。[41]

　　伊丽莎白对于细节十分挑剔，在她的心中还有个宏伟计划，她要为同父异母的弟弟也建造一座奢华的陵墓。[42] 但在 1572 年波利特逝世之后，来自其他国家事务方面的压力使伊丽莎白心烦意乱，因此她已无心顾及这些王朝纪念碑的建造问题，而她的顾问们也是如此。那些为建造墓穴而购买并囤积在苏格兰场的白色大理石后来在 1586 年 7 月被丘尔用于建造其他更为平实的建筑，例如汉普敦宫的大喷泉。[43]

1598 年，一位德意志牧师坎农·保罗·亨兹纳（Canon Paul Hentzner）参观了圣乔治大教堂，在"纪念堂的唱经楼或是附属教堂内"见到部分完工的墓穴。他数了一下——

> 在墓穴附近共有 8 根黄铜立柱，其中 4 根为烛台样式。陵墓主体由黑白两色大理石构成。据称所有这些都是为日后伊丽莎白女王的葬礼而保留的。此项目的开销总计已超过 6 万英镑。[44]

随后政府同圣乔治教堂的主教及教士们产生分歧，在应该由谁来对纪念堂、纪念堂钥匙以及未完工的陵墓负责的问题上争论不休。[45] 很显然，该地已经成为游览胜地，谁掌握着钥匙便可以从类似亨兹纳这样想要进入并参观内部结构的游客手中获取不菲的收入。1613 年 5 月，教士们开会并对外颇为不屑地宣称，他们不再参与纪念堂相关事务[46]。1618 年，宫务大臣、第三代彭布罗克伯爵威廉·赫伯特写信给他们表示：

> 鉴于温莎堡圣乔治教堂内的自由礼拜堂墓室即国王亨利八世安息墓穴之处的钥匙通常由自由礼拜堂负责人保管；因此要求你们，自由礼拜堂的主教与教士们，你们要命令那些持有墓室钥匙的人将钥匙交给这位负责人，即如今的教堂管

理人约翰·达纳尔（John Darkhnall），由其对钥匙进行保管，同时由其对墓室进行管理，这便是你们所要求的正当授权以及免责。[47]

官方强制令授权这位达纳尔绅士"得以自由平静地享有这把钥匙以及墓室的监管权，使他得以同前任一般继续享受这种自由且有利可图的方式"，而在 1626 年 3 月 21 日由白厅发出的另一封信件则再次严厉重申了该项强制令。

随着权力落到英联邦议会手中，即便是亨利八世那尚未完工的墓穴也未能幸免。很显然，依据 1643 年 12 月 20 日下发的下议院条例将那些"可耻的纪念碑以及画像"移出伊顿及温莎堡教堂礼拜堂时，士兵已经对墓穴造成损毁。但更糟糕的还在后面。1645 年 9 月 19 日，据下议院日志记载，任命三人委员会考虑"温莎堡内铜像的实际情况，并将其报告给下议院"。日志中所涉及的这座镀金铜像便是亨利那座躺在黑色大理石石棺上的雕像，议员们此举目的是要卖掉它以筹措眼前急需的资金。他们对资金的需求十分迫切，仅在两天之后，下议院便决定：

> 为了国家的利益考虑，将温莎堡内有所损毁的铜像与画像及其他遭到毁坏的铜件立即出售，而相关出售事宜由先前任命的委员会负责。

1646 年 4 月 7 日，下议院决定以 400 英镑的价格出售亨利的雕像，所得款项交给"温莎堡的管理者（克里斯托弗·惠考特上校），他将用这笔款项来雇用温莎堡的守备部队"。[48]3 天之后，上议院批准通过该计划，上、下两议院一致认为亨利墓穴金属材料的购买者"有权将这些金属材料运输至海外以便更好地加以利用"。必须要找到一位迫切希望将这些掠夺来的金属运送至海外的买家。买家的报价很有可能超过他们的报价，或许会高达 600 英镑。[49]

墓中用来支撑饰有龙与灰狗的王室纹章旗帜的 4 根烛台也由根特主教安东尼·特里斯特（Anthony Triest）于 1622 年至 1657 年间运往比利时根特城（Ghent）的圣·巴夫大教堂（Cathedral of St Bavo）。[50]时至今日，它们仍被妥善地保存在那里。[51]遗憾的是，国王那尊巨大的铜像却已了无踪迹，但有证据显示他的石棺与基座部分仍然在原来的位置又安然度过了 150 年。

1660 年恢复君主立宪制之后，查理二世（Charles II）及其司法部长开始热衷于修复那些残破的纪念碑并找回失落的雕像，因此任命"罗伯特·克拉克（Robert Clarke，住在索思沃克的布莱克曼街上议院附近）及约翰·杰拉德（John Gerard，佩星和尔街煎锅地区的一名铜匠）"[52]来推进这项工作，尽管他们所做的努力更倾向于整理而非真正的恢复工作。1672 年出版的圣乔治教堂计划还对墓中的骸骨做了标记。[53]

但是在詹姆士二世（James II）执政期间，包含纪念碑在内的整座教堂都严重腐朽，而这种糟糕的状态后来又一直延续了几十年。1749 年，据相关报告指出：

> 可惜的是，因信奉新教的人民的不满，本应作为美化装饰而存在的小教堂也招致公众怨恨，而在国王（詹姆士二世）

执政期间它又被完全忽视，尽管其因为对于王室的特殊含义也受到相应照顾与修缮，但却不再附属于联合教堂。[54]

半个多世纪后，亨利希望通过纪念碑来彰显帝王身份的希望彻底被摧毁。1804 年，政府对外宣布要在教堂之下重新修建巨大皇家陵墓或陵寝的计划，并且由当时最受欢迎的建筑师詹姆斯·怀亚特（James Wyatt）主持修建。

为了修建新的地下墓穴，教堂的地板遭到破坏，国王那早已空空如也的陵墓中最后的遗迹也被移走并储存在其他地方。黑色石棺与基座也于 1808 年被送至伦敦，重新用来为尼尔森勋爵在圣保罗教堂内建造巨大的纪念碑，这座纪念碑时至今日仍然存在，在那里纪念着沃尔西与亨利之外的第三任主人。[55]

亨利与他心爱的简·西摩也未能得到安息：几个世纪以来，他们那位于唱经楼中间没有任何标记的墓室被多次打开。

第一次是在 1649 年 2 月查理一世（Charles Ⅰ）下葬的时候，他于白厅宴会厅之外被议会处决。温莎堡的管理者惠考特上校本已在圣乔治大教堂的圣坛南侧为他准备了一处浅墓，但查理的忠实臣子们还是希望能将他葬在王室墓穴之内。[56] 一个常驻温莎堡的人告诉他们那里的地下有亨利的墓穴，因为他们在对地面进行冲压的过程中听到因地下中空所传来的回响。人们用撬棍撬起厚石板的一角，在下面的一片黑暗中看到天鹅绒棺罩仍然覆盖在亨利和简·西摩的棺木之上。"尽管他们已在这里躺了 100 多年，但一切都如同崭新的一样。"[57] 在为查理准备棺木期间，教堂司事帕迪范特奉命看守教堂，但这位司事的手下艾萨克（Isaac）却报告称：

有个步兵将自己藏起来，伺机爬进墓穴并切掉覆在棺木上的天鹅绒棺罩，随后在巨大的棺木上钻孔想看看是否不虚此行。

教堂司事打开门的时候看到这大不敬之人，在对其进行搜查之后发现一根人骨，据此人交代他准备用这根骨头来做刀柄。

管理者……得到通知，对（教堂司事）予以奖励，贵族们及在场的其他人则见证了那巨大的棺材之内的确有尸骨存在。[58]

这很明显是亨利的棺木，而那名士兵所窃取的也正是他的尸骨。

根据保存在圣乔治教堂档案馆的手稿记载，在 1686 年 2 月 7 日为广场重新铺设黑白大理石路面时，在对路面进行破拆的过程中，墓穴也受到了相关检查：

墓穴……八九英尺宽，四周由砖块及上方的拱券包围起来。墓深七八英尺，既没有通往下面的台阶，也没有其他可以下去的方式。

简·西摩女士的遗骸躺在北侧，她的身旁便是国王亨利八世，他们躺在立于木制搁架上面的铅制棺材之内。

墓穴南侧则是躺在铅棺之内的国王查理一世……[59]

17 世纪末期，为了安葬丹麦王子乔治与安妮女王夭折的孩子，墓穴被再次打开，那具小小的桃花心木棺椁就被安置在查理国王

棺木下端对角线的位置上。[60] 墓穴的另一次开启则是在 1813 年 4
月 1 日，当时的摄政即后来的乔治四世，还有坎伯兰公爵，共同
见证了这一过程。[61] 在对查理的棺木进行检查之后，他们转向亨利
与简·西摩的棺木。亨利的棺材是铅质的，外面还包裹着一两英
寸厚的榆木外壳。

> 但它早已腐朽，周围散布碎片。
>
> 铅棺似乎经受了暴力袭击，中间明显裂开一道缝隙，露
> 出了国王的骸骨。人们看到棺内之人的下巴上仍然还有胡须，
> 但整个骸骨却看不出有任何特别之处。
>
> 另一具被认为是王后简·西摩的那具较小的棺木却并未
> 被检查，因为摄政认为好奇心还不足以成为打扰逝者安息的
> 理由。[62]

此事的另一位见证者是乔治三世（George III）与摄政王的医生
亨利·哈尔福德爵士（Sir Henry Halford），他认为很可能是在为
查理国王举行过那场"既没有哀悼词也没有任何仪式，有的仅仅
是几名围观者的哀悼与叹息"的葬礼之后，在"将棺木下放至墓
穴这一过程中"对亨利的棺木造成了损坏。[63]

根据 1888 年的另一份记录显示，当威尔士装王亲装殓有查
理一世遗物的一个小匣子通过地板上开出的一个 18 英寸直径的孔
洞放入地下墓穴的过程中，却发现哈尔福德爵士的说法是错误的。
随着孔洞的打开，一道光线投射进墓穴之中，人们看到：

国王亨利八世的巨大铅棺就躺在一片废墟中间。

铅棺上方被撕开了一道巨大缝隙，国王那额头宽阔的头骨、大腿骨与肋骨以及身体其他部分的骨骼都暴露在外，清晰可见，根据裂缝边缘判断，这种破坏应该是由内力造成的。[64]

由于已经过去了三个多世纪，因此很难再用化学方法来对其进行相关检测。据后来的一篇报告所述，亨利的棺木是被"分解产生的腐败气体所胀裂的"，[65]但早在下葬之前国王的遗体便因防腐处理的需要被除去了内脏。而查理棺木下放到墓穴的过程也未必会对其造成压迫或损坏，因为查理的棺木同样是放置在隔板架之上的。或许是支撑亨利棺木的隔板架坍塌造成铅棺损毁。也可能这种毁坏恰恰符合棺木曾在赛昂宫发生破损的记录，也印证了那位修道士对其命运的可怕预言。又或者，棺木的掉落才是造成铅壳碎裂的主要原因？

时至今日，覆盖在墓穴之上的是一块镶嵌在大理石板上的黄铜铭牌，尺寸为 42 英寸乘以 76 英寸。这样的墓志铭标准是于 1818 年 3 月 21 日由时任摄政提出的，主教与教士们同意"按照 1789 年 11 月 4 日之前的顺序对安息在此处的逝者进行分配"并颁布新的铭牌。[66]然而奇怪的是，亨利的墓穴直至 1837 年才被重新标记铭牌。而且铭牌上的文字介绍简明扼要：

在此大理石下方

墓穴之内

安放着

国王亨利八世的王后简·西摩

（逝于 1537）

国王亨利八世

（逝于 1547）

国王查理一世

（逝于 1648）

以及

安妮女王的婴孩

等人的遗体

该纪念碑的安置

乃受命于

国王威廉四世（1837 年）

今天，当许多游客走进教堂信步走在这些石板之上时，他们可能会驻足欣赏隔间背后那精美绝伦的木雕工艺，或是五颜六色的旗帜以及嘉德骑士的纹章板，却不曾意识到脚下的墓穴之内安葬着伟大的君主。

是啊，伟大之人倒下了！

他所有的权势与辉煌，所有的骄傲与浮华，以及他所有的宏伟计划，全部都烟消云散，如今亨利能被纪念的也仅是那些最为平实简单的信息——他的名字及死亡日期，这些都刻在一块再普通不过的黄铜铭牌之上，并被镶嵌在唱经楼通道内的大理石板上，年复一年地被大批游客漫不经心地从上面踏过。

亨利对自己陵寝所怀有的虚荣与抱负都被历史抹去。最终，这一切都归于遗憾。

注释

序言

1　《亨利八世统治期间国内信函和文件》(*Letters and Papers illustrative of the Reign of Henry VIII*，后面简写作《信函和文件》)，西班牙文，爱德华六世，第四卷，第 36 页。

2　该头衔出自 1543 年亨利八世颁布的《国会法案》第 3 章第 35 条。参见 C.H. 威廉姆斯，第 474—475 页。

3　该死亡时间出自 1547 年 1 月 31 日苏塞克斯伯爵亨利·拉特克利夫写给妻子的信件，援引自斯特赖普的表述《教会纪念碑》，第二卷，第一部分，第 118 页，引自大英图书馆馆藏的科顿搜集的手稿，《提多书》Bii 25，对折页第 51 页。

4　该数值是根据现有的亨利执政时期郡县巡回审判处决记录推断得出，包括那些因叛国或异教信仰而遭到处决，或是在暴乱以及其他城市动乱中死去的人。1547 年英格兰与威尔士总人口达到 270 万人。年代记编者约翰·斯托认为总共有 7.2 人受到罪行过于夸大的指控。同样参见大英图书馆馆藏的编号为 27402 的增补手稿，对折页第 47 页——"这些人在亨利八世时期被处决"——执行国家级死刑。

5　当时男性的平均寿命约为 40 岁。

6　他显然"十分偏好"这种烈酒。张伯伦，第 379 页。

7 出自埃利斯,《杰出之人》,第 14 页。在一封 1553 年 3 月 23 日阿斯克姆于布鲁塞尔写给威廉·塞西尔的信中,他提到了丹尼在几年前所做的评论。

8 出自乔丹,第一卷,泰特勒第 4 页,第 15—16 页。

9 《英国国家档案》编号 10/1/1 文件。

10 《信函和文件》,西班牙文,爱德华六世,第四卷,第 4 页。范·德·代尔夫特补充道:"在此之前,我想先向陛下传达这一情报,但所有的交通都被封闭了;因此为将此封书信送出必须要有一本护照。"2 月 2 日,枢密院下令重新开放港口。(《枢密院法案》,新增序列,第二卷,1547—1550 年,第 11 页)

11 摘自莱格,第二卷,"按照王室的顺序",第 734—735 页。

12 有关国王的双腿是否受到瘘管的折磨,一直存在争议。亨利在 1537 年写给诺福克公爵的一封信中提及"我的腿……如今成了笑话"。参见《信函和文件》,第十二卷,第二部分,第 27 页。

13 斯特赖普,《教会纪念碑》,第二卷,第二部分,第 289 页。

14 贝尔斯,第 795 页。

15 戴尔,第 30 页。

16 斯特赖普,《教会纪念碑》,第二卷,第二部分,第 290 页。更多细节描述,参见利滕第 39—40 页。

17 斯特赖普,《教会纪念碑》,第二卷,第一部分,第 17 页。

18 有记录显示,直至 1586 年,这幅由小汉斯·霍尔拜因所作壁画仍然展示在大厅之中。雷米吉乌斯·范·利姆普特于 1667 年绘制了此画的小型副本,该副本现仍保存在汉普敦宫的皇家收藏品之中。壁画原作在 1698 年 1 月于一场宫廷火灾中被烧毁,火灾起因是一名女仆将自己的衣服置于明火前烘干。

第一章 危险的荣誉

1 《信函和文件》,第十八卷,第一部分,第 490 页。

2   内维尔·威廉姆斯，第 171 页。以下诗句原为拉丁文，后译为英文，原本
     刻在她的墓上，但如今已遗失：

     有凤凰于此安眠，其辞世之时

     另一羽凤凰则获予新生。

     可哀可叹

     不曾见得两者共生于此世。

     参见泰伊与戴维斯，第一卷，第 509 页。

3   《信函和文件》，第七卷，第二部分，第 449 页。

4   她于 1538 年 5 月嫁给他。

5   他于 1537 年 12 月底对法国大使卡斯蒂永做出该评论。

6   考利克，第 48 页以及第 51—53 页。

7   《信函和文件》，第八卷，第二部分，第 3 页。

8   《信函和文件》，第八卷，第二部分，第 110—111 页。

9   考利克，第 80—81 页，以及《信函和文件》，第八卷，第二部分，第 28 页。

10   《信函和文件》，第八卷，第二部分，第 28 页。

11   摘自英国驻布鲁塞尔大使约翰·赫顿于 1537 年 12 月 9 日写给克伦威尔的
     一封信。参见《英国国家档案》，第八卷，第 67 页。

12   《信函和文件》第三卷，第二部分，第 1188 页。

13   《英国国家档案》第八卷，第 146 页。

14   这些文字被记录在赖奥思利呈交给国王的信件中，可以想到信中完全是阿
     谀奉承。

15   内维尔·威廉姆斯，第 172 页。

16   《信函和文件》，西班牙文，第六册，第一部分，第 99 页。

17   斯特里克兰，第三册，第 170 页。

18   亨利对鼓手以及小号手印象很好，这可能是克里维斯的安妮唯一能令他印
     象深刻的事。

19   斯特赖普，《教会纪念碑》，第一卷，第二部分，第 454 页。

20   新教改革家菲利普·梅兰克森这样称呼亨利。

21   斯特赖普，《教会纪念碑》，第一卷，第二部分，第 455 页。

22 同上，第一卷，第二部分，第 457 页。

23 后来，希腊旅行家尼坎德·纽西乌斯将她描述为"具有男性特征的"。参见 1841 年伦敦坎登出版社出版的 Revd J.A. Cramer (ed.)，《第二册游记》，第 48 页。

24 斯特赖普，《教会纪念碑》，第一卷，第二部分，第 457 页。

25 同上，第一卷，第二部分，第 455 页。都铎时代的女士认为肤色暗沉的女士并不时尚。

26 弗雷泽，第 309 页。

27 伯内特，第二卷，第 85 页。

28 斯特赖普，《教会纪念碑》，第一卷，第二部分，第 452 页。该诺言从未实现。所送来的文件"并非真实"，因此使得订婚问题"更加值得怀疑"。

29 霍尔，第 836 页。

30 斯特赖普，《教会纪念碑》，第一卷，第二部分，第 458 页。

31 伯内特，第二卷，第 86 页。

32 戈德斯米德与戈德斯米德，第 8 页。

33 戈德斯米德与戈德斯米德，第 10 页。

34 伯内特，第二卷，第 86 页。

35 斯特赖普，《教会纪念碑》，第一卷，第二部分，第 458 页。

36 同上，第一卷，第二部分，第 459 页。

37 同上，第一卷，第二部分，第 461 页。

38 同上，第一卷，第二部分，第 461 页。巴茨向委员会所提供的证词被收录于哈特菲尔德大宅塞西尔文件的 1/22 号文件中。亨利自己的陈述则收录在 1/23 号文件中。

39 斯特赖普，《教会纪念碑》，第一卷，第二部分，第 462 页。

40 同上，第一卷，第二部分，第 460 页。

41 《西班牙编年史》，第 98—99 页。

42 罗宾逊，第 32 页。

43 伯内特，第二卷，第 87 页。

44 针对该段婚姻的问题对克伦威尔展开的问讯被记录在大英图书馆馆藏的科顿搜集的手稿中，编号奥索 Cx，对折页第 241 页与 246 页。针对该段婚姻成立调查委员会则在对折页第 236 页中。

45 伯内特，第一卷，第一部分，第 206 页。

46 伯内特，第一卷，第一部分，第 203 页。《信函和文件》，第十五卷，第 364 页。

47 《信函和文件》，第十五卷，第 377 页。

48 1540 年 6 月，负责国王家私部的理查德·鲁奇利与大卫·菲森特，以及国王书记员尼古拉斯·布里斯托被雇来清理克伦威尔家中的"物品"。他们负责将掠夺来的战利品运送至"国王的藏衣室，（随后）转运至伦敦塔，送至汉普敦宫，分别有一辆车行进 11 英里，两辆车行进 4 英里，还另有两辆车前往伦敦塔运送床上的床绳，这 6 日来所有的费用是每日 20 便士，在副宫务大臣的账单上总共计下 35 先令 3 便士"。参见《信函和文件》第十六卷，第 187 页。

49 亨利八世颁布的《议会法案》第 62 章第 32 条。

50 伯内特，第一卷，第一部分，第 204 页。

51 委员会成员报告表明她完全同意所有的条款与条件，见大英图书馆馆藏的科顿搜集的手稿编号奥索 Cx，对折页第 247 页。

52 《英国国家档案》第八卷，第 395 页。

53 大英图书馆馆藏的科顿搜集的手稿编号奥索 Cx，对折页第 240 页。

54 史密斯，《一场都铎悲剧》，第 121 页。

55 《信函和文件》，西班牙文，第六卷，第一部分，第 305 页。

56 尼克尔斯，《叙事》，第 259 页。

57 亨利特意为她选择用一朵玫瑰作为纹章。参见斯特里克兰，第三卷，第 122 页，注释 2。

58 《信函和文件》，西班牙文，第六卷，第 37 页。

59 他的父亲曾于 1513 年 9 月在弗洛登战役中以英格兰炮兵力量摧毁了苏格兰军队，杀死苏格兰国王詹姆士四世与追随他的多位贵族。因此，他在亨利七世执政期间被褫夺财产与公民权时被剥夺的诺福克公爵头衔，又于 1514 年失而复得。

60 被罗宾逊所引用，第 25 页。

61　史密斯，《一场都铎悲剧》，第 121 页。

62　现存于伦敦图书馆古文物协会的一张宣传海报（第 4 号，尽管是后来的一份副本）或许可以说明当时的宣传手段。这张海报共有 16 行，每 3 行加一段副歌，以下是开头部分（按照原拼法）：

大人与孩童都欣喜地听闻
那虚伪的骗子托马斯·克伦威尔
如今已被送去重新学习
欢唱着驱散恶魔。

结尾部分

上帝以其全部力量庇佑着国王亨利
以其崇高的荣誉来
庇佑良善之花爱德华王子
欢唱着驱散恶魔，欢唱着驱散恶魔
在此该如何，罗姆贝洛，驱散恶魔。

参见罗伯特·莱蒙，《伦敦古文物协会所有海报印刷品目录》，伦敦，1866年，以及《信函和文件》，第十六卷，第 541 页。克伦威尔在行刑台上的演说试图否认针对他的异端指控。他称自己死于"天主教信仰，不要怀疑我的信仰，不，也不要对教堂圣礼有所怀疑"。许多人诽谤他"并报告称我一直持有这样邪恶的观点，这并非事实，但是我承认正如上帝被圣灵所引导一般，魔鬼也准备对我们施以诱惑，而我已经被诱惑了"。参见霍尔，第839 页；斯卡尔斯布鲁克，第 378—380 页。

63　他还被指控聘用巫师来推测亨利的死期以及雇用了一名对求恩巡礼表示同情的牧师。参见里德利，《亨利八世》，第 342 页，以及福克斯，《行为》，第五卷，第 402—403 页。据说亨格福德在被行刑之时"内心极不平静且情绪激动"。谁能来责怪他呢？记录可能进一步证实了他的疯狂。参见霍尔，第 840 页。

64　《信函和文件》，第二十一卷，第二部分，第 282 页。参考"褫夺财产与公民权中提到的公民义务"。

65　引用自史密斯，《一场都铎悲剧》，第 123 页。

66　《信函和文件》，第十六卷，第 148 页。

67　考利克，第 236—237 页。国王被瘟疫吓得极度恐慌的例子并不多见。1532年在前往加来的途中，亨利再次下令将所有瘟疫感染者从他们的家中拖出来，将这些人弃至城外等死。参见里德利，《都铎时代》，第 195 页。

68　《信函和文件》，第十六卷，第 450 页。

69　海德公园旁边的伦敦大理石拱门处，便是泰伯恩刑场如今所在的位置。

70　戴克斯甚至被更残忍地对待，直到最后一刻他还盼望着能得到缓刑。当他在两名伦敦警长的护送下步行离开伦敦塔前往泰伯恩行刑场时，"大法官（沃尔登的奥德利勋爵）的管家海尔先生来传令，以国王的名义告知他们到两点时分再行刑，这使得人们认为国王会原谅他"（赖奥思利，第一卷，第126 页）。囚犯绝望地一直等到三点钟，随后被带至"常用来处决普通谋杀犯的"绞刑架处（霍尔，第 842 页），后达克莱被安葬在新门监狱附近的圣墓教堂中。

71　《信函和文件》，第十六卷，第 466 页。

72　赖奥思利，第一卷，第 73 页

73　《信函和文件》，第十六卷，第 608 页。

74　该故事发生在卡尔佩珀被处决之后，一位伦敦商人在一封寄到德意志的信中详细描述了此事。参见《信件原稿》，第一卷，第 226—227 页。

75　该刑具是由 15 世纪一位公爵命名的，他在亨利七世执政时期将该刑具引进英格兰并用其获取口供。这项刑具还被称为"刹车"。

76　《信函和文件》，第十六卷，第 620 页。

77　《信函和文件》，第十六卷，第 616 页。

78　《信函和文件》，第十六卷，第 649 页。

79　《信函和文件》，第十六卷，第 611 页。

80　斯卡尔斯布鲁克，第 430 页。

81 《信函和文件》，第十六卷，第 665—666d 页。

82 史密斯，《一场都铎悲剧》，第 178 页。

83 《信函和文件》，第十六卷，第 670—672 页。

84 《信函和文件》，第十六卷，第 610 页。

85 同上。

86 同上。

87 伯内特，第二卷，第 291 页。

88 不幸的是，他在安妮·博林不光彩的时候同样正担任她的副宫务大臣一职。

89 《信函和文件》，第十六卷，第 610 页。

90 赖奥思利，第一卷，第 130—132 页。

91 《信函和文件》，第十六卷，第 620 页。

92 《信函和文件》，第十六卷，第 628 页。

93 《信函和文件》，第十六卷，第 613 页。

94 《信函和文件》，第十七卷，第 44 页。

95 《信函和文件》，第十六卷，第 534 页。

96 《信函和文件》，第十六卷，第 628 页。

97 《信函和文件》，第十六卷，第 646 页。该婚约使得她与亨利的子女都成为私生子。

98 史密斯，《一场都铎悲剧》，第 166—167 页。

99 他们的头颅被插在尖刺上置于伦敦大桥的转台之上，直至 1546 年希腊旅行家尼坎德·纽西乌斯还在那里见到了他们的头颅。参见 1841 年伦敦坎登出版社出版的 Revd J.A. Cramer (ed.)《第二册游记》，第 48 页："即使到现在依然能见到这些被剥掉了皮肉的头骨。"他观察到这一点。参见赖奥思利，第一卷，第 32 页。卡尔佩珀被安葬于靠近中央法庭与新门监狱的圣墓教堂。

100 《信函和文件》，第十六卷，第 677 页。

101 隐藏自己所知的叛国行径或是叛国意图。

102 《信函和文件》，西班牙文，第六卷，第一部分，第 409 页。

103 亨利八世颁布的《议会法案》第 21 章第 33 条。

104 莱姆贝格，第 146—147 页。

105　《信函和文件》，西班牙文，第六卷，第一部分，第 472 页。

106　同上。

107　同上。

108　于 2 月 4 日通过。亨利八世颁布的《议会法案》第 21 章第 33 条。

109　共七人出席，缺席者为"身体不适的"萨福克公爵以及显然不会到场的诺
　　　福克公爵。然而，诺福克公爵的儿子萨里伯爵则出现在贵族旁听席上。

110　《信函和文件》，西班牙文，第六卷，第一部分，第 473 页。

111　斯特里克兰，第三卷，第 84—85 页。他们因口出不雅之言而遭到斥责。同
　　　样参见《信函和文件》，第十六卷，第 655 页。

112　《信函和文件》，西班牙文，第六卷，第一部分，第 409 页。

113　《信函和文件》，第十六卷，第 678—679 页，以及《英国国家档案》，第一
　　　卷，第 716 页。

114　吉斯的玛丽。

115　《信函和文件》，西班牙文，第六卷，第二部分，第 31 页。

116　战斗中共缴获了 24 门大炮。17 种不同样式的"苏格兰黄铜火枪"被存放
　　　在伦敦塔内，于亨利过世之后被登记造册。参见斯塔基，《财产名录》，第
　　　102 页。

117　《信函和文件》，西班牙文，第六卷，第二部分，第 223 页。

118　《信函和文件》，西班牙文，第六卷，第二部分，第 224 页。

119　她那正统的天主教继父莱尔勋爵被关在伦敦塔内 20 个月。刚获释不久，他
　　　便过世了。他的妻子随后也疯了。参见里德利，《亨利八世》，第 363 页。

120　赫伯特给人的印象是个粗暴无赖的士兵。1533 年，他被卷入南威尔士纽波
　　　特对"一位正直诚实的人"约翰·托马斯的斗殴与谋杀事件中。参见《信
　　　函和文件》，第六卷，第 670 页。1533 年 2 月 23 日，乔治·摩根"放开他
　　　的猎犬……赫伯特殴打了他的手（与）身体，当时他幸好躲入一间房屋内，
　　　不然一定极其危险"。四日之后，赫伯特与"疯狂的同伴们"再次袭击摩
　　　根。混战之中，托马斯被谋杀。

121　约翰·韦弗，《古葬礼纪念碑》，伦敦，1361，第 371 页。威廉·达格代尔
　　　爵士在其 1716 年于伦敦出版的《圣保罗教堂历史》第二版第 48 页中记载，

拉蒂莫的陵墓已于爱德华六世或是伊丽莎白执政时期被毁。很有可能是一块黄铜碑。

122 她很有可能曾在前几次婚姻中有过怀孕经历。参见詹姆斯，"凯瑟琳·帕尔"，第 113 页。

123 1782 年，在对休德利城堡附属教堂的废墟挖掘中发现她的棺木，并依据棺木的长度进行推断。参见纳什，第 2 页。

124 《信函和文件》，第十五卷，第 243 页。

125 登特－布罗克赫斯特文献，D2579，格洛斯特档案局。

126 《信函和文件》，第十八卷，第一部分，第 418 页。

127 《国家档案》，编号 E 30/1，472/6。

128 这是一支精英部队，最初是克伦威尔于 1539 年 12 月将 50 名骑兵组建成一支名为"长矛"的卫队，骑兵人选通常是家庭出身良好之人。他们负责保卫国王的个人安全，而武器配备则选用了经典的都铎简约主义——"贵族专用的"长柄斧与长剑。随后，卫队阵容扩充至 150 人。1548 年安东尼·布朗过世之后，南安普敦侯爵接替他成为卫队长。

129 意味着屈服、礼貌与顺服。

130 《信函和文件》，第十八卷，第一部分，第 483 页。

131 参见富鲁格，第 277 页。

132 《信函和文件》，第十八卷，第二部分，第 18 页。

133 《信函和文件》，西班牙文，第六卷，第二部分，第 436 页。

134 伦敦疫情十分严重，法庭迁至赫特福德郡的圣奥尔本斯度过了整个圣米迦勒季。参见霍尔，第 859 页。

135 《信函和文件》，第十八卷，第一部分，第 498 页。

136 《信函和文件》，西班牙文，第六卷，第二部分，第 447 页。

137 《西班牙编年史》，第 108 页。

138 《信函和文件》，西班牙文，第六卷，第二部分，第 447 页。

139 大英图书馆馆藏的编号为 46348 的增补手稿，对折页第 206 页。存放亨利八世的珍宝与盘子。

140 大英图书馆馆藏的编号为 46348 的增补手稿，对折页第 168b 页。

141 同上。

142 大英图书馆馆藏的编号为 46348 的增补手稿，对折页第 169a 页。

143 列在斯塔基《财产名录》中，第 77—80 页。

144 詹姆斯，"凯瑟琳·帕尔"，第 24 页。

第二章　上帝的小淘气

1 "小淘气"指代"刚出生的王子"。参见坦纳，第 49 页脚注。

2 伯内特，第二卷，第 86 页。

3 考利克，第 350—354 页，以及《信函和文件》，第十六卷，第 598 页。

4 现代历史学家驳斥了关于孩子身体虚弱的说法。参见赫斯特·查普曼《最
   后的都铎国王：关于爱德华六世的研究》，巴思的《1958》以及洛奇的《爱
   德华六世》。

5 考利克，第 302 页，以及《信函和文件》，第十六卷，第 396 页。

6 《信函和文件》，第十六卷，第 598 页。

7 考利克，第 408—410 页。

8 引用自洛奇《爱德华六世》，第 2 页。

9 赖奥思利，第一卷，第 66—67 页。

10 多塞特侯爵夫人玛格丽特曾享有将王子带到洗礼仪式上的殊荣。她致信国
    王感谢他任命她"护送尊敬的王子殿下"，但也对"因这里（克罗伊登）暴
    发的疾病而被逐出宫廷"一事表示歉意。但很显然，瘟疫这种疾病剥夺了
    她曾拥有的地位。参见《信函和文件》，第七卷，第二部分，第 317 页。
    1538 年，一名虔诚的天主教徒格特鲁德被关押进伦敦塔，一直被关押至第
    二年 7 月。而她的丈夫亨利则因觊觎王位而于 1538 年 12 月 9 日遭到处决。

11 在危险的情势下，王室后裔被仔细看护起来。国王命人在王子卧室附近没
    有墙壁保护的地方设立起临时的屏障，挂起厚厚的帷幔。

12 斯特赖普，《教会纪念碑》，第二卷，第一部分，第 4 页。

13 该件长袍在 1600 年尚在汉普敦宫中展出。参见瑟利，"汉普敦宫"，第 69 页。

14 由于瘟疫仍然在伦敦市里与远郊地区肆虐，因此为避免受到感染，王子的受洗仪式严格限制了出席人数。国王发布的公告上还对贵族所带随从人数做了明确的限制，还警告称任何违反规定的行为都将会引起"国王的极度愤慨与不满"。公告的正文见大英图书馆藏的哈利父子搜集的编号为 442 的手稿，对折页第 149 页。

15 斯特赖普，《教会纪念碑》，第二卷，第一部分，第 6 页。

16 受洗仪式这一日，玛丽公主从枢密院赫尼奇先生处收到 100 英镑，这笔钱很可能是国王补贴她在王子礼物上的花费。

17 《信函和文件》，第七卷，第二部分，第 319 页。同样参见大英图书馆馆藏的编号为 45716A 的增补手稿，对折页第 112—115 页，以及大英图书馆馆藏的埃格顿搜集的编号为 985 的手稿，对折页第 33 页，关于 16 世纪洗礼仪式的描述。

18 自从 1509 年布兰登被任命为亨利骑士团的成员之一那时起，他们便结下了深厚友谊。

19 关于爱德华是否为剖宫产所生这一问题一直存在争议。关于剖宫产手术一说没有任何当代资料可以佐证，更不用说尼古拉斯·桑德斯在 1581 年的一份报告中所提到的，亨利同他的医生之间曾有过一次对话，医生向亨利询问母亲与孩子应该保住哪一个，亨利选择了男婴，因为他"能轻易地再去找其他合适的妻子"。[参见 R. L. 德·莫伦，《文艺复兴研究》一书中"爱德华六世的出生与王后简的过世：剖宫产论点的赞成与反对"一文，4（1990），第 359—391 页]出生前就已经确定是男婴这一点严重降低了事件的真实性，因为这在 16 世纪是根本不可能实现的。事实上，简的生产过程十分顺利：约翰·胡赛（莱尔在伦敦的代理人）写信给莱尔勋爵，他在信中表示希望国王能有更多的男性继承人（参见"莱尔的书信"，第四卷，第 425 页）。洛奇（《爱德华六世》，第 5 页）不认为能完全否定剖宫产一说，但这的确"看上去令人难以置信"。

20 大英图书馆馆藏的科顿搜集的手稿，编号尼禄 Cx，对折页第 t 页。该份文件得以封存保留却并未被签署。

21　"暴君"一词是刻意选用的。用现在的话来说，亨利是极权主义国家首脑。就在前一年的 7 月，他便因起诉迟缓而对康沃尔治安官加以责备，威胁他们要亲自修正这些"冒犯者的邪恶行径"。他特别指示耶稣会教士们去搜寻所有那些"滥用罗马教廷权力的人，尽管已经在（亨利）不懈的努力下被驱逐出王国，但他们仍抱有旧日的幻想与迷信行为，仍然胆大妄为地在角落处低声抱怨着"。任何有关国王以及国家反动言论的谣言散布者都会被逮捕：对所有游手好闲以及顽固不化的家伙们施以惩戒；要"特别关注"并确保没人参与到那些不法行为当中，但是"当律法需要维护的时候，他们要适时拿起武器"。宗教、宣传、法律与秩序以及防卫都是亨利所关心的重大问题。参见大英图书馆馆藏的斯托搜集的编号为 142 的手稿，对折页第 14 页。

22　宫殿教堂在经历火灾之后于 1886 年得以重建。

23　一种来自士麦那的甜利口葡萄酒，制作时要先掺入香料随后再过滤。

24　《信函和文件》，第七卷，第二部分，第 325 页。

25　《信函和文件》，第七卷，第二部分，第 342 页。

26　《信函和文件》，第七卷，第二部分，第 339 页。署名："（您的）悲伤的朋友 T. 诺福克。"

27　《信函和文件》，第七卷，第二部分，第 348 页，以及 SP，第八卷，第 1 页。10 月 17 日，克伦威尔收到了一份关于简"病情危急"的报告，该报告是由托马斯·拉特兰与其他 5 名医生共同出具的。参见大英图书馆藏的科顿搜集的手稿，编号尼禄 Cx，对折页第 2 页。

28　《信函和文件》，第七卷，第二部分，第 339 页。

29　《信函和文件》，第七卷，第二部分，第 360 页。

30　大英图书馆馆藏的科顿搜集的手稿，编号维特里乌斯 Ci，对折页第 65B 页。

31　《信函和文件》，第十三卷，第二部分，第 360 与 505 页。

32　西蒙·瑟利，"亨利八世与汉普敦宫的建造：一座都铎王朝宫殿的重建"，《建筑史》，31（1988），第 1—58 页。

33　瑟利，《汉普敦宫》，第 68—69 页。

34　大英图书馆馆藏的科顿搜集的手稿，编号维特里乌斯 Ci，对折页第 65 页。一份现代复制品。克伦威尔曾对原稿进行修正与补充。1544 年约翰·康沃利斯于阿什里奇过世，而王子当时就住在那里。威廉·西德尼爵士在他之后成为新任管家，而理查德·佩吉爵士成为宫务管家。

35　内维尔·威廉姆斯，第 165 页。

36　《信函和文件》，第十六卷，第 179 与 699 页。琼是彼得·梅特斯的妻子，彼得是亨利枢密院的成员之一，同时也是造币厂的管理者。

37　《信函和文件》，第十三卷，第二部分，第 120 页。

38　《信函和文件》，第十三卷，第二部分，第 373 页。

39　相比之下，2002 年 3 月份时，伊丽莎白二世女王的王室专款总计为 815.3 万英镑（该数据为当时可获得的最新数据）。该数字代表纳税人为女王的王室职责与王室成员的开销所贡献的款项。

40　《信函和文件》，第十二卷，第二部分，第 348 页。

41　直到 1553 年爱德华的执政末期，他们每人仍能领到 10 英镑养老金。

42　《信函和文件》，第十三卷，第一部分，第 474 页。

43　《信函和文件》，第十三卷，第一部分，第 372 页。

44　BL Royal MS 附录 89, fol.41.

45　她嫁给了亨利八世的医疗理发师约翰·佩恩，约翰于 1557 年过世。1538 年，她写信给克伦威尔，希望能为她丈夫的兄弟格里菲斯·理查德谋求一份在王子宫中任职的差事，而格里菲斯正是这封信的"信使"。参见《信函和文件》，第十三卷，第二部分，第 519 页。

46　乔丹，第 3 页。

47　马勒，《信件》，第 161—162 页，以及洛奇，《爱德华五世》，第 10 页。

48　巴茨（约 1485—1545）出生于诺福克，1524 年成为国王的医生。1529 年，他成为王室内科医师学会的一员。在安妮·博林与简·西摩担任王后期间，他负责照顾她们的健康，同时还要负责亨利的私生子里士满公爵亨利·菲茨罗伊，以及玛丽公主与诺福克公爵的健康。他的薪酬在当时来说相当可观，为年薪 100 英镑，约折合现在的 4 万英镑，同时因照顾菲茨罗伊还可额外得到 20 英镑。参见麦克纳尔蒂，第 144—145 页。

49　高脚凳。参见《中古英语字典》，安·阿伯，密歇根，1986 年。

50　《信函和文件》，附录，第一卷，第二部分，第 523 页。

51　1551 年，英格兰同法国之间额外进行了一项协商，他们计划让爱德华迎娶法国国王亨利二世的女儿伊丽莎白，但最终却并未成功。在此之前的一年，伊丽莎白的肖像已经被送至伦敦。7 月时，两国就嫁妆一事达成一致，爱德华从凯瑟琳·帕尔所收集的珠宝中挑出一颗"华丽的钻石"，将其作为新年礼物赠送给伊丽莎白。引自洛奇，《爱德华六世》，第 108 页。

52　奇克（1514—1557）于 1552 年被爱德华封爵，并于转年成为国务大臣。1554 年他被玛丽关押进伦敦塔，随后被流放到瑞士和意大利，并于 1556 年重新被关押进伦敦监狱。他在 1543 年 8 月于圣金口教堂的宣道内容被收录在一部神学著作的第二卷中作为第三篇文章，这部一直存在争议的神学专著名为《大主教克兰默的平凡之书》，这部书如今收藏在大英图书馆馆藏的皇家手稿编号 7B 的第 11—12 页中。

53　考克斯（1500—1581），伊顿公学前校长，克兰默最欣赏的人之一。他于 1553 年被关押入狱，随后被流放至法兰克福。伊丽莎白继位之后，他成为诺里奇主教，不久之后又转为担任伊利教区大主教。

54　阿斯卡姆（1515—1568），尽管是名新教徒，但他却在 1553 年成为玛丽女王的拉丁文秘书。他有一部实用的教育专著，名为《教师》，该书虽然一直未完成，但却于 1570 年出版。

55　法国人约翰·贝尔曼教授王子法语，一季度的薪俸为 6 英镑 12 先令 4 便士。他是宗教改革家约翰·加尔文的追随者。

56　尼科尔斯，《遗著》，第一卷，第 77 页。

57　大英图书馆馆藏的编号为 4724 的增补手稿。

58　尼科尔斯，《遗著》，第一卷，第 6 页。

59　后来为第一代伯利男爵威廉·塞西尔爵士所有，他于 1541 年迎娶了奇克的妹妹，并在日历上标注出结婚日期，记录下 1541 年至 1545 年间的其他家庭细节。现存大英图书馆馆藏的编号为 6059 的增补手稿。

60　现存于大英图书馆。

61　参见朱迪思·布勒扎德与弗朗西斯·帕尔默，《国王亨利八世：演奏家、鉴赏家与作曲家》；《考古杂志》，80（2000 年），第 251—252 页，摘自大英图书馆馆藏的科顿搜集的手稿，编号维特里乌斯 Ci，对折页第 246 页。

62　尼科尔斯，《遗著》，第一卷，第54页。

63　布勒扎德与帕尔默，前引，第252页。他还是玛丽公主的鲁特琴教师，后来在爱德华执政期间负责管理"国王儿童演唱团"。爱德华在加冕之后学习演奏维金纳琴，并用托马斯·西摩给他的钱来支付约翰·阿什利的授课费用。参见洛奇，《爱德华六世》，第15页。

64　《信函和文件》，第二十一卷，第一部分，第400页，以及尼科尔斯，《遗著》，第一卷，第9页。

65　摘自大英图书馆馆藏的哈利父子搜集的编号为5087的手稿，第17号文件。书于1546年8月12日。

66　大英图书馆馆藏的皇家手稿，编号7D xx。1550年，该捐赠者被委任为伦敦的荷兰教会牧师。

67　大英图书馆馆藏的皇家手稿，编号2D iii.

68　尼科尔斯，《叙事》，第一卷，第9页。

69　斯卡尔斯布鲁克，第457页，他认为这位格林德尔很可能是伊丽莎白执政时期坎特伯雷大主教的亲属。

70　用来进行狩猎游戏。

71　《英国国家档案》，1/217与E101/424/12.

72　摘自韦尔，第469页。

73　参见大英图书馆馆藏的科顿搜集的手稿，编号尼禄Cx 4，对折页第3页，1547年1月书于赫特福德，以及参见大英图书馆馆藏的科顿搜集的手稿，编号维斯帕西安Fiii，对折页第18页，1546年5月24日书于汉斯顿。

74　大英图书馆馆藏的哈利父子搜集的编号为5087的手稿，第17号文件。

75　大英图书馆馆藏的科顿搜集的手稿，编号为维斯帕西安Fiii，对折页第18页。

76　尼科尔斯，《遗著》，第一卷，信件，第16页。

77　尼科尔斯，《遗著》，第一卷，第33页。

78　NA E 101/424/8。

79　布勒扎德与帕尔默，前引，第252页。

80　亨利八世颁布的《议会法案》第1章第35条。前文中提到亨利与凯瑟琳·帕尔的婚姻，并满怀希望地补充道，"只要能取悦上帝，陛下就毫无问题"。

81   尼科尔斯，《遗著》，第一卷，第 39 页。

82   《信函和文件》，第十九卷，第一部分，第 606 页。

83   玛丽的这项翻译工作因她的身体原因而中途放弃了。

84   伊丽莎白写信给凯瑟琳，她在信中写下这样的句子"希望我简单的智慧与
     浅薄的学识能完善这部作品"，伊丽莎白知晓这部作品并不完美，因此她希
     望王后能"在词汇表达方面进行删减、改正并修订……我知道所提的要求
     很无理"。摘自内维尔·威廉姆斯，第 239 页。

85   该书的译者约翰·拉特克利夫爵士将一份（拉丁文）复制品赠送给阿伦德
     尔伯爵亨利·菲查伦作为新年礼物，该复制品如今保存在大英图书馆馆藏
     的皇家手稿 7Dix 处。该书于 1548 年之后出版，因此书中凯瑟琳被称为
     quondam Regina，即"曾经的王后"。

86   马丁森，第 199 页。

87   BL Royal MS 7 Dx.

88   他得到这个绰号是因为他经常对学者们进行体罚。

89   他还是位早期英国戏剧作家，他于 1553 年至 1554 年间创作《拉尔夫·劳
     埃斯特·道埃斯特》，并于 1566 年印刷出版。

90   摘自内维尔·威廉姆斯，第 233 页。

第三章　猎杀异端

1   亨利八世执政时期共烧死 81 名异教徒，而他父亲执政期内仅有 24 名；他
     的儿子爱德华六世短暂的执政期内有 2 人；玛丽女王执政期内为 280 人；
     伊丽莎白女王执政期内则为 4 人。参见里德利，《都铎时代》，第 77 页。

2   亨利执政期内，在伦敦最后一次公开焚烧书籍发生在 1546 年 9 月 26 日。
     参见赖奥思利，第一卷，第 175 页。

3   随后，在与罗马教廷决裂之后，亨利对他改变宗教信仰的尴尬行为做出了
     解释，他宣称该书是他在沃尔西与其他主教的逼迫之下写作完成的，并非

出于本意。

4　亨利八世颁布的《议会法案》第1章第26条。

5　亨利八世颁布的《议会法案》第1章第28条。

6　安格洛，第269—270页。

7　坦纳，第93—94页。

8　坦纳，第94页。在早期的1536年强制令版本中，原本有一本类似的指导书籍也包含在内，但在出版之前却被遗漏了。

9　印刷机与铅字都被悄悄地从巴黎运往伦敦。

10　这是《马太福音》的第二版，其中包含由威廉·廷代尔于1525年完成的拉丁文《新约》，以及约翰·罗杰斯与迈尔斯·科弗代尔所编写的《旧约》版本。该书是第一版可供人们免费阅读的英文《圣经》版本。该书扉页上绘制着亨利向主教们分发《圣经》的场景，主教们身着法袍，头戴法冠屈膝跪于亨利身前，亨利则穿着白貂皮长袍，头戴宝冠。

11　亨利八世颁布的《议会法案》第1章第34与35条。

12　再洗礼派教徒们认为，那些在婴儿时期受洗过的人们应当在成年之后再一次受洗。

13　霍尔，第827页。

14　福克斯，《行为》，第五卷，第229页脚注。

15　后来成为凯瑟琳·帕尔的施赈人员。1543年他被任命为齐切斯特主教，1548年他协助绘制了第一本英文祈祷书，但该书却于转年被禁止使用。

16　伯内特，第一卷，第一部分，第三册，第186页。

17　同上。

18　福克斯，《行为》，第五卷，第181—234页。

19　福克斯，《行为》，第五卷，第236页；赖奥思利，第一卷，第80页；伯内特，第一卷，第一部分，第三册，第186页。

20　《信函和文件》，第十三卷，第二部分，第384—385页。

21　《莱尔信件》，第五卷，第291页（信件1273）。

22　赖奥思利，第一卷，第80页。

23　摘自威尔逊，第436页。

24　　以密码形式书写而成。

25　　亨利八世颁布的《议会法案》第 14 章第 31 条。

26　　1530 年他作为英格兰大使出使德意志并出入查理五世宫廷，在此期间，他
　　　　娶了路德教牧师安德烈亚斯·奥西安德的侄女玛格丽特，随后于 1533 年他
　　　　成为坎特伯雷大主教。在当时的英格兰，教士结婚尚属违法行为。

27　　莫里与维维斯，第一册，第 28 封信件，第 22—29 列。

28　　参见斯卡尔斯布鲁克，第 421 页脚注。

29　　一种吃水较浅的轻型划艇，用来在两岸之间运送乘客。

30　　伯内特，第一卷，第一部分，第三册，第 195 页。这名饲熊者是受伊丽莎
　　　　白公主所雇用。参见尼科尔斯，《叙事》，第 237 页。

31　　伯内特，第一卷，第一部分，第三册，第 195 页。

32　　伯内特，第一卷，第一部分，第三册，第 201 页。

33　　伯内特，第一卷，第一部分，第三册，第 204 页。

34　　东伦敦斯特普尼地区牧师。

35　　1532 年，加勒特曾经在牛津地区成功躲过一次异端裁决。他曾参与苦行，
　　　　"背负着一把柴薪，加入从圣玛丽教堂出发至圣弗里斯维德斯的行进队列之
　　　　中，加勒特像那些艺术大师一般将自己的红色兜帽搭在肩上"。

36　　伯内特，第一卷，第一部分，第三册，第 216 页。

37　　摘自内维尔·威廉姆斯，第 193 页。

38　　据希尔斯称（参见《信件原稿》，第一卷，第 211 页）"他被关进最肮脏的
　　　　监狱之内，（而且）几乎被牢内的虫蚁啃噬殆尽"。

39　　福克斯，《行为》，第五卷，第 434—438 页。

40　　《西班牙编年史》，第 196 页。

41　　霍尔，第 840 页。

42　　福克斯，《行为》，第五卷，第 434—436 页。

43　　霍尔，第 836 页。

44　　伯内特，第一卷，第一部分，第 219 页。

45　　霍尔，第 841 页。

46　　《信函和文件》，第十六卷，第 270 页。

47　福克斯，《行为》，第五卷，第 251 页，以及赖奥思利，第一卷，第 119 页。

48　里奇曾担任副检察长一职，并为克伦威尔办事，他曾于 1535 年 6 月在伦敦塔内面见莫尔（亨利曾经的大法官），引诱莫尔谈到有关至高无上王权的一些假设性问题。当莫尔在威斯敏斯特大厅经受审判之时，里奇作证宣称，莫尔曾说过议会没有权力使亨利成为英格兰教会的首脑。这是唯一一项对莫尔不利的证据，他随后于 1535 年 7 月 6 日遭到斩首。

49　他的身体恢复了健康，随后不久指控他的人被判犯有伪证罪，而他本人则被无罪释放。

50　福克斯，《行为》，第五卷，第 486—492 页。

51　尼科尔斯，《叙事》，第 252 页。

52　布里格登，第 78 页。

53　尼科尔斯，《叙事》，第 255—258 页。

54　《信件原稿》，第一卷，第 211 页

55　亨利八世颁布的《议会法案》第 9 章第 22 条。

56　坦纳，第 381 页。

57　赖奥思利，第一卷，第 134—135 页。

第四章　寻求最后的军事荣耀

1　参见克劳德·布莱尔，《来自大马士革的皇家铸剑师：迭戈·德·卡亚斯》，《大都会博物馆杂志》，第 3 册（1970 年），第 168 页。这段铭文表达巧妙而又生动。它表明了英格兰攻占布伦城所取得的军事胜利，代表都铎王朝的玫瑰击败了法国百合。原文的拉丁文表达也采用了具有双关含义的词语 "gallus"，该词的含义为 "公鸡"，同时也有 "高卢" 的意思　公鸡是法国的象征，而高卢则是法国的旧称。我十分感激克劳德·布莱尔帮助我注意到了这把剑的非凡意义，并提供了上述信息。

2　该信息来源于友好的克劳德·布莱尔。赫伯特已经成为枢密院绅士中的一员，他也是国王从加来至布伦行军期间陪伴在其身边的重要骑士之一。

3　据人们所知，他最后一次身着铠甲是在 1540 年的一场骑士比武大赛上，但他是否加入比赛事则不得而知。1543 年 9 月至 1544 年 9 月的衣橱账目表明，由于国王腰围的大幅度增长，铠甲之内的防护服尺寸被不断加大。

4　"国王陛下其中一件铠甲满布雕刻纹路并部分镀金，既适于战场作战也可用于马上比赛（马上长矛比武），国王下令匠人们在其前往布伦城期间对这件铠甲进行改装（修改）。铠甲的零件改装工作刚刚完成一半，国王陛下便改变了主意。"这件铠甲仍然保存在格林尼治的骑士比武场上，并由托马斯·帕斯顿爵士监管。

5　这件新铠甲缺乏小腿处与脚部的护甲。

6　参见布莱尔与菲尔，第 95—143 页。如今这件铠甲作为收藏品被保存在纽约大都会博物馆之中。

7　《信函和文件》，第十九卷，第一部分，第 537 页。

8　从某种意义上是指，在筹集资金的过程中建立了一个法定群体或是核查机制。

9　《信函和文件》，第十九卷，第一部分，第 552 页。

10　《信函和文件》，第十九卷，第一部分，第 553 页。

11　Oyer and terminer 来源于诺曼法语，含义为"听到并做出决定"。该短语描述了在特定的郡县之内，委员会或巡回法庭采用流动审判的形式对重罪与轻罪进行审判。如今该法律术语已经过时，在英格兰与威尔士境内改由 Crown Courts 一词所取代。

12　大英图书馆馆藏的编号为 32655 的增补手稿，对折页第 100 页。

13　《信函和文件》，第十九卷，第一部分，第 572 页。

14　《信函和文件》，第十九卷，第一部分，第 573 页。

15　《信函和文件》，第十九卷，第一部分，第 606 页。

16　《信函和文件》，第十九卷，第二部分，第 18 页。

17　《信函和文件》，第十九卷，第二部分，第 113 页。

18　《信函和文件》，第十九卷，第二部分，第 127 页。

19　大英图书馆馆藏的编号为 32655 的增补手稿，对折页第 168 页。

20 大英图书馆馆藏的兰斯道恩搜集的手稿，编号为 1236，对折页第 9 页。同样参见斯特赖普，《教会纪念碑》，第二卷，第 33 页，附录。

21 《英格兰、苏格兰与爱尔兰编年史》，新版，第二卷，伦敦，1586 年，第964 页。苏塞克斯的考德雷大宅之中曾保存有一幅描绘了英军围攻布伦城情景的画作，但该画作于 1793 年在一场大火中被烧毁。参见《有关苏塞克斯地区考德雷大宅中一些古英格兰历史绘画作品的研究报告》；《考古学》，第三册（1786 年），第 251—261 页。1788 年伦敦古文物学会曾将该幅画作制成版画出版，画中清晰地描绘了布伦城用于防御的大炮高高耸立着，炮口则以一定角度倾斜，基座处还用石笼以及填满土方的篮筐进行加固，在对大炮进行稳固的同时也有助于抵御敌方炮火。画中可以看到戴着宽檐帽的亨利正在他的战地指挥所指挥作战。

22 一种用来拆除防御围墙的方法。围攻者命令工兵在地基之处挖出隧道，并在隧道洞顶加装木板作为支撑。随后在隧道内填满易燃材料并引燃。随着隧道顶部坍塌，城墙也便随之倾倒。

23 玛格丽特·道格拉斯夫人。

24 《信函和文件》，第十九卷，第二部分，第 110 页。

25 霍尔，第 861 页。

26 《信函和文件》，第十九卷，第二部分，第 119 页。

27 霍尔，第 861—862 页。亨利骑马在城内巡查了两日，对未来的城防安排进行部署。他下令对布伦城内的圣母教堂进行捣毁、"拆除"，并在原址上搭建土方工事"来增强军事力量以巩固城防"。

28 如今，在温莎宫内仍保存有一柄为亨利特意铸造的华丽佩剑，剑身所刻铭文记述了英军对布伦城的全面围攻，此外剑身上还刻有一首歌颂胜利的诗歌。参见克劳德·布莱尔，《来自大马士革的皇家铸剑师：迭戈·德·卡亚斯》，《大都会博物馆杂志》，第 3 册（1970 年），第 149—198 页。

29 马勒，《信件》，第 185—186 页。

30 赖奥思利，第一卷，第 156 页。

31 50 吨。

32 英格兰海军大臣莱尔勋爵麾下共有 160 艘战舰以及 1.2 万名海军士兵。

33　由于甲板上的一支枪突然走火引爆火药桶，瞬间造成 3 名水手当场遇难，4
　　人因烧伤严重不治身亡，还有 1 人跳入河中溺水致死。赖奥思利，第一卷，
　　第 156 页。

34　《信函和文件》，第二十卷，第一部分，第 7 页。

35　《信函和文件》，第二十卷，第一部分，第 516 页。

36　2000 名法国士兵抵达苏格兰。

37　《信函和文件》西班牙文，第八卷，第 104 页。

38　《信函和文件》西班牙文，第八卷，第 106 页。

39　《信函和文件》西班牙文，第八卷，第 109 页。这些时间的具体数据可能源
　　于一封信件，该信件是法国卡昂的阿雅克修主教于 6 月所写，信中报告称，
　　不久之前战舰舰长谢瓦利埃·德安斯"将战舰停泊在布伦，而 6 艘英格兰
　　船只突然随着海上潮汐慢慢靠近，因此他被迫重重地割断缆绳"。《信函和
　　文件》，第二十卷，第一部分，第 492 页。

40　英格兰舰队从渔民那里收到警报称法国人正在靠近。

41　"玛丽玫瑰号"战舰从专业角度应称为四桅克拉克帆船，是英格兰的第一
　　艘战舰，它的名称来自亨利当时年满 13 岁的妹妹。该战舰于 1509 年在朴
　　次茅斯港建造完成，同时建造的还有一艘姐妹舰"彼得石榴号"，1512 年
　　"玛丽玫瑰号"将法国人赶出了布列斯特。1536 年"玛丽玫瑰号"被重新
　　改装以装载更多大炮增加火力。在发生沉船事故之后，两名威尼斯水手被
　　立即派来进行抢救性捕捞，但在一个月之后，这项毫无进展的工作被彻底
　　放弃。1982 年秋天，这艘沉船的巨大船体被打捞出来，如今被安置在朴次
　　茅斯历史悠久的造船厂中用于展览，同沉船一起展出的还有众多经过修复
　　的历史文物，通过这些帮助人们了解都铎王朝战舰上的生活与战斗情形。

42　波拉德，第 279 页。

43　赖奥思利，第一卷，第 158 页。法国战舰的主要推进力是靠划桨，因此即
　　便在无风条件下也可以进行操控。每艘战舰船头都装备有一门小钢炮。

44　之后，桑当与雅茅斯两地分别建立了新的堡垒以防止再次被入侵。

45　迅速集结的英格兰武装力量以及绅士们将法国人驱逐出境。在锡福德地区，
　　侵略者在同当地权贵领导的民兵组织短暂交锋之后便逃回自己的船上，尼

古拉斯·佩勒姆爵士（于1559年逝世）的纪念碑就位于刘易斯的圣米迦勒
教堂，碑上刻有含义深刻的双关语：

你们法国人洗劫锡福德之时

便是佩勒姆将你们赶回甲板之日。

46　他被安葬在南面唱经楼的走廊内。现存的铭文是于1947年8月所雕刻的。
伊莱亚斯·阿什莫尔，在其所著《伯克郡古物》（伦敦，1719年），一书
中，第三卷，第131页，报告称公爵的成就——他的盾形纹章、盾牌、铠
甲以及头盔——直至17世纪时仍高悬于第五道拱门之上。至1749年时，
布兰登墓碑上的原始碑文早已消失不见，1797年碑文被重新雕刻，随后这
段碑文便一直保留至最近一次的重新增补。参见邦德，第23页。

47　《信函和文件》，第二十卷，第一部分，第372，464，517与561页，以及
《信函和文件》，第二十卷，第二部分，第130，168，243—244，250，254，
263，269—270，278—279，292—293，304—305，307—308，331—332，
334，358与431—432页。

48　摘自里德利，《亨利八世》，第388页。

49　《信函和文件》，第二十卷，第一部分，第372页。

50　《信函和文件》，第二十卷，第二部分，第334页。

51　12.5万英镑，约合2004年的450万英镑。

52　最后一次关于雷芬伯格的记录是在1547年1月抵御帝国入侵的奥格斯堡保
卫战中。参见《信函和文件》，第二十一卷，第二部分，第374页。

53　《信函和文件》，第二十卷，第二部分，第304—305页。

54　《信函和文件》，第二十卷，第一部分，第489页。

55　赖奥思利，第一卷，第159—160页。每件外套价值4先令，每人得到2先令6
便士的"旅费"以便前往多佛，抵达多佛之后他们便可以从国王处领取薪资。

56　《信函和文件》，第二十卷，第一部分，第43页。

57　赖奥思利，第一卷，第156页。

58　赖奥思利，第一卷，第157页。暴风雨来势猛烈而恐怖，巴黎市民"认为
末日审判降临了"。

59　《信函和文件》，第二十卷，第二部分，第71页。

60 摘自斯卡尔斯布鲁克，第 453 页。参见：弗雷德里克·迪茨，《1485 年—
    1558 年间英格兰财政收入》，《伊利诺伊大学社会与科学研究》，第 9 册
    （1920 年），第 149 页。

61 莱姆贝格，第 201 页。

62 《信函和文件》，第二十卷，第一部分，第 44—45 页。

63 《信函和文件》，第二十卷，第二部分，第 471 页。1546 年 5 月 29 日，比顿
    在其位于圣安德鲁城堡的家中被 16 名苏格兰新教徒暗杀。

64 SP，第一卷，第 840 页与《信函和文件》，第二十卷，第二部分，第 338—
    389 页。

65 摘自莱姆贝格，第 232 页

66 《信函和文件》，第二十一卷，第一部分，第 374 页。

67 《信函和文件》，第二十一卷，第二部分，第 462—463 页。

68 如今被称为 Campagne-les-Guisnes。

69 1546 年 8 月 1 日弗朗索瓦一世在枫丹白露签署《阿德尔条约》；弗朗索瓦
    甚至称呼亨利为"信仰的捍卫者以及英格兰教会的最高领袖"。外交面具下
    通常掩盖着众多分歧。参见斯卡尔斯布鲁克，第 463—464 页。

第五章 "怒少汗多"

1   《信函和文件》，第十三卷，第二部分，第 317 页。依照《1534 年叛国法令》，
    "用语言或是文字形式恶意地祈求、盼望或希冀"以及"想象、创造机会、
    从事或试图"对国王、王后以及王位继承人"造成身体伤害"者均触犯叛国
    罪。蒙塔古勋爵因自己的不当言论而遭到处决。参见坦纳，第 379 页。

2   莫里亚蒂，第 13 页。

3   尽管最近的研究结果显示，亨利在其执政期间曾购买过一双踢球用的长靴。

4   基佩特，第 22 页。

5   莫里亚蒂，第 13 页。

6　布鲁尔，第 120 页。

7　麦克纳尔蒂，第 67 页。维卡里，1561 年逝世，他于 1525 年成为理发师公会中的一员，并于 1530 年达到大师级别。1548 年，他被任命为伦敦圣巴托洛缪医院的管理者，同时住在医院为其提供的一所宅邸之内，同年他出版《人体解剖学》一书。在霍尔拜因的画作中，我们可以见到亨利向维卡里颁发新成立的理发师外科医生公会特许执照的情景。参见富德尔，第 33 页。

8　首次提出这一说法的是产科医生 A.S. 柯里。参见他的《阿拉贡的凯瑟琳与安妮·博林产科记录》一文，《爱丁堡医学杂志》，第一册（1888 年），34pp。梅毒一说同样是由妇科学家兼外科医生 C. 麦克劳林在其所著《凡人的验尸》一书中《都铎王朝的悲剧》一文中提出，1930 年，第 50—102 页。他在文章中提到亨利及其宫廷（第 68 页）："一直浸淫在欲望、淫秽、浮夸的泡沫之中……尤其是在面对疾病时所表现出的暴力与怯懦混杂交织在一起的行为，是典型的梅毒特征，人们几乎可以以此作为诊断。"

9　他出生于 1519 年，1536 年死于肺结核，这种疾病对于都铎王朝来说是致命的，据说国王的兄长亚瑟王子于 1502 年被这种疾病夺取了性命，而他们的父亲亨利七世同样因肺结核于 1509 年逝世。1553 年，亨利的合法继承人爱德华六世死于化脓性肺部感染以及全身性败血症引起的肾衰竭，布鲁尔（第 130 页）坚定认为死因是肺结核，而感染麻疹则导致病情加剧。参见莫里亚蒂，第 12 页，以及洛奇，《爱德华六世》，第 160—162 页。

10　具体事例，参见布林克。

11　帕克，第 36 页。

12　麦克纳尔蒂，第 161 页。

13　奥古斯汀于 1531 年 6 月从根特致信诺福克公爵，信中记述了几次觐见查理五世的情形以及他们关于英格兰宫廷内宗教的讨论，该信件收录于大英图书馆馆藏的科顿搜集的伽巴尔手稿，编号维特里乌斯 Bx，对折页第 8 页。

14　麦克纳尔蒂，第 161 页。

15　布鲁尔，第 129 页。

16　《信函和文件》，第十二卷，第二部分，第 27 页。亨利在信中向诺福克解释了在求恩巡礼被野蛮镇压之后他迟迟未动身前往动荡不安的英格兰北部的原因。

17　亨利八世颁布的《议会法案》第 2 章第 3 条。参见布卢姆与詹姆斯，第 1 页。

18　大英图书馆馆藏的斯洛恩搜集的编号为 1047 的手稿，这本 94 页的书内包
　　含有 230 个处方，其中还包括有尚布雷、巴茨、克罗默以及奥古斯汀几位
　　医师贡献的处方。参见布拉克斯兰·斯塔布斯，《药膏、软膏及其他药物的
　　皇家配方》，《化学家与药剂师》，114（1931 年），第 792—794 页。

19　地榆属一种开棕色花朵的植物。

20　一种羽状叶草本植物，小白菊。

21　一种常绿灌木植物，芸香，常被用来作为治疗咳嗽、疝气以及胃肠胀气的
　　草药。具有很强的抗痉挛性与刺激性。

22　龙血树的汁液或是树脂，拉丁文写作 Dracaena draco。

23　一种能容纳两夸脱或四品脱液体的容器。

24　"亨利八世用这种治疗瘟疫的药帮助了许多人。"埃利斯，《历史》，第一卷，
　　第 292 页。

25　参见麦克纳尔蒂，第 126 页。

26　罗伯茨，第 221 页。

27　科普曼，第 117 页。

28　亨利八世颁布的《议会法案》第 42 章第 32 条。

29　科普曼，第 131 页。

30　科普曼，第 148 页。

31　科普曼，第 149 页。

32　富德尔，第 24 页。有关他的最广为流传的传记是由威廉·奥斯勒所著的
　　《托马斯·利纳克尔》一书，剑桥，1908 年。

33　达格代尔，第 56 页。

34　富德尔，第 25 页。

35　1534 年 4 月，他被关押到伦敦塔之内，但罪名不得而知。他的入狱很可能
　　与他对阿拉贡的凯瑟琳以及玛丽公主表示同情有关。但是，他那些身居高
　　位的朋友们却并未抛弃他。后来成为王室审计员的威廉·波利特爵士在几
　　周之后写信给克伦威尔，希望能够释放奥古斯汀："请善待奥古斯汀先生

吧，或者免除对他的指控。"参见哈蒙德，第 234 页。

36 《信函和文件》，第十二卷，第二部分，第 340 页。

37 如今的掌玺大臣为南安普敦伯爵威廉·菲茨威廉斯爵士，他于 1540 年 6 月接替克伦威尔成为掌玺大臣。

38 《信函和文件》，西班牙文，第六卷，第一部分，第 285 页。

39 《信函和文件》，第二十一卷，第二部分，第 285—286 页。

40 有关奥古斯汀神秘生活的更多细节，参见哈蒙德，第 215—249 页，他在书中暗示，奥古斯汀曾试图获得许可，希望能在威尼斯境内随身携带武器用于自卫。

41 巴茨的陵墓紧靠着富勒姆教堂圣坛的南墙，那里有一处由珀贝克大理石建造的坛碑，坛碑之上矗立着一座黄铜雕像，在手臂的天蓝色衣袖上饰有三枚菱形红色臂章，臂章中间有一幅卷轴，上面写有"我的成就"字样。碑文上刻着由爱德华王子的导师约翰·奇克爵士所作的三首拉丁语挽歌。早已遗失的铜像被记录在福克纳，第 78 页中，而碑文则被收录在大英图书馆馆藏的雷德格雷夫·霍尔信札中，编号为 40061，对折页第 8 页。1627 年，巴茨的后代里奥纳多·巴茨在教堂的北侧通道处重新竖起了一块镶嵌有条纹大理石的黑色纪念碑。

42 CPR，《腓力与玛丽》，第四卷，第 450—451 页。1560 年 5 月 27 日，温迪的葬礼在剑桥举行，这在当时是轰动一时的大事件，整个过程被私营裁缝兼葬礼承办者亨利·马锡恩记录下来，葬礼为穷人们布施了"一次大施舍"："足足准备了 500 人份的肉食与酒水……一位中层阶级的绅士亲眼见证了惊人的库存准备并为之惊叹。"马锡恩，第 235—236 页。

43 按照新教徒的标准，他的碑文仅仅描述了事实性信息："此处，安息着 / 托马斯·温迪医生 in Phesicke/ and was buried the xxvij daye of Maye 1560."参见芒克，第一卷，第 50 页。

44 芒克，第一卷，第 37 页。

45 麦克纳尔蒂，第 149 页。

46 摘自韦尔，第 457 页，以及富德尔，第 28 页。

47 他于 1556 年过世，死后被安葬于伦敦佩星霍尔区巴斯西斯肖街圣米迦勒教堂之内，他的墓志铭早已遗失，只留下文字记录：

青年时便学习外科医术

这位骑士已然故去

这位骑士兼外科医师

即便在英格兰国土之内也十分稀罕

拥有上帝赋予的那至高无上的天赋

他是如此优秀

国王亨利八世将其召进宫廷之中

对其宠信不已

48 麦克纳尔蒂，第69—70页。

49 亨利在其执政期间曾多次蓄须：阿拉贡的凯瑟琳曾劝说其刮掉胡子，亨利在人们所熟知的那幅肖像画中留有金色胡须的形象其实仅仅出现在1535年后，当时他命令自己的朝臣们蓄留起络腮胡，并将头发剪短。

50 富德尔，第35页。

51 富德尔，第30页。

52 《信函和文件》，第十卷，第71页。写下这段话的沙皮犹豫自己是否应当询问亨利的命运，"正如其他暴君一般，即便躲过灭顶之灾，也会在庆幸之余很快重新落入死神的魔爪"，命运是否也为亨利准备了"更大的不幸"。

53 斯卡尔斯布鲁克，第485页，书中暗示亨利持续不断的头痛是由于鼻咽部黏膜炎所导致。

54 帕克，第44页。

55 《信函和文件》，第十二卷，第一部分，第486页。

56 《信函和文件》，第十三卷，第一部分，第368页。

57 《信函和文件》，第十三卷，第二部分，第313页。

58 《莱尔信件》，第五卷，第1415页。这表明亨利一直坚持参加天主教礼拜仪式：在耶稣升天节这一日，陛下会加入到威斯敏斯特宫的行进队列之中。（王室）教堂高坛被传教士们（装饰）一新，弥撒仪式的过程也被记录下来，教堂内还有人弹奏风琴以示对上帝的敬意。在上一个耶稣受难节，国王陛下虔诚地从教堂门口爬向十字架为主持弥撒仪式的神父服务，而这名神父就在同一天刚刚向陛下下跪行礼。

59 去骨的白肉压实，制成花色肉冻后冷切上盘。

60 摘自内维尔·威廉姆斯，第 186 页。

61 科普曼，第 156—157 页。直到 1564 年霍金斯从西印度群岛引进蔬菜，英
    格兰人才开始吃土豆。

62 马齿苋。

63 参见基佩特，第 19—25 页。

64 《信函和文件》，第十四卷，第二部分，第 45 页。1539 年 9 月 12 日，"上午
    10 点至 11 点之间"。

65 为了寻求刺激，亨利有时早上 4 点钟就起床去打猎。

66 《信函和文件》，第十六卷，第 284 页。1541 年 3 月 3 日。

67 同上。

68 同上。

69 《信函和文件》，第十六卷，第 285 页。

70 如今这些画像保存在利物浦的步行者美术馆、马德里提森美术馆及其他各地。

71 步行者美术馆中保存有小汉斯·霍尔拜因为国王所作的一幅画像，该画像
    绘制于国王 46 岁时，同保存于苏塞克斯郡佩特沃斯的肖像一样，这幅画像
    很有可能也脱胎于威斯敏斯特宫的彩绘壁画。为了使肖像中的人物看起来
    更加威风，霍尔拜因采用较大尺度的艺术处理方式：例如，为使人物形象
    看起来更为苗条而将画中人物的腿部拉长。

72 《信函和文件》，第五卷，第 117 页。

73 这幅绘制在画板上的油画作者不详。国家肖像馆第 496 号。如今这幅画就
    陈列在萨默塞特蒙塔丘特庄园。其他版本则分别保存在约克郡的霍华德城
    堡、伦敦的圣巴托洛缪医院以及肯特郡的赫弗堡之内。

74 麦克纳尔蒂，第 126 页。

75 该作品于 1608 年在伦敦印刷出版。阿明的名字赫然列在莎士比亚戏剧对开
    本演员名单之上。他是一位喜剧演员，可能曾扮演《皆大欢喜》中的小丑
    试金石、《第十二夜》中的斐斯托以及《李尔王》中的愚者等角色。

76 该说法是参考了詹姆斯·格兰杰牧师所作的《1779 年历史传记》一书。弗
    默因此在宫廷之中获得了些许影响，并于 1532 年 3 月被委任为贝德福德

郡与白金汉郡的郡长。然而，1540 年他因对自己的前任兼告解神父尼古拉斯·塞恩表示安慰而招致王室不满，这名神父否认国王的宗教领袖地位，因而被作为秘密犯人关押在白金汉郡监狱之中，弗默仅仅曾经提供给他 8 便士以及几件干净衬衫，除此之外并无任何其他证据证明他与其有所牵连。他被关押在索思沃克的王室内务法庭监狱，关押时间不长，在此期间他的丰厚家产被充公划归国王使用（他所拥有的土地列在大英图书馆藏的皇家手稿附录第 89 条中，对折页第 158 页），但在国王逝世之后的 1549 年，他的产业得到恢复，这很可能要归功于萨默斯对爱德华六世的影响。参见罗伯特·哈钦森与布赖恩·伊根，黄铜纪念碑学会议事录，16（1999），第 247—248 页，与 NA E 318，土地没收法院，特别补助金，爱德华六世。

77   新教徒约翰·贝尔曾以萨默斯的名义抨击一名未经宗教改革的神父，称其在仪式上"举止十分傲慢且言语结巴，并且在老旧的天主教仪式结束之后还将自己背对着人群……在圣餐仪式上，他还（展现出）更为愚蠢的消遣以及花哨的技艺。他不时地翻来覆去，潜伏在一旁舔着嘴唇，时而打鼾喷鼻，大口喘气，跪地敲击……用拇指堵住自己的耳朵，还有更多其他伎俩，他的种种行为令我数次想起威尔·萨默斯"。

78   多兰，第 137 页。

79   同上。

80   《信函和文件》，第十一卷，第二部分，第 401 页。每拉一匹马渡河，摆渡人都能得到 1 便士作为酬劳。账目上标注为"1546 年"，但实际上此处很有可能是指上一年度，正如他们所提及的，亨利当时正在从威斯敏斯特搬至汉普敦宫。而 1546 年的圣诞节，国王仍然是在威斯敏斯特宫中度过的。

81   大英图书馆藏的编号为 2A xvi 的皇家手稿，对折页第 636 页。

82   他的名字出现在国王的家庭账目中，他的身份"以法语标注为演说家"，登记在 1540 年 1 月的记录中。

83   大英图书馆馆藏的编号为 2A xvi 的皇家手稿，对折页第 3 页，对《诗篇》第一篇进行说明。

84   摘自韦尔，第 483 页。

85   《信函和文件》，第八卷，第 366—367 页。

86 该画像现已成为王室藏品。

87 王后凯瑟琳·帕尔在皇家花园中豢养了三只鹅和鸡，由简负责照管。参见
    索思沃思，第 103 页。1543 年王后受到皮肤感染的困扰，因此只得命令理
    发师每月为其理一次发。另一流派认为画像中的人物是"亚克夫人"，即爱
    德华的乳母，但依据对画像中人物所进行的肖像研究结果表明，这种可能
    性不大。

88 在亨利生命最后时光的一幅画像中，他头上戴着镶有宝石的帽子，右手中握
    着权杖，身后是他的 3 个孩子与威尔·萨默斯，这幅画像于 1800 年为贝斯
    伯勒伯爵所拥有。参见尼克尔斯，《文学遗著》，第一卷，第 353 页。

89 《信函和文件》附录，第一卷，第二部分，第 618 页。

90 人们认为后世的都铎王朝以及斯图亚特王朝君主都具有这种治愈能力，上
    帝通过国王与王后在加冕典礼上所涂抹的圣油来向他们传达这种能力。

91 斯塔基，《财产名录》，第 75 页，第 2524 项。

92 一块可装软垫的小区域。

93 《英国国家档案》编号 E315/160，对折页第 133v 页。事实上，亨利过世之
    后，在对其财产所列出的目录清单中也有着相同的描述。它们被列在"詹
    姆斯·拉福斯负责的威斯敏斯特宫废弃物"一栏内。参见斯塔基，《财产名
    录》，第 263 页。

94 她是诺福克的宁霍尔大宅管家的女儿。1534 年四旬斋期间，公爵离开妻子
    与他的情妇贝丝住在一起，公爵夫人则搬到赫特福德郡的雷德伯恩居住，
    她对自己丈夫的行为充满抱怨。1537 年 10 月 24 日，她写道："我嫁给他
    25 年，为他养育了 5 个孩子，因为我对老鸨与妓女们的不断容忍，使她们
    变本加厉将我困在房子之中，她们高高在上（将我捆绑起来），坐在我的胸
    口上直至我口吐鲜血，所有的这一切都是此刻站在法庭上的这个女人，"贝
    丝"·霍兰所为。4 年来，每逢复活节前第二周的星期二，他都会连夜骑马
    赶来，将我锁在卧室之内，然后拿走我全部的珠宝和衣服，只给我留下 50
    英镑……让我困苦地养活 20 人生活一个季度。"在另一个场合中，她写道：
    "我猜想，一旦我回家肯定就会被下毒致死。"参见《信函和文件》，第十二
    卷，第二部分，第 342 页。她所抱怨的诺福克对她"粗暴对待"这一点，

在诺福克的政敌克伦威尔所收到的一封信中也有所提及，收录于大英图书馆馆藏的科顿搜集的手稿中，《提多书》Bi，对折页第 388 页。

95　参见罗宾逊，第 26 页。

96　《信函和文件》，第二十一卷，第二部分，第 110 页。

97　《英国国家档案》编号 E315/160，对折页第 135 页。

98　《信函和文件》，第二十一卷，第二部分，第 325 页。1547 年 1 月 11 日，司兰宁领取了报酬并在文件上签署了她的标记。

99　《信函和文件》，第二十三卷；《附录》，第二卷，第 610 页。

第六章　新的权力杠杆

1　《王室法令》，文物学会，伦敦，1790 年，第 159 页。

2　他于 1553 年过世。他的陵墓位于林肯郡的海恩顿，陵墓石雕采用了其他老旧纪念碑的材料。陵墓样式明确体现出赫尼奇对于旧信仰的忠诚。

3　参见大卫·斯塔基，《国王的枢密院 1485—1547 年》，未公开发表的博士论文，剑桥大学，1973 年，以及斯塔基，《亨利八世的执政时期》，第 109—112 页。

4　锡恩的书信往来 TH/VOL/II，威尔特郡朗利特庄园，日期标注为 1549 年 8 月 8 日威斯敏斯特区。这是关于丹尼死亡的最早报告，该报告是丹尼于 9 月 7 日所立遗嘱的补充文件（他在写下遗嘱时"已经卧床不起，但神志依然清晰"）。他很可能于 9 月 10 日过世。

5　埃德蒙爵士共有过 3 次婚姻，有 18 个子女。但最终活下来的儿子只有两人。

6　他的父亲在遗嘱中为他留下 160 英镑用于购买土地以及肯特郡产业的收入来源，以此来资助他完成在剑桥大学的"展示与学习"。

7　国王在信中向郡长举荐丹尼——"我们枢密院中的一位成员"——成为议员来填补因托马斯·阿尔夫雷德过世而造成的职位空缺。具体年份不详。参见伊普斯威奇与布伦通信 HD36/A，萨福克档案馆，伊普斯威奇。

8　莎士比亚将丹尼作为剧中人物之一写进《国王亨利八世》的剧本。1613 年

6月29日，该部戏剧首次公演之时，环球剧场起火完全被烧毁。

9   他的另一个姐妹乔伊斯最初嫁给了威廉·沃尔辛厄姆，他们的儿子弗朗西斯在后来成为伊丽莎白的大臣与间谍机关首脑。后来乔伊斯又嫁给了埃塞克斯郡普莱希地区的约翰·凯里爵士。

10 同罗马决裂之后，随着1534年没收教皇收入的《法令》得到通过，从教会收集来的财政收入都被划拨到牛津以及剑桥大学。（亨利八世颁布的《议会法案》第3章第26条）

11 1483年成立债权法院，这是当时的一种"小额债务法庭"，主要针对与穷人以及妇女相关的法律案件。庭上的法官被称为"控制者"。

12 希尔，第191页。

13 埃利斯，《杰出人士》，第14页。阿斯卡姆写给威廉·塞西尔的信件，日期为1553年3月23日。

14 摘自内维尔·威廉姆斯，第171页。

15 斯特赖普，"奇克"，第168页。

16 这幅画作的复制品被保存在伦敦的考陶尔德艺术学院。

17 霍尔拜因设计将时钟与桌盐结合在一起，并由丹尼将其送给亨利作为1544年的新年礼物，但很可惜，该发明作品早已遗失。霍尔拜因还灵巧地以文艺复兴式样设计了一个罗盘和两个日晷。他绘制的设计草图得以在不列颠博物馆中保存下来。霍尔拜因于1543年感染瘟疫而于伦敦过世。

18 马丁森，第113页。

19 福克斯，《行为》，第五卷，第562页。

20 他的工作由一位副手代理。

21 参见罗伯特·E.布鲁克，《依据所选样本阐述早期都铎王朝社会的朝臣》，未公开发表的博士论文，伦敦大学，1963年，第271—273页。

22 《信函和文件》附录，第一卷，第二部分，第588—589页。

23 《信函和文件》，第十八卷，第一部分，第334与406页。

24 《信函和文件》附录，第一卷，第二部分，第593页。

25 亨利的物品名录中记录有3张牌桌，以及游戏骰子和棋盘。叮参见斯塔基，《财产名录》，项目编号为2613、10480、15842以及16672。

26 希尔，第 194 页。

27 参见库尼奇，《1534 年至 1547 年间英国国家财政的革命与危机》，以及相关表格。

28 1542 年，亨利下令将所有的衣柜内都填满新衣服，例如："一件紫色缎面长袍，袖子为毛皮材质，长袍边缘处缝制有 130 颗钻石以及 131 处珍珠簇……中间镶有黄金，而每一个珍珠簇的中间都为 4 颗绿珍珠。"随后又专门为出席议会而缝制了一件新斗篷："这件深红色的天鹅绒斗篷上饰有貂皮，还有一顶帽子与其相配；另外还有 3 件为搭配圣乔治勋章而做的斗篷；两件为蓝色天鹅绒质地，另一件则为紫色天鹅绒，均带有镶边。"还有珍贵的圣物："一尊圣母雕像，她的身旁有位天使，圣爱德华则在一旁手持弓箭，该雕像总重 33 盎司；一尊镀金的圣彼得雕像，圣彼得站在镀有金银的基座上，一手捧书，另一只手中则握着两把钥匙，这尊雕像重达 124 盎司；还有一尊雕像为圣保罗，他站在基座之上，一只手中握有利剑，另一只手上则捧着书本，这尊雕像重达 135 盎司。"诸如此类的购物行为一直持续不断。参见《英国国家档案》，编号 PRO 31/17/40。

29 《英国国家档案》，编号 E 315/160，对折页第 136r 页。

30 自 1544 年起担任亨利宫廷之中的节庆典礼官。

31 1546 年被任命为司库以及造币厂主管。

32 《英国国家档案》，编号 E 315/160，对折页第 265v 页。

33 例如，1554 年 6 月份账目显示"配制 10 副眼镜，每副 4 便士，共花费 3 先令 4 便士"。参见《信函和文件》，第二十一卷，第二部分，第 400 页。

34 参见斯塔基，《亨利八世的执政时期》，第 112 页。

35 《英国国家档案》，编号 4。以盖章方式签署，亨利八世，1545 年 7 月，第一卷。

36 1558 年，玛丽执政的后期，干压印的方式被再次采用，当时她因"悲伤以及危险的健康状况"而无法再签署面前堆积如山的众多文件。在这种情况下，有几人获得许可，代替女王在文件上盖章，"就如同女王亲自签署（文件）一般"，他们是圣乔治礼拜堂院长约翰·博克萨尔·温莎（女王的秘书）、安东尼·肯普（女王枢密院的绅士之一）、巴纳德·汉普敦（一位枢密院书记员）以及约翰·克莱夫（负责管理印章的书记员之一）。压印被用来代表玛丽女王以及任意两位议员，但其中一位必须是威廉·彼得爵士，经过鉴定他也曾采用干压印在一本特别书籍上签名。参见 CPR，《菲利普与玛丽》，第四卷，第 453—454 页。

37　《信函和文件》，第二十一卷，第一部分，第 767 页。

38　同上。

39　霍尔，第 867 页。爱德华曾于 8 月 12 日写信给王后，他在信中打探法国海军大臣的拉丁语水平。"如果他的拉丁语很熟练，那么我要多加考虑，当我出现在他面前时该如何与他顺利交谈。"

40　尼科尔斯，《遗著》，第一卷，第 78 页。

41　赖奥思利，第一卷，第 173 页。

42　《信函和文件》，第二十一卷，第一部分，第 694—695 页。

43　福克斯，《行为》，第五卷，第 568 页。

第七章　密谋烧死王后

1　詹姆斯很有把握地认定此话出自王后口中，《虔诚的著作》，第 137—138 页。

2　随着会议的结束，议会被解散。

3　《信函和文件》，第二十卷，第二部分，第 513 页。彼得称，该法案已经"商讨到了最后时刻，但仍然只有部分议员赞成"。

4　一种脱胎于古老犹太教派的宗教派系，他们严格遵守传统法律，并自命不凡地认为自己拥有高于一切的圣洁。

5　霍尔，第 864—866 页。编年史学家写下"我几乎能一字不差地说出来"。

6　意思是"可能"。

7　《信函和文件》，第二十卷，第二部分，第 513 与 522 页。

8　福克斯，《行为》，第五卷，第 562 页。

9　《信函和文件》，西班牙文，第八卷，第 425 页。

10　《信函和文件》，第二十一卷，第一部分，第 135 页。

11 《信函和文件》，第二十一卷，第一部分，第 169 页。

12 马丁森，第 210 页。

13 《信函和文件》，第二十一卷，第一部分，第 271 页。

14 《英国国家档案》，编号 E314/22，对折页第 44 页。

15 詹姆斯，《凯瑟琳·帕尔》，第 268 页。

16 斯特赖普，《教会纪念碑》，第一卷，第二部分，第 597—598 页。

17 APC，第一卷，1542—1547，第 400 页。

18 埃利斯，《历史》，第二卷，第 176 页。

19 尼科尔斯，《叙事》，第 42 页脚注。

20 斯特赖普，《教会纪念碑》，第一卷，第二部分，第 599 页。

21 根据她的侄子爱德华·阿斯丘在其所著《包含战争的历史》一书中所述，
   伦敦，1607 年，第 308 页。

22 尼科尔斯，《叙事》，第 309 页。

23 安妮，第二任苏塞克斯伯爵亨利·拉特克利夫的第二任妻子。她于 1547 年
   5 月至 1549 年 6 月之间与丈夫分开，并被指控为妄图嫁给埃德蒙德·尼维
   特爵士。1552 年，她因被指控使用巫术而被关押在伦敦塔内。

24 安妮·斯坦霍普，赫特福德的妻子，后来成为萨默塞特公爵夫人。

25 简·菲茨威廉斯，伦敦市高级行政官威廉爵士的第三任妻子。

26 尼科尔斯，《叙事》，第 311 页。

27 尼科尔斯，《叙事》，第 304 页脚注。

28 福克斯，《行为》，第五卷，对折页第 553 页。

29 同上。

30 摘自马丁森，第 218 页。

31 斯特克里兰，第三卷，第 246 页。

32 福克斯，《行为》，第五卷，第 559—560 页。

33 摘自马丁森，第 220 页。

第八章　新教徒的崛起

1　　福克斯，《行为》，第六卷，第 36 页。

2　　福克斯，《行为》，第六卷，第 163 页。

3　　波内特，《书 四十六》，第 78 页。

4　　尼科尔斯，《叙事》，第 304 页，第 209—210 页。

5　　穆勒，《斯蒂芬·加德纳与都铎王朝反动》，第 133 页。

6　　他很有可能是私生子，或者是托马斯·怀亚特爵士的弟弟。叛乱失败之后，托马斯爵士于 1554 年 4 月 11 日遭到处决，据当时法国大使的报告称，人们蜂拥而上挤到断头台处用手帕去蘸他的鲜血。参见安东尼·弗莱彻与迪尔梅德·麦卡洛克，《都铎王朝时期的反叛活动》，伦敦，1997 年，第 90 页。关于爱德华·怀亚特的命运却并无相关记载。

7　　斯特克里兰，第三卷，第 247 页。

8　　《信函和文件》，第二十一卷，第二部分，第 252 页，以及穆勒，《信件》，第 246—247 页。

9　　穆勒，《信件》，第 248 页。

10　福克斯，《行为》，第六卷，第 138 页。

11　《信函和文件》，第二十一卷，第二部分，第 173 页。该细节来源于法国大使奥代·德·赛尔夫于 1546 年 11 月 24 日写给法国海军大臣的信件。

12　1542 年，一项宫廷之内《谋杀及恶性流血事件相关法令》得到通过（亨利八世颁布的《议会法案》第 12 章第 33 条），该项法令的出台旨在遏止宫廷之内流血行为的发生，但是如果贵族们对自己的仆人施以惩戒则并不触犯该项法令。

13　萨里的这一称呼最初来源于 1539 年韦斯特伯里院长康斯坦丁·巴洛。参见《考古学》，第二十三卷，第 62 页。

14　这场结盟最终并未实现，或许是由于里士满公爵肺结核导致的肺部收缩，因此他在 1536 年便过世了，年仅 17 岁。

15　网球场。

16　《萨里伯爵亨利·霍华德诗集》，埃尔丁版，伦敦，日期不详，第 19 页。

17 1554 年 8 月 25 日，他承袭了祖父的爵位，成为第四代诺福克公爵。1572 年 6
    月 2 日，他被处决，并因妄图同苏格兰女王玛丽成婚而被判处剥夺财产权。

18 《萨里伯爵亨利·霍华德诗集》，前引，第 27—28 页。

19 《萨里伯爵亨利·霍华德诗集》，第 29 页。

20 1542 年去世的诗人托马斯·怀亚特爵士之子。小怀亚特后来在 1554 年肯
    特郡针对玛丽女王所举行的起义中成为叛军首领。

21 《萨里伯爵亨利·霍华德诗集》，op. cit., 第 31 页，fn。

22 《萨里伯爵亨利·霍华德诗集》，第 68—69 页。

23 布雷南与斯特瑟姆，第二卷，第 383 页。

24 萨里的随从托马斯·克利尔救下他的性命，但自己却伤重不治，鲁滨孙，
    第 46 页。他被安葬在圣玛丽教堂的霍华德附属教堂之内，该处位于萨里郡
    的朗伯斯区，墓上还有一座他身着铠甲形象的黄铜纪念碑。萨里还特意
    为其创作了一首饱含诗意的墓志铭，这首诗曾经就雕刻在教堂北面的石板
    上，但如今早已无迹可寻：

    蒙特勒伊门前，毫无生存（恢复）希望

    汝之伯爵，濒死之际，将其遗言托付于汝

    却为汝招致了死亡。

25 诺特，第一卷，第 178 页脚注 1。

26 《信函和文件》，第二十一卷，第一部分，第 16 页。

27 《信函和文件》，第二十一卷，第一部分，第 175 页。

28 《萨里伯爵亨利·霍华德诗集》，前引，第 xlv-xlvii 页。

29 同上。

30 鲁滨孙，第 47 页。

31 切尔伯里的爱德华·赫伯特勋爵，《国王亨利八世的生平和统治》，伦敦，
    1649，第 562 页。

32 《西班牙编年史》，第 144 页。

33 《信函和文件》，第二十一卷，第二部分，第 277 页。

34 《信函和文件》，第二十一卷，第二部分，第 273 页。

35 大英图书馆馆藏的科顿搜集的手稿，《提多书》Bi，对折页第 94 页。

36　　1521 年，他被诬陷为对国王亨利不忠因而遭到处决。

37　　大英图书馆馆藏的科顿搜集的手稿，《提多书》Bi，对折页第 94 页。

38　　1536 年求恩巡礼事件发生期间，达西男爵托马斯·达西放弃了庞蒂弗拉克特城堡，向反叛军投降，一封被截获的信件则泄露了他已向其中一名反叛军首领投降这一事实。1537 年，他因犯有叛国罪而被斩首。

39　　他是参与求恩巡礼事件的一位首领，他曾成功夺取赫尔市却得到赦免。但他拒绝来伦敦，随后于 1537 年在赫尔市被执行死刑。

40　　求恩巡礼事件中的另一名反叛者。1537 年，他作为叛国者的下场是在泰伯恩刑场被吊挂直至濒死，随后被四马拖拽分尸。而他的妻子，据《先驱报》的记载以及年代记编者赖奥思利的记述是"一位非常美丽的尤物"，她被关进笼内拖行游街，随后被烧死在伦敦的史密斯菲尔德地区。

41　　律师兼格林法学院职员罗伯特·阿斯克是求恩巡礼事件中约克郡的叛军首领，他在明确获得亨利的赦免之后仍然于 1537 年在约克郡因叛国而被用链条绞死。

42　　他的继母，即诺福克公爵遗孀艾格尼丝，因王后凯瑟琳·霍华德的垮台而受到牵连。

43　　《信函和文件》，第二十一卷，第二部分，第 554 号。

44　　《信函和文件》，第二十一卷，第二部分，第 273 页。此时的诺福克公爵已经 73 岁，长期遭受消化不良以及慢性风湿的折磨，而后来随着他被关进泰晤士河岸阴冷潮湿的伦敦塔，他的慢性风湿也愈加严重了。

45　　《信函和文件》，西班牙文，第八卷，第 533 页。

46　　《信函和文件》，第二十一卷，第二部分，第 310 页。

47　　他对于他们的人性感到质疑。

48　　《信函和文件》，第二十一卷，第二部分，第 313 页。

49　　《西班牙编年史》，第 145—146 页。

50　　1547 年 1 月 10 日，条条指控都以拉丁文陈列出来，《英国国家档案》，编号 KB 8/14。

51　　鲁滨孙，第 49 页。

52　　《信函和文件》，第二十一卷，第二部分，第 285 页。

53 《信函和文件》，第二十一卷，第二部分，第 284—285 页。

54 尼维特并非萨里的朋友。1541 年，尼维特曾在格林尼治的网球场上殴打伯爵的随从托马斯·克利尔并伤及萨里，他因此而受到威胁，伯爵表示要斩断他的右手作为惩罚。在即将面临断头台与高级医师时，他又得到赦免。

55 《信函和文件》，第二十一卷，第二部分，第 287 页。

56 《信函和文件》，西班牙文，第八卷，第 533 页。

57 伯恩，第 422—423 页。

58 《信函和文件》，西班牙文，第八卷，第 533 页。

59 《信函和文件》，西班牙文，第八卷，第 533—534 页。

60 同上。

61 大英图书馆藏的哈利父子搜集的，编号为 297 的手稿，对折页第 256 页。同样参见赫伯特，第 567 页。

62 《西班牙编年史》，第 146 页。

63 NA E101/60/22 中包含有萨里在伦敦塔内所欠现金账目的细节，其中包括侍者、蜡烛、煤炭以及在其房间内保留帷幔与盘子，共计 24 英镑。为"应对提审"而制作的新外套的钱款也被记录在内。

64 参见 28 亨利八世 cap.7 条目之下。

65 十字架的四个顶端分别装饰有鸢尾花式样。

66 merlett 与 merlion 是指鸟形纹章。这是对（绘于纹章之上）的无足鸟或燕子的旧称谓，该形象多在纹章之上以无腿或是无脚的形象出现，人们认为这种鸟无法在地面停留。"忏悔者"爱德华纹章之上所绘的实际上是鸽子的形象。参见小约翰·菲利普·布鲁克，《鲍特尔的纹章》，伦敦，1970 年，第 206 页。

67 此处的标签是指一种纹章设计图案，近似于在一条缎带周围垂下许多短缎带的形象，将其覆于纹章之上用以表示长子身份。

68 《信函和文件》，第二十一卷，第二部分，第 365 页。

69 《西班牙编年史》，第 146 页，提到商人对于萨里伯爵试图逃跑这一行为的早期供述。

70 靠近金斯林的东温奇地区有一座属于霍华德家族的纪念碑，上面饰有"忏悔者"爱德华的纹章。参见莫尔所作论述。

71 《西班牙编年史》，第 147 页。

72 一顶用深红色天鹅绒以及白貂皮制成的帽子，通常显示公爵身份，但此处明显将其引申为一种君主加冕仪式之前的王室身份象征。

73 《信函和文件》，西班牙文，第九卷，第 4 页。

74 《西班牙编年史》，第 147 页。

75 《西班牙编年史》，第 148 页。

76 1614 年，萨里的遗体被迁至萨福克郡弗拉姆灵厄姆教堂内的霍华德附属教堂之内，并被安葬于此。他与其妻子的纪念碑，还包括小冠冕在内，并非依照常规置于雕像头顶部，而是被独立放置在其雕像腿部的一个垫子上，以示其已被剥夺财产及公民权。参见鲁滨孙，第 52 页。1545 年之后，他的父亲才开始为其建造停尸教堂，但这项工程直到几年后才算完工。

77 《西班牙编年史》，第 148 页。

78 《英国国家档案》，编号 E 101/60/2。

79 大英图书馆馆藏的哈利父子搜集的编号为 5087 的手稿，第 31 号文件，以及《信函和文件》，第二十一卷，第二部分，第 360 页。

80 大英图书馆馆藏的科顿搜集的编号尼禄 Cx 的手稿，对折页第 6 页。一份拉丁文草稿。

81 大英图书馆馆藏的哈利父子搜集的编号为 5087 的手稿，第 32 号文件。

第九章　神秘的王室遗嘱

1 伯恩，第 418 页。

2 《信函和文件》，西班牙文，第八卷，第 320 页。

3 同上。

4 摘自韦尔，第 495 页。

5 《信函和文件》，第二十一卷，第二部分，第 52 页。

6   《信函和文件》，西班牙文，第八卷，第 533 页。

7   参见：《信函和文件》，第二十一卷，第二部分，第 394—399 页；以及贝尔
     斯，第 794—796 页。

8   贝尔斯，第 796 页。

9   布鲁尔首次提出，第 123—124 页。

10   《信函和文件》，西班牙文，第八卷，第 534 页。

11   戴尔，第 31 页。

12   《信函和文件》，西班牙文，第八卷，第 535 页。

13   福克斯，《行为》，第六卷，第 163 页。

14   伯纳特将瑟尔比描述为一位"博学而谦虚的人"，但"反复无常且十分怯
     懦，他经常会随波逐流改变自己的立场"。

15   福克斯，《行为》，第六卷，第 163 页。

16   《信函和文件》，西班牙文，第八卷，第 537 页。

17   《信函和文件》，西班牙文，第八卷，第 542 页。

18   有报告称是安东尼·丹尼爵士。但似乎不大可能。

19   福克斯，《行为》，第五卷，对折页第 691 页，以及伯内特，第一卷，第三
     册，第 255 页。

20   《英国国家档案》，编号 E 23/4/1。

21   当时约为 1300 英镑，按如今市值约折合为 324450 英镑。

22   按照 2004 年消费能力估算，遗产价值约为 16.5 万英镑。

23   "贫困的骑士"是由爱德华三世创建的慈善基金会，该基金会主要用于救济
     那些曾在对法战争中追随他并因支付赎金而破产的旧部下。该基金会如今
     依然存在，改称为"骑士团"，对所有 65 岁以下的英国军官服务。他们仍
     然得以享有恩典居住在温莎城堡的下院，并且每年还会参加许多国家级庆
     典仪式。他们自称是在《军人名册》中最古老的部队编制。

24   亨利八世颁布的《议会法案》第 1 章第 35 条。

25   斯塔基，《财产名录》，第 11 页。

26   斯塔基，《亨利八世：欧洲宫廷》，第 131 页。有关军械武器、甲胄以及军
     火等方面细节详见斯塔基，《财产名录》，第 102—163 页。

27 一些年纪较小的受赠人等待了很长时间才得到属于他们的遗赠；一些人甚至在未得到遗赠之前便已过世。

28 参见，例如，史密斯，《最后的遗嘱》，对折页第 20 页；莱文，第 471—485 页；艾夫斯，《法医难题》；以及霍尔布鲁克。

29 《信函和文件》，第二十一卷，第二部分，第 408 页。

30 那日在威斯敏斯特宫，赖奥思利用其"惯用誓言"向西摩宣誓效忠。参见《枢密院法案》新增序列第一卷，1542—1547，第 566 页。

31 艾夫斯，《法医难题》，第 786 页。

32 艾夫斯，《法医难题》，第 784 页。

33 参见 H. 米勒，E.W. 艾夫斯所著《亨利八世未书遗嘱：1547 年所恩赐的土地与荣誉》，R. J. 克内克特与 J. J. 斯卡尔斯布鲁克编，《英国都铎王朝的财富和权力：展交给 S.T. 宾多夫的相关论文》，伦敦，1978，第 87—106 页。

34 《信函和文件》，第二十一卷，第二部分，第 356 页。

35 《信函和文件》，第二十一卷，第二部分，第 360 页。

36 APC，第一卷，1542—1547，第 558 与 562 页。

37 《信函和文件》，第二十一卷，第二部分，第 407 页。

38 《信函和文件》，第二十一卷，第二部分，第 434 页。1 月 27 日，他接受了另一笔款项，作为其担任林区管理与书记员以及埃塞克斯郡沃尔瑟姆福雷斯特地区斯沃德林科特法院书记员的报酬。

39 《信函和文件》，第二十一卷，第二部分，第 406—408 页，以及 NA SP 4。

40 《信函和文件》，第二十一卷，第二部分，第 420 页。

41 1546 年 4 月 30 日，他被授予林肯郡格雷厄姆地区教区牧师一职。

42 福克斯，《行为》，第五卷，第 689 页，以及伯内特，第一卷，第三册，第 255 页。

43 布鲁尔，第 121 页。

44 福克斯，《行为》，第五卷，第 689 页。

45 布鲁尔，第 124 页。

第十章 "狗会舔舐他的鲜血"

1   福克斯，《行为》，第五卷，第 697 页。

2   参见库尼奇，《1534 年至 1547 年间英格兰国家财政的改革与危机》，以及
    www.le.ac.uk/ni/bon/ESFDB 表格。

3   来源于官方晨祷第一夜祷中颂歌的开幕词："哦，我的上帝，我的上帝，我
    命运中的双眼"——"指引我，哦，上帝……"——为逝者所举行的官方祝
    祷仪式共三部分，此为其中之一。现代词汇"挽歌"一词的来源。参见保
    罗·宾斯基，《中世纪的死亡：仪式与表现形式》，伦敦，1996 年，第 53 页。

4   《英国国家档案》，编号 LC2/2，对折页第 87 页。同样参见洛奇，《功能与
    仪式……》，第 58 页。2 月 2 日，枢密院在伦敦塔举行会议，在会议上批
    准对一些账单进行支付。许可证被交由王室保险柜负责人埃德蒙·佩卡姆
    爵士以及枢密院司库约翰斯·黑尔斯保管。

5   斯特赖普，《教会纪念碑》，第二卷，第二部分，第 290 页。

6   1547 年 1 月，在亨利过世之前，德蒂克从里士满传令官一职被提升为第三
    纹章官，并于 1550 年 4 月 29 日从克里斯托弗·巴克处承袭了嘉德纹章院
    院长的称号。（《英国国家档案国内卷》，爱德华六世，1547 年至 1553 年，
    第 7 页。）

7   桑福德，第 493 页。斯特赖普（《教会纪念碑》）提供了一个稍有差别的版本。

8   为逝者进行的晚祝祷，即所谓的开幕诵歌："晚悼词此起彼伏声声唱
    和"——"我将先于我主在这人世间行走……"

9   马勒，《信件》，第 254 页。

10 赖奥思利，第一卷，第 181 页。

11 1519 年托托来到伦敦。在 1530 年至 1553 年期间，他每年都能收到年薪 25
    英镑。1544 年，他被任命为高级画师。他定居在弗利特街圣布莱德区，并
    于 1554 年过世，临终时并未留下遗嘱。参见奥尔巴赫，第 56 与 145 页。

12 《英国国家档案》，编号 LC 2/2，对折页第 7 页。

13 葬旗是指较宽大的旗帜，用于展示逝者的祖先以及姻亲所拥有的纹章。

14 斯特赖普，《教会纪念碑》，第二卷，第二部分，第 296 页。

15　《英国国家档案》，编号 SP 10/3/7。

16　《英国国家档案》，编号 SP 10/1/9，1547 年 2 月 13 日。

17　几个月之后，随着爱德华·西摩被封为萨默赛特公爵以及王国的护国公，这所修道院也被赏赐给他。1483 年，爱德华四世的棺木在被送至下葬之地温莎途中也曾停留在赛昂宫过夜。

18　有报告称当时只有 7 匹马，但桑福德，即约翰·斯托，在其所著《编年史》以及《西班牙编年史》中均记述为 8 匹马。参见《西班牙编年史》，第 154 页。

19　斯特赖普，《教会纪念碑》，第二卷，第二部分，第 298 页。

20　《西班牙编年史》，第 154 页。

21　当时国王的裁缝约翰·布鲁日收到 13 先令 4 便士为报酬，为国王雕像制作蓝色天鹅绒质地的长袍，以白色薄绸作为内衬（一种柔软的丝质材料），而约翰·贝尼斯则得到 4 先令，他负责缝制一件"带有红色里衬与天鹅绒镶边"的蓝缎紧身上衣。《英国国家档案》，编号 LC 2/2，对折页第 3 页。

22　桑福德，第 493 页。

23　这些珍宝是由伦敦塔内的珍宝屋所提供的。参见《英国国家档案》，编号 E 101/426.5。

24　斯特赖普，《教会纪念碑》，第二卷，第二部分，第 299 页。后来发生的事更有可能是：据桑福德描述，由于行进队列在集结过程中大约拖延了两个小时，因此行进队列是在 10 点左右出发的。

25　有人下令"命所有携带行李或是车马之人在不碍事的指定地点进行停留"。《英国国家档案国内卷》，《爱德华六世，1547—1553 年》，第 5 页。

26　直到 17 世纪，葬礼上所使用的 8 面旗帜依然高悬在圣乔治大教堂之内。它们被纳入墓志铭与纹章收藏之中，被保存于大英图书馆藏的兰斯道恩搜集的手稿中，编号为 874，对折页第 49 页。随后在 1547 年所编辑的教堂财产目录中列有"国王亨利八世灵车盖布的一块布鲁日黑缎布织物"。参见莫里斯·弗朗西斯·邦德：《1384 年至 1667 年间，温莎堡圣乔治大教堂财产名录》，温莎，1947，第 185 页。

27　《英国国家档案》，编号 LC 2/2，对折页第 45 页。高级法官们则不在行进队列之内。他们最初也在名单之上，但"首席大法官与主事官"从出席者的名单之中被删除了，因为他们"在任期之中有所保留"。参见《英国国家档案国内卷》，《爱德华六世，1547—1553 年》，第 5 页。

28　相关内容参见伯内特，第一卷，第二部分，第 298 页。该预言由弗赖尔·皮托（后来成为枢机主教）所作，他傲慢无理的行为却躲过了可怕的惩罚，仅仅得到了枢密院的一顿斥责。很显然，该事件被认为是上天对亨利做出的神圣审判，因为亨利此前曾将一艘来自锡恩地区宗教避难所的双桅船驱逐出境。伯纳特补充道："在接触过最接近那个时代的手稿所撰写的观察评论之后，我不会再对这世间的愉快表示艳羡。"奥古尔（第 92 页）也曾复述过这段传说。

29　斯特克里兰，第三卷，第 255 页。

30　波特，第 361 页。

31　斯特赖普，《教会纪念碑》，第二卷，第二部分，第 304—305 页。

32　同上，第 308 页。

33　《英国国家档案》，编号 SP 10/1/17。

34　马勒，《斯蒂芬·加德纳与都铎王朝局势》，第 143 页。

35　"你的保护始终围绕着我。"

36　"尘归尘，土归土……"

37　斯特赖普，《教会纪念碑》，第二卷，第二部分，第 310 页。

38　在亨利的葬礼上，传令官第一次得到出勤费用，1547 年整个传令机构得到了 40 英镑。时至今日也是如此。参见瓦格纳，第 113 页。

39　斯塔基，《财产名录》，第 197—198 页。

尾声

1　佩吉特，《信件》，第 19 页。

2　伯纳特，第一卷，第 291 页。

3　法国大使奥代·德·赛尔夫向弗朗索瓦一世报告称，传令官们对外宣布爱德华继承王位，此外还有件不合时宜的事件是"昨天诺福克在伦敦塔内被秘密斩首"。

4　马锡恩（第 45 页）在报告中称，公爵在威斯敏斯特宫的大厅之中"来回穿梭"，就仿佛他是玛丽女王加冕晚宴仪式中的一部分。

5　参见安东尼·弗莱彻与迪尔梅德·麦卡洛克，《都铎王朝时期的反叛活动》，第 4 版，伦敦，1997 年，第 85 页。

6　鲁滨孙，第 35 页。他的孙子承袭了他的第四代公爵爵位。

7　他那华丽的墓碑是 16 世纪英格兰的纪念碑艺术在圣像雕塑方面对公众的最后一次重要展示。根据马锡恩在 10 月 2 日这一天的记录表明，诺福克葬礼提供的晚餐极为奢侈："为了准备食材……共宰杀 40 头强壮的公牛以及 100 头羊与 60 只小牛犊，除此之外还有各种野味——天鹅、鹤、阉鸡、兔子、鸽子、梭鱼，以及包括动物肉和鱼在内的其他食物。晚餐还提供有大量的葡萄酒、面包及啤酒……无论穷人还是富人都可以享用；全国各地的人们都赶来参加。"（马锡恩，第 70 页。）

8　后来相关记述参见大英图书馆馆藏的编号为 30536 的增补手稿，第一卷，对折页第 194b 页。

9　大英图书馆馆藏的哈利父子搜集的，编号为 5087 的手稿，第 35 号文件，日期为 1547 年 2 月 8 日。

10　多么精彩的报告！

11　达德利本应被封为莱斯特伯爵，但该头衔已于 1547 年 2 月 15 日从政要名单之中被删除。《国家档案》，编号 SP10/1/11。

12　《枢密院法案》新增序列，第二卷，1547 年至 1550 年，第 16 页。

13　《枢密院法案》新增序列，第二卷，1547 年至 1550 年，第 17 页。原文中 painful 一词在此处含意为"不辞劳苦的"。

14　《枢密院法案》新增序列，第二卷，1547 年至 1550 年，第 19 页。

15　《枢密院法案》新增序列，第二卷，1547 年至 1550 年，第 14—22 页。

16　《枢密院法案》新增序列，第二卷，1547 年至 1550 年，第 20 页。

17　欲了解赖奥思利行为的更多相关讨论，参见斯莱文，第 268—285 页。

18　金门，第 151 页。

19　H. 米勒，《亨利八世未书遗嘱》，收录于 E.W. 艾夫斯所编辑的《英国都铎王朝的财富与权力》一书中，伦敦，1978 年，第 87 页。

20　佩吉特可能是指执法应不分等级或特权。

21　佩吉特，《信件》，第 19—20 页。

22　《英国国家档案》，编号 E 23/4/1.

23　《英国国家档案》，编号 SP 10/1，对折页第 41 页。

24　西摩此处意在表示他十分珍惜凯瑟琳的来信，即便只有寥寥几笔。

25　西摩那令人费解的情话表明，画中的形象更加促使他急切盼望着能同王太后结为连理。

26　博德利图书馆，阿什莫林搜集的编号为 1729 的手稿，对折页第 4 页。

27　《邓特 - 布罗克莱赫斯特论文》，编号 D2579，格洛斯特档案局。

28　尼古拉斯·瑟洛摩顿，凯瑟琳后宫之中的斟酒人。

29　凯瑟琳曾明确指示西摩将二人之间的通信全部烧掉，以防东窗事发。

30　《英国国家档案》，编号 SP 46/1，对折页第 4 页。

31　博德利图书馆，罗林森搜集的编号为 D.1070.4 的手稿。

32　大英图书馆馆藏的兰斯道恩的手稿，编号 1，第 236 篇，对折页第 26 页。

33　斯特克里兰，第三卷，第 264 页。

34　《信函和文件》，西班牙文，《爱德华六世》，第九卷，第 123 页。

35　萨默塞特将属于凯瑟琳的财产划拨给了一位朗先生。

36　《塞西尔的论文》133/2。

37　《西班牙编年史》，第 160 页。

38　斯特克里兰，第三卷，第 260 页。

39　泰特勒，第一卷，第 70 页。

40　《塞西尔的信札》编号 150/85。《英国国家档案》，编号 SP 10/6/21。

41　《塞西尔的信札》编号 150/74。

42　《塞西尔的信札》编号 133/3。

43　《英国国家档案》，编号 SP 10/4/14。

44　G. B. 哈里森，《女王伊丽莎白一世的信件》，纽约，1968 年，第 8—9 页，以及斯特克里兰，第三卷，第 275 页。

45　托马斯·赫恩（编辑），《快报总集》，牛津，1716 年，第 151 页。

46 《英国国家档案》，编号 SP 10/5/2。

47 泰特勒，第一卷，第 140 页。

48 摘自詹姆斯，《凯瑟琳·帕尔》，第 333 页。

49 《英国国家档案》，编号 SP 10/6/9。

50 1649 年被议会武力拆除。

51 一座人形铅棺。

52 纳什，第 2 页。

53 该雕像由雕刻家约翰·伯尼·菲利普（1824—1874）完成，并于 1859 年于伦敦皇家艺术院展出。这项工作由城堡主人 J.C. 邓特支付相关报酬。

54 她的葬礼是第一个依照新教仪式隆重举行的王室葬礼。

55 泰特勒，第一卷，第 133 页。

56 《英国国家档案国内卷》，《爱德华六世，1547—1553 年》，第 88 页。

57 《英国国家档案国内卷》，《爱德华六世，1547—1553 年》，第九卷，第 332 页。

58 《英国国家档案》，编号 SP 10/6/10。

59 《英国国家档案国内卷》，《爱德华六世，1547—1553 年》，第九卷，第 340 页。

60 《塞西尔的论文》133/4/2。

61 洛奇，《爱德华六世》，第 163 页。

62 《蒙塔古的论文》，第 4 页。

63 《英国国家档案》，编号 SP 11/1, fol.16—17v。

64 莫兰特，第二卷，第 450—454 页。

65 玛丽成为女王之后接触的第一个诉讼案件是来自于菲利普·杰勒德，菲利普是她卫队中的一员，他申请对租金问题进行复审。他曾在爱德华执政期间提出过类似请求，但他的队长盖茨"认为此举毫无意义，因此拒绝提交申请"。参见大英图书馆馆藏的皇家手稿第 11 页。

66 他的财产名录详见 NA E 154/2/45。

67 他的遗嘱为《英国国家档案》，编号为 PCC PROB 11/32 F 37 Populwell 的文件，日期标注为 1549 年 9 月 7 日。

68 伯内特，第一卷，第一部分，第 339 页。

69 身着甲胄。

70   依据马锡恩所描述的，第 97 页与第 100—101 页。

71   有关克兰默的遗产所做的有趣讨论。

72   费耶斯特，第 xii 页与第 73—77 页。

73   索思沃思，第 78 页。

续篇 "废弃的黄铜墓"

1   《英国国家档案》，编号 E 23/4/1。

2   《信函和文件》，第三卷，第二部分，第 2 页。托里贾尼仍然生活在圣彼得教
      堂，即威斯敏斯特大教堂附近。他在 1515 年左右完成对亨利七世陵寝的建
      造。玛格丽特·惠尼（《不列颠雕塑：1530—1830》，哈蒙兹沃思，1964 年，
      第 4 页）称之为"在英格兰创作的文艺复兴风格的重要作品"。（这件早期设
      计作品，是吉多·马佐尼于 1506 年为亨利七世位于温莎的纪念碑设计建造
      的，纪念碑上是一座镀金青铜人物跪像；参见 B.M. 迈耶，《英国亨利七世
      国王的第一座陵寝》，《艺术通报》，58（1976），第 358—367 页。托里贾尼
      还为亨利八世的祖母玛格丽特·薄福设计并建造了一座带有哥特式雕像的纪
      念碑，它位于威斯敏斯特教堂中亨利七世礼拜堂的南侧。参见菲利普·林德
      利，《亨利七世礼拜堂的雕塑功能与形式》，塔顿 - 布朗与莫蒂默，第 268 页。

3   阿尔弗雷德·希金斯，《以沃尔西主教与国王亨利八世陵寝为参照，对十六
      世纪早期身在英格兰的佛罗伦萨雕刻家所作相关研究》，《考古学》杂志，
      51（1894 年），第 143 页。

4   《考古学》，16（1812 年），第 84—88 页。

5   《圣乔治教堂资助者年报》，5，1（1970 年），第 35 页。

6   科尔文等人，第四卷，第 24 页。

7   以 2004 年现金计算为 7896763 英镑。

8   玛格丽特·米歇尔，《瓦尔堡与考陶德艺术学院联合年报》，34（1971 年），
      第 189—190 页。

9   伦敦，1623 年，第 796—797 页。同样参见《沃波尔社会》，18（1930 年），

第 40—41 页。

10　约翰·斐拉克斯曼,《在皇家艺术院院长和成员面前发表的关于雕塑的演讲……》,第 2 版,伦敦,1838 年,第 47 页。

11　出生于 1474 年,大约在 1554 年于佛罗伦萨过世。他曾于 1502 年参与奥尔良公爵纪念碑的地基建造工作。

12　此后为人所知的"沃尔西的陵寝"。如今的艾伯特纪念礼拜堂。

13　他死在莱斯特,并且在 1530 年 11 月 30 日这一日"赶在天亮前"被安葬于奥古斯丁修道院。葬礼之上,"尸体产生的臭气将所有的火把都熄灭了,经历过这样的风波之后,他的尸身被扔进坟墓,就躺在那里"。参见福克斯,《行为》,第四卷,第 616 页。

14　米亚诺还负责为汉普敦宫外墙上制作 10 个大陶土勋章。科尔文等人,第四卷,第二部分,第 25 页。

15　霍普,第二卷,第 483—486 页。

16　霍普,第二卷,第 483 页。

17　参见希金斯,第 164 页。根据推测而绘制的穹顶之处形成了罗马数字 7 的样式,参照第 172 页。希金斯对整个陵墓的绘画可详见第 190 页。

18　希金斯,第 164 页。

19　希金斯,第 164 页。

20　1531 年花费在建造陵寝之上的私库用度账目被重新印制在第 207—219 页,而 1534—1535 年的账目则印制在第 214—215 页上。

21　《英国国家档案》,编号 E 336/27,波尔蒂纳里后来出国了。1552 年 9 月 7 日,诺森伯兰公爵写信给威廉·塞西尔爵士,信中提到波尔蒂纳里在法国宫廷之中获得了极高评价。然而,这位意大利人却准备返回英格兰,因为他"听命于国王"并提及"他对这个王国……所奉献出的忠诚"。《英国国家档案》,编号 SP 10/15/3,以及《英国国家档案国内卷》,《爱德华六世,1547—1553 年》,第 257 页。

22　"亨利八世,英格兰暨法兰西国王,爱尔兰伯爵。信仰的守护者。"

23　《英国国家档案》,编号 E 315/256,对折页第 90 页,1547 年,"陵寝相关的"津贴费用。同样参见比德尔,第 115 页。

24　早在 1537 年他便开始在英格兰工作，有记录表明他曾于那一年领取了年薪
　　10 英镑，并有对于制服长袍的相关规定。

25　此处位于如今的西斯敏斯特修道院学校区域。

26　《枢密院法案》新增序列第 3 卷，第 347 页。

27　他因嗜好积攒财富的行为而被当时的人们戏称为"装麻袋"。

28　《枢密院法案》新增序列第 3 卷，第 380 页。347 页为授权许可证的细节部
　　分，标注日期为 1551 年 7 月 9 日，给拉夫·萨德勒爵士 8 码锦缎，命其为
　　摩德纳人制作长袍，4 码天鹅绒用来制作外套以及 3 码色丁缎为其制作一
　　件紧身上衣。

29　《考古学》，39（1863 年），第 37 页。

30　一支由爱德华的议员们所组成的代表团在理查德·里奇的带领下于 1551
　　年 8 月末面见玛丽公主，他们告诉她，年轻的国王希望"禁止她的神父
　　再做弥撒或是其他违法行为"。玛丽挑衅地回答道，"除了那些曾在我父
　　亲葬礼中出现过的仪式之外，我不愿接受其他任何宗教仪式，否则宁可死
　　在行刑台之上"，而且她表示"只有在爱德华的年纪足够具有一定判断能
　　力的时候"，她才会遵从爱德华的指示。参见《英国国家档案》，编号 SP
　　10/13/35。

31　托马斯·富勒，《不列颠教堂历史》，伦敦，1655 年，第 254 页。

32　枢机主教雷吉纳尔德·博勒（1500—1558）。1537 年，他被任命为教皇在英
　　格兰的使节，但在他前往英格兰的途中，亨利便敦促弗朗索瓦一世以谋反的
　　罪名逮捕他。他平安返回罗马，并接受教皇保罗三世所布置的任务去联合所
　　有信奉天主教的君主结盟以对抗亨利。博勒的母亲与兄长都因犯有叛国罪而
　　遭到处决。在玛丽即位之后，他于 1556 年 3 月被授予坎特伯雷大主教一职。

33　摘自斯卡尔斯布鲁克，第 497 页，引用耶稣会会士罗伯特·帕森斯，《英格
　　兰教会竞赛》，约瑟夫·西蒙斯（编辑），阿森，1965 年，第 273 页。

34　大英图书馆馆藏的兰斯道恩搜集的手稿，编号 6，第 31 篇，1563 年 9 月
　　12 日。同样参见科尔文等人，第四卷，第 321 页。希金斯误将信件寄给了
　　伯利。

35　大英图书馆馆藏的兰斯道恩搜集的手稿，编号 116，第 13 篇。

36　406.4 千克。

37　1016 千克。

38　别名沃斯特根，在世期 1565 年至 1620 年。

39　《英国国家档案》，编号 E 351/3，第 203 页。

40　《英国国家档案》，编号 SP 12/43，对折页第 73 页。

41　《英国国家档案》，编号 E 351/3，第 209 页。

42　一幅可能由丘尔设计绘制的爱德华陵寝图样现仍保存在博德利图书馆内的高夫地图区域，45，17，554，第 63 号。该建筑一直未完工。

43　《英国国家档案》，编号 E 351/3，221。同样参见科尔文等人，第四卷，第 321 页。

44　保罗·亨兹纳，《途中种种》，布雷斯劳，1617 年，第 148 页。译自拉丁文。

45　当然，此处仅仅是亨利的衣冠冢，他的遗体同简·西摩的遗体并排躺在圣乔治教堂唱经楼中心的地下墓穴之内。

46　参见《圣乔治法案》第六章 B:2，对折页第 31b 页。

47　《圣乔治法案》第十一章 F:6。1618 年 1 月 28 日，达纳尔被任命为教堂管理人，随后以见证者的身份签署了一系列涉及全体神职人员的产权交易。

48　《下议院公报》，1646 年 4 月 7 日。

49　威廉·桑德森，《查尔斯国王生平与执政时期的完整历史》，伦敦，1658 年，第 888 页。

50　希金斯，第 177—180 页。用模具采用原始制造工艺制成的烛台并未完工：烛台上存在许多处补丁以掩盖缺陷。参见第 180 页脚注。

51　在维多利亚和阿尔伯特博物馆中仍保留有铸件。

52　《圣乔治法案》第六章 B:3，第 11 页，与邦德，第 111 页。

53　伊莱亚斯·阿什莫尔，《最尊贵的嘉德骑士团的建立、规则与仪式》，伦敦，1672 年。

54　波特，第 62 页。

55　维多利亚女王为纪念自己的丈夫而对附属教堂进行重新修复。石棺以及运输费用成本总计不超过 1000 英镑。

56　C.V. 韦奇伍德，《审判查理一世》，伦敦，1964 年，第 204 页。

57   安东尼·伍德，《牛津传记词典》，第二卷，伦敦，1721 年，第 703 页。

58   同上。与这具大棺材有关的最后一个话题是，有传说提到在玛丽一世执政
      期间亨利八世的尸身曾被挪动并遭到毁坏。

59   摘自波特所著《温莎城堡的历史与古迹》一书附带有手工叶饰以及大量注
      释的副本第 362 页，该副本被伊顿公学教务长约瑟夫·古多尔博士于 1814
      年赠予教会。该版本此前一直由 G. 温菲尔德所持有；书中手稿注释由温菲
      尔德上校所著。（温莎地区的书商波特一直被认为是《历史》一书的作者，
      但该版本上有真正作者约翰·斯特普尔托夫特的署名。）重建唱经楼的花费
      由风琴演奏者威廉·蔡尔德提供。

60   波特，第 362 页。

61   他们想证实查理一世也埋葬于此。

62   哈尔福德，第 10 页。墓穴西端的墙壁已经被部分拆除，但随后又得到修
      复，"并非采用普通砖石，而是采用石头与砖块碎片为材料，它们被匆忙地
      胡乱堆砌在一起，甚至没有用水泥"。

63   克拉伦登伯爵爱德华·海德，《英国叛乱与内战史》，牛津，1807 年，第三
      卷，第一部分，第 393 页。

64   参考保存于温莎圣乔治教堂中全体神职人员档案的哈尔福德部分副本的后
      半部分。

65   《1933—1950 年圣乔治教堂资助者年报》，第 10 页。

66   《圣乔治法案》第六章 B:9，第 109 页。

大事年表

1491 年：6 月 28 日	亨利于格林尼治宫内出生，他是亨利七世同妻子约克的伊丽莎白的第三个孩子。
1502 年：4 月 2 日	亨利的兄长亚瑟王子因结核病于拉德洛病逝，年仅 15 岁。
1509 年：4 月 23 日	亨利宣誓继承王位，时年 17 岁。
1509 年：6 月	亨利同其兄长亚瑟的寡妻阿拉贡的凯瑟琳成婚（6 月 11 日）并举行加冕仪式（6 月 24 日）。
1511 年：1 月 1 日	亨利同阿拉贡的凯瑟琳的儿子亨利王子降生。襁褓中的婴儿却于 2 月 22 日夭折。
1516 年：2 月 18 日	亨利同阿拉贡的凯瑟琳的女儿玛丽于格林尼治降生。
1521 年：10 月 11 日	教皇利奥十世宣布亨利为"信仰的捍卫者"。
1527 年：5 月	亨利开始同阿拉贡的凯瑟琳进行离婚诉讼。
1530 年：11 月	亨利的大法官兼首席大臣沃尔西主教因叛国罪被捕（11 月 4 日），后病逝（11 月 29 日）。
1533 年：1 月 25 日？	亨利秘密迎娶了安妮·博林。她于 6 月 1 日举行加冕仪式。
1533 年：9 月 7 日	亨利同安妮·博林的女儿伊丽莎白公主于格林尼治出生。
1534 年：3 月 23 日	《第一继承法案》的公布废除了亨利同阿拉贡的凯瑟琳之间的婚姻，并宣布安妮·博林的子嗣具有王位继承权。
1534 年：约 11 月	《叛国法》颁布，宣布"以言语恶意祝祷、期盼或是祈求"国王、王后或继承人们的死亡或是身体损伤，无视他们的尊严，或称国王为"异端、分裂主义者、暴君、

异教徒或篡位者"等行为皆触犯叛国罪。

1534 年：11 月	《至尊法案》颁布，宣布英国教会——"圣公会"为国教。
1535—1540 年：	遣散寺院。
1536 年：1 月 7 日	阿拉贡的凯瑟琳于亨廷顿附近的金博尔顿城堡中过世，终年 50 岁。
1536 年：5 月 19 日	安妮·博林在绿塔被处决，亨利为此特意从圣奥梅尔请来技术高超的行刑者以双手剑执行处决，并为此支付了 24 英镑。
1536 年：5 月 30 日	亨利于威斯敏斯特宫的王后密室内迎娶了第三任妻子简·西摩。
1536 年：6 月	《第二继承法案》的公布将亨利的前两次婚姻废除，宣布简·西摩所诞下的男性继承人享有继承权，由其他妻子诞下的男孩享有第二顺位继承权，然后第三顺位是简·西摩诞下的女孩。
1536 年：6 月	《撤销罗马主教权力法案》宣布拒绝宣誓放弃罗马教廷管辖权且拒绝承认亨利在英格兰教会内拥有至高无上权力之人即犯有叛国罪。
1536 年：10 月	求恩巡礼——北部地区反对解散修道院的抗议活动愈演愈烈。
1537 年：10 月 12 日	亨利同王后简·西摩的合法继承人爱德华王子降生。
1537 年：10 月 24 日	王后简·西摩过世。
1539 年：6 月 28 日	御准通过《废除不同信仰法案》（"六条信纲"）以反对新教徒的行为及信仰。
1540 年：1 月 6 日	亨利于格林尼治宫迎娶克里维斯的安妮。
1540 年：7 月 9 日	行政会议宣布亨利同克里维斯的安妮的婚姻无效。
1540 年：7 月 13 日	议会确认二人之间的婚姻无效。安妮放弃原有王室地位。
1540 年：7 月 28 日	亨利同凯瑟琳·霍华德成婚。托马斯·克伦威尔被判在塔丘处斩。
1540 年：7 月 30 日	三名福音派牧师——威廉·杰罗姆、罗伯特·巴恩斯与托马斯·加勒特在史密斯菲尔德被处以极刑。
1541 年：12 月 10 日	凯瑟琳·霍华德的情人们托马斯·卡尔佩珀与弗朗西

斯·迪勒姆因犯叛国罪而在泰伯恩刑场遭到处决。

1542 年：2 月 13 日	王后凯瑟琳·霍华德在绿塔被斩首。
1542 年：11 月 24 日	英格兰于索维莫斯战役中大胜苏格兰。
1543 年：7 月 12 日	亨利于汉普敦宫中迎娶凯瑟琳·帕尔。
1544 年：2 月	《第三继承法案》公布，遵照亨利的遗嘱恢复了玛丽公主与伊丽莎白公主的继承权，顺位排在王子爱德华及其继承人之后。
1544 年：5 月 7 日	英国军队洗劫爱丁堡。
1544 年：7 月 7 日	摄政委员会签署委任令任命王后凯瑟琳·帕尔在亨利身在法国期间代为执政。国王立下新遗嘱。
1544 年：7 月 14 日	亨利奔赴法国战场。
1544 年：9 月 18 日	布伦城内城堡及整个城池宣布投降。
1545 年：1 月 3 日	法国国王弗朗索瓦一世威胁要入侵英格兰。
1545 年：2 月初	亨利先发制人对苏格兰发动攻击。
1545 年：2 月 27 日	英格兰军队在耶德堡附近的安克拉姆沼泽遭遇伏击并严重溃败。
1545 年：7 月 20 日	"玛丽玫瑰号"在汉普郡南海上的军事行动中折损。
1545 年：7 月 21 日	法国军队于怀特岛登陆，却于几天后被驱逐出去。
1545 年：8 月 22 日	亨利的老友萨福克公爵查尔斯·布兰登于萨里郡吉尔福德过世。
1545 年：9 月	"干压印"摹真签章的方式被引用批准国务文件。
1545 年?：11 月	针对大主教克兰默所策划的阴谋被挫败。
1545 年：11 月	因军事费用引发的经济危机。
1545 年：12 月 24 日	亨利在议会举行最后一次演讲。
1546 年：2 月	针对王后凯瑟琳·帕尔的流言与政治诽谤出现。
1546 年：6 月 7 日	《英法和平条约》于坎普签订。
1546 年：7 月 4 日?	起草针对王后的诉状。
1546 年：7 月 14 日?	大法官赖奥思利试图逮捕王后的计划失败。
1546 年：7 月 16 日	安妮·阿斯丘因被判为异端而在史密斯菲尔德被烧死。
1546 年：10 月	枢密院首席绅士兼侍厕男仆托马斯·赫尼奇爵士被革职。
1546 年：11 月	主教加德纳被逐出宫廷。

1546 年：12 月 12 日	萨里伯爵同诺福克公爵被关押进伦敦塔。
1546 年：12 月 26 日	亨利指示对遗嘱进行修订。
1546 年：12 月 30 日	据称王室遗嘱中采用了"干压印"。
1547 年：1 月 13 日	萨里伯爵被发现触犯叛国罪。
1547 年：1 月 17 日	亨利同西班牙与法国大使进行短暂会面——这是国王最后一次接见外臣。
1547 年：1 月 19 日	萨里伯爵被处决。
1547 年：1 月 27 日	御准针对萨里伯爵同诺福克公爵应用《褫夺公权法案》。国王进行最后的忏悔。
1547 年：1 月 28 日	国王于凌晨两点钟左右崩逝。
1547 年：2 月 16 日	亨利被安葬于温莎圣乔治大教堂内已故王后简·西摩的旁边。
1547 年：2 月 20 日	国王爱德华六世举行加冕仪式。

书中人物

亨利·都铎（1491—1547）：英格兰与法国国王暨爱尔兰领主。信仰的捍卫者及英格兰教会的最高领袖。

简·西摩（约 1509—1537）：亨利于 1536 年 5 月 30 日在威斯敏斯特宫迎娶的第三任王后。她在 1537 年 10 月 24 日于汉普敦宫中诞下一子，后死于产褥热及败血症。

克里维斯的安妮（1515—1557）：亨利的第四任王后。二人于 1540 年 1 月 6 日在格林尼治宫成婚。1540 年 7 月 9 日行政会议宣布婚姻无效，并于 1540 年 7 月 13 日经由议会确认。安妮放弃原有王室地位。1557 年 7 月 16 日于切尔西病故。安葬于威斯敏斯特修道院内。

凯瑟琳·霍华德（1522—1542）：亨利的第五任王后。二人于 1540 年 7 月 28 日在萨里郡的奥特兰兹宫成婚。1542 年 2 月 13 日，她因犯有叛国罪而在绿塔遭到斩首。

凯瑟琳·帕尔（约 1512—1548）：亨利的第六任也是最后一位王后。他们于 1543 年 7 月 12 日在汉普敦宫内成婚。在亨利于 1547 年 1 月崩逝之后，她可能在 1547 年 6 月初下嫁给海军上将托马斯·西摩。1548 年 9 月 5 日，她在格洛斯特郡的休德利城堡中诞下一名女婴后便死于产褥热。

爱德华王子，后来成为国王爱德华六世（1537—1553）：亨利同王后简·西摩的合
法子嗣与继承人。1547 年 1 月 31 日在伦敦塔内被宣布继任国王之位。1553 年 7
月 6 日因肺结核崩逝于格林尼治宫内。

玛丽公主，后来成为女王玛丽一世（1516—1558）：亨利与其第一任妻子阿拉贡的
凯瑟琳生下的第四个孩子，也是唯一一个活下来的孩子（阿拉贡的凯瑟琳至少
曾有过 6 次身孕）。1553 年 7 月 19 日宣布成为女王。将天主教重新引入英格兰。
1554 年 7 月 25 日，同西班牙国王查理五世之子腓力在温彻斯特成婚。1558 年
11 月 17 日，她因患卵巢癌或胃癌于圣詹姆斯宫内崩逝，并无子嗣。

伊丽莎白公主，后来成为女王伊丽莎白一世（1533—1603）：亨利同其第二任妻子
安妮·博林的女儿。玛丽崩逝后，她于 1558 年 11 月登上女王之位。奠定新教在
英格兰的国教地位。1603 年 3 月 24 日因患肺炎与牙脓毒症于里士满宫中崩逝，
终身未婚。

亨利新娘的候选人们

克里斯蒂娜（1522—1590）：丹麦国王克里斯蒂安二世的女儿，米兰公爵的遗孀。
1541 年嫁给巴尔公爵弗朗索瓦。1545 年成为洛林摄政。

吉斯的玛丽（1515—1560）：苏格兰国王詹姆士五世（1512—1542）的第二任妻子，
即苏格兰女王玛丽的母亲。1554 年，在女儿身处法国期间她曾在苏格兰代为执政。

旺多姆的玛丽（1515—1538）。

外国统治者以及他们的使臣们

法国弗朗索瓦一世（1494—1547）：1515 年于兰斯加冕。在距巴黎西南方 30 英里
的朗布伊埃城堡内过世，由其子亨利二世继承王位。

弗朗索瓦一世曾派往亨利宫廷内的使臣们：

卡斯蒂永阁下路易·德·珀露：1537 年 11 月至 1538 年 12 月期间担任法国大使。

夏尔·德·马里亚克（约 1510—1560）：1538 年至 1543 年期间担任法国大使。
后成为瓦纳主教（1550 年）、维也纳大主教（1557 年）。

奥代·德·赛尔夫（约 1504—1563）：1546 年 7 月 6 日至 1550 年期间担任法国大使。

西班牙国王暨神圣罗马帝国皇帝查理五世（1500—1558）：亨利八世第一任妻子阿拉贡的凯瑟琳的外甥。1516 年继承西班牙王位。1556 年宣布让位给自己最喜爱的儿子腓力（英格兰玛丽一世的丈夫）。于尤斯特修道院内隐退，两年之后崩逝。

查理五世曾派往亨利宫廷内的使臣们：

尤斯塔斯·沙皮（死于 1556 年）：1529 年至 1538 年担任第一任西班牙大使。1540 年至 1545 年担任第二任西班牙大使。

弗朗西斯·范·德·代尔夫特：自 1545 年起作为帝国使臣。

亨利的枢密院

威廉·克拉克，1542 年至 1548 年期间担任负责御玺使用记录的书记员。自 1545 年 9 月起负责为用于签署亨利文件的"干压印"加墨。

安东尼·丹尼爵士（1501—1549）：重权在手的国王心腹。1549 年协助镇压诺福克地区的克特叛乱。通过王室恩赐而蓄积了大量的财富与土地。1549 年 9 月 10 日于赫特福德郡切森特地区的家中逝世。

约翰·盖茨（约 1504—1553）：丹尼的内弟。1543 年至 1545 年期间担任王后凯瑟琳·帕尔的仆人。1551 年 4 月 8 日被任命为副宫务大臣。1552 年 7 月 7 日被任命为兰开斯特领地大臣。1553 年 8 月 22 日，因支持诺森伯兰公爵的反叛行为被斩首。

托马斯·赫尼奇爵士（1480—1553）：首席绅士兼侍厕男仆。1537 年受封为爵士。在侍奉王室 30 年之后于 1546 年突然被辞退并由丹尼接替其职位。

威廉·赫伯特爵士（约 1501—1570）：1546 年被任命为枢密院绅士。迎娶了凯瑟琳·帕尔的妹妹安妮。1550 年被任命为威尔士议长。1551 年被封为彭布罗克伯爵；1553 年加入诺森伯兰公爵的阵营，宣布简·格雷女士继位为女王，但很快便改变阵营支持玛丽。1556 年被任命为加来总督。1568 年被伊丽莎白女王封为内务府大臣。死后葬于圣保罗大教堂。

王室成员以及亨利的政府成员

约翰·贝克爵士（死于1558年）：1535年至1540年期间担任司法部长。1545年至1558年期间担任财政大臣。

查尔斯·布兰登，第一代萨福克公爵（约1484—1545）：1542年被任命为苏格兰军队总督。1544年指挥英格兰军队入侵法国。1541年至1544年期间任亨利王室的内务府大臣。1545年8月22日死于萨里郡吉尔福德。后被安葬于温莎宫的圣乔治教堂之内。

安东尼·布朗爵士（死于1548年）：1539年至1548年期间担任国王的御马官。

托马斯·切尼爵士（约1484—1558）：1538年被任命为五港同盟总督，1539年被任命为王室司库。后于爱德华、玛丽以及伊丽莎白执政期间仍然在宫廷之内任职。

托马斯·克兰默（1489—1556）：坎特伯雷大主教。1549年对第一部《公祷书》的筹备与出版过程进行监督。1556年3月21日他推翻自己曾承认教皇的至高无上及天主教教义为真理，并因此在牛津被烧死在火刑柱上。

约翰·达德利（约1502—1553）：1542年获封莱尔子爵。1542年至1547年间以及1548年至1549年间曾任海军大臣。1544年至1546年期间任布伦城总督。在爱德华宣布继承王位后他被封为沃里克伯爵，1551年至1553年被委任为英格兰掌礼大臣。1551年成为诺森伯兰公爵。他的一个儿子迎娶了简·格雷女士。1553年8月22日，他因扶持简·格雷成为女王而触犯叛国罪在塔丘被斩首。

威廉·菲茨威廉斯，南安普敦伯爵（死于1542年）：1530年至1540年期间任海军大臣，后成为掌玺大臣。1542年在与苏格兰的战争中他在指挥诺福克远征先锋军对敌作战时阵亡。

斯蒂芬·加德纳，温彻斯特主教（约1483—1555）：自1547年起因煽动言论以及在宗教整合中落败而被判入狱，并在狱中度过了爱德华任期内的大部分时光。1553年玛丽一世继承王位后，他被任命为大法官。1555年11月13日，死于威斯敏斯特宫中。

威廉·佩吉特爵士，后来成为博德瑟特地区的佩吉特勋爵（1503—1563）：斯蒂芬·加德纳主教的门徒。1543年被任命为首席国务秘书，后来成为亨利的主要顾问之一。就在亨利崩逝前不久，他成为激进的改革派之中的一员。1551年被判入狱，并因身为兰开斯特公爵领地法官却言行不当而被处以6000英镑罚金。1553年重新回到枢密院。在爱德华六世崩逝之后，虽然他参与签署了将王位传于简·格雷女士的文件，但因其具有出色的行政能力而得以在玛丽女王执政时期继续留在枢密院，并于 1556 年被任命为掌玺大臣。1558 年伊丽莎白继承王位后，他辞去所有官职。

威廉爵士，帕尔勋爵（1513—1571）：王后凯瑟琳·帕尔的兄长。1543 年获封埃塞克斯伯爵。1547 年被任命为北安普敦侯爵。玛丽继位后，他被宣判死刑，后虽得到赦免却被削去了头衔并没收了部分财产。1559 年又重新恢复了侯爵爵位。

威廉·波利特，圣约翰勋爵（约 1485—1572）：1537 年至 1539 年期间担任王室财务主管。1545 年至 1550 年期间担任宫务管家。1547 年接替萨默塞特成为国玺保管员。1550 年获封威尔特伯爵，1551 年获封温彻斯特侯爵。1553 年 7 月 19 日他于贝纳德城堡宣布玛丽成为女王。1549 年至 1550 年期间被任命为财政大臣并任职至去世。

威廉·彼得爵士（约 1505—1572）：1544 年成为亨利的秘书之一，并且在爱德华、玛丽及伊丽莎白执政期间仍在宫中任职，直至 1566 年退休不再参与公众事务。

理查德·里奇爵士（约 1496—1567）：1536 年任下议院发言人。1536 年至 1544 年期间担任土地没收法院大法官，负责对解散修道院的收入予以监督。在爱德华执政时期被封为里奇男爵。1548 年至 1551 年担任大法官一职。在签署了宣布简·格雷女士成为女王的文件之后，他又转为支持玛丽，玛丽继位后，他成为枢密院成员。反宗教改革时期，他积极参与到埃塞克斯地区的控诉新教活动中，伊丽莎白登基后便未能在枢密院成员中找到他的名字。

约翰·罗素勋爵（约 1486—1555）：1537 年至 1539 年期间任王室审计官。1540 年至 1542 年期间任海军大臣。分别于 1542 年、1547 年以及 1553 年任掌玺大臣。1550 年获封为贝德福德勋爵。

爱德华·西摩（约 1506—1552）：1537 年成为赫特福德伯爵；爱德华继承王位之后获封萨默塞特公爵。1545 年被任命为北方中将。1546 年任中将以及布伦城上尉。1546 年任英格兰驻法军队中将。1546 年至 1547 年任财政大臣。1546 年至 1547 年任英格兰掌礼大臣。1547 年 1 月 31 日经枢密院任命代为摄政。1551 年 10 月他因图谋杀害沃里克而被捕，并于 1552 年 1 月 22 日在塔丘被斩首。

托马斯·西摩爵士（约 1508—1549）：1544 年被委任为终身军械总管。1544 年至 1555 年对抗法国期间被任命为舰队司令。1547 年成为海军大臣并获封休德利的西摩男爵。1547 年 6 月，秘密迎娶前王后凯瑟琳·帕尔。1549 年 3 月 20 日因犯叛国罪而在塔丘被斩首。

威尔·萨默斯，弄臣或称傻瓜（死于 1560 年）：亨利崩逝后便告退休，之后偶尔以宾客身份出现在爱德华宫廷内的假面舞会以及娱乐表演等场合。在玛丽与伊丽莎白执政期间也曾受到恩惠。死后安葬于肖尔迪奇区的圣伦纳德教堂之内。

托马斯·赖奥思利爵士（1505—1550）：1540年成为亨利八世的联合首席秘书。1544年获封赖奥思利男爵。1544年至1547年担任大法官一职。1547年获封南安普敦伯爵。1547年因非法使用国玺被罢免职务，判处罚金4000英镑并且被软禁在伦敦的家中。1548年得以恢复枢密院席位。1550年被除去议员资格。

爱德华王子的王室成员

罗杰·阿斯卡姆（1515—1568）：伊丽莎白公主的导师，也负责教授爱德华王子。1545年写作并出版《射箭爱好者、射箭学校以及射箭分区》一书。1553年被任命为玛丽女王的拉丁文秘书。后成为伊丽莎白女王的导师兼秘书。1559年恩赐他享有约克地区牧师俸禄。著有一篇名为《教育者》的教育实用论文，尽管并未完成，该书却在他死后于1570年得以出版。死后安葬于伦敦纽盖特教堂。

约翰·奇克（1514—1557）：剑桥大学希腊语讲座教授。1552年被爱德华封爵，并在爱德华成为国王之后担任国务秘书一职。玛丽继位后他被关押进伦敦塔内，后被判流放至瑞士与意大利。

约翰·康沃利斯（约1496—1544）：管家。死于赫特福德郡的阿什里奇。

理查德·考克斯（1500—1581）：前伊顿公学校长以及牛津大学基督教堂学院第一院长。玛丽执政初期他被关押在英国法庭，1554年逃至法兰克福。伊丽莎白继位后，他于1559年成为诺里奇主教，随后不久成为伊利主教，直至1580年。

亚克夫人：爱德华王子的乳母，任职至1538年10月。

玛格丽特，布赖恩夫人：王子居所的"女管家"。

西比尔·佩恩（死于1562年）：威廉·西德尼爵士的弟媳。王子的家庭教师。死后安葬于米德尔塞克斯郡的汉普敦。

威廉·西德尼爵士（约1482—1554）：军人。自1538年起担任王室管家一职，后来成为王子的管家兼导师。1552年被赐予彭斯赫斯特庄园。

受难者

安妮·阿斯丘（1521—1546）：在伦敦塔内经受了痛苦折磨后，于1546年7月

16 日在史密斯菲尔德被烧死。

罗伯特·巴恩斯（1495—1540）：剑桥前奥斯丁会修士。涉入亨利同克里维斯的安妮之间婚姻的政治协商。1543 年 7 月 30 日因异端罪名而在史密斯菲尔德被烧死。

托马斯·克伦威尔，埃塞克斯伯爵（约 1485—1540）：掌玺大臣以及负责宗教事务的副摄政。1540 年 7 月 28 日因叛国罪而在塔丘被斩首示众。

托马斯·卡尔佩珀：亨利偏爱的枢密院成员。1541 年 12 月 10 日因背叛国王而在泰伯恩刑场被斩首。

弗朗西斯·迪勒姆：王后凯瑟琳·霍华德的旧情人兼私人秘书。1541 年 12 月 10 日因背叛国王而在泰伯恩刑场被绞死，断气前被解下绳子随后四马分尸。

托马斯·法因斯，南方的戴克勋爵（生于 1517 年）：1541 年 6 月 29 日因谋杀罪名而在泰伯恩刑场被绞死。

托马斯·加勒特：1540 年 7 月 30 日因异端罪名而在史密斯菲尔德被烧死。

亨利·霍华德，萨里伯爵（约 1517—1547）：第三代诺福克公爵托马斯·霍华德之子。诗人、侍臣，同时也是一位战士。1547 年 1 月 19 日因叛国罪在塔丘被斩首。

托马斯·霍华德，第三任诺福克公爵（1473—1554）：战士，英国纹章院院长以及英格兰王室财务主管。1542 年，指挥英格兰军队同苏格兰人作战。1544 年任驻法英格兰军队中将。因叛国罪名而被判死刑，却因亨利八世的崩逝而保住性命。之后一直被关押在伦敦塔内，直至 1553 年玛丽继任王位。1553 年主持了对诺森伯兰公爵的审判。

威廉·杰罗姆：伦敦东部斯特普尼的一名牧师。1540 年 7 月 30 日因异端罪名而在史密斯菲尔德被烧死。

约翰·兰伯特：化名约翰·尼克尔森。在一场公审之后，因否认"圣体实在"即基督的肉体真实存在于圣餐礼中，而于 1538 年 11 月 22 日在史密斯菲尔德被烧死。

理查德·默金斯（1526—1541）：1541 年 7 月 30 日，这个 15 岁大的男孩因否认"圣体实在"而在史密斯菲尔德被烧死。

简·罗克福德夫人（约 1510—1542）：曾任王后克里维斯的安妮以及凯瑟琳·霍华德的侍女，乔治·博林（因被控与姐姐安妮·博林犯有通奸乱伦罪而于 1536 年 5 月 17 日遭到处斩）的遗孀。1542 年 2 月 13 日因叛国罪而在绿塔被斩首。